젊음을 중요한 가치 중 하나로 여기는 문화 속에서 이 책은 노화를 성경적인 가치관으로 바라볼 수 있도록 인도해주는 탁월한 책입니다. 나이 듦에 대한 성경적 이해는 세대를 구분하는 사회적 현상에서 벗어나 하나의 공동체를 이루는 길을 제시할 것입니다. 노년층과 그들을 대상으로 하는 사역자뿐만 아니라 교회의 전 세대가 이 책을 함께 보기를 권합니다.
―김병삼, 만나교회 담임목사

오늘날 교회는 노인의 숫자는 늘고 아이의 숫자는 급격하게 감소하여 노령화라는 큰 난제에 직면해 있습니다. 이렇게 노령화되는 교회에서 우리는 무엇을 어떻게 해야 할까요? 저자는 고령화를 성경적으로 연구하고, 자신의 경험을 통해 이 위기의 때에 교회가 무엇을 해야 할지 실제적으로 다룹니다. 교회는 노인을 돌봄의 대상이 아닌 사역의 주체로 인정하고, 동역의 자리로 초대해야 합니다. 이 책은 노령화 교회에 대한 목회 고민을 해결해줄 것입니다.
―박정근, 영안침례교회 담임목사

이 책은 교회적인 차원에서 노화를 바라봅니다. 청년과 노년 성도가 가깝게 교류하고 서로 헌신함으로써 교회의 전 세대가 노년기의 유익과 아픔을 함께하는 비전을 풍성하게 그려줍니다. 교회의 노년 사역뿐만 아니라, 아름다운 노년을 준비하는 성도들의 필독서로 추천합니다.
―이재훈, 온누리교회 담임목사

노년 문제는 교회가 당면한 매우 긴급한 사안입니다. 교회는 장년 성도들에게 믿음 안에서 노후를 준비하도록 가르치고, 노년 성도들이 진정한 삶의 의미를 깨닫도록 인도할 책임이 있습니다. 이 책은 노년 성도들을 배제하지 않고 교회의 전 세대가 하나 되어 건강하고 균형 있는 교회를 어떻게 세워갈 수 있는지 그 그림을 보여줍니다.
—이찬수, 분당우리교회 담임목사

노년에 대해 고민하지 않아도 되는 사람은 아무도 없습니다. 이 책은 노년을 인생이 무르익는 시기로 바라보게 해주고, 많은 짐에서 해방되어 하나님과 더욱 깊이 교제할 수 있는 보석 같은 시간임을 일깨워줍니다. 가능하면 많은 그리스도인이 이 책을 읽어 나이 듦을 하나님이 인생에 주신 선물로 인식하는 귀중한 계기가 되기를 바랍니다.
—홍인종, 장로회신학대학교 실천신학 교수

윌리엄 윌리몬은 미국 종교계에서 독보적인 존재다. 사람을 변화시키는 복음의 진리를 굳건히 고수하는 동시에 수많은 긴급한 현안을 다룰 수 있는 특별한 능력의 소유자다. 그의 글은 지혜와 유머와 열정과 상식에 기반한 대중성이 돋보인다. 이 책에서 그는 노화 문제를 전격적으로 다루되, 누구나 예견하는 상실의 계절이라는 이해를 바탕으로 이 문제에 접근한다. 또한 윌리엄은 그리스도인들에게 노화가 솔직함, 감사, 특히 무엇보다 소명을 받아들이는 것에 기반한 주체적 의식을 심어준다는 사실을 알고 있다. 노년기에 접어든 지 오래된 나 역시 이 책으로 가르침을 받을 수 있어서 기쁘다. 많은 다른 독자, 가령, 노년 독자나 노년을 사랑하는 이들도 이 책을 환영할 것이다.

―월터 브루그만(Walter Brueggemann), 콜롬비아 신학교

윌리엄 윌리몬은 빛나는 통찰력이 돋보이는 많은 책을 저술했지만, 이 책은 그중에 단연 최고라 할 수 있다. 그는 믿음 안에서 나이 들어가는 것이 단순한 노화와 얼마나 거대한 차이가 있는지 친절하게 가르쳐준다. 노화가 어떻게 우리에게 특정한 과업과 역할에 대한 주도권을 내려놓고, 영원한 보물을 더욱 붙잡으려 노력하며, 지금 주어지는 새로운 축복을 두 팔 벌려 맞이하라고 요청하는지 보여준다. 인생의 말년을 맞이한 사람들에게 이 책은 단순한 책이 아니다. 남은 길을 함께해줄 동반자다.

―토마스 G. 롱(Thomas G. Long), 에모리 대학교 캔들러 신학대학원

나는 이미와 아직의 종말론적 긴장 사이에 살고 있다. 이미 60대가 되었지만 아직 은퇴하지 않았고, 이미 인생의 마지막 3분의 1에 접어들었어도 아직 그 사실을 온전히 받아들이기가 쉽지 않다. 그래서 나는 윌리몬이 노화를 주제로 책을 써준 것을 감사하게 생각한다. 이 책은 변덕스러운 감상이나 현실 부정이 전혀 보이지 않는 매우 솔직한 책이지만, 진지하고 실제적인 면에서 매우 희망적이다. 신자 개인뿐 아니라 교회에도 지혜로운 지침과 구체적인 조언을 준다. 윌리몬의 글에 내가 늘 기대하던 것처럼, 이 책 역시 도발적이고 도전적이며 영감을 주는 내용으로 가득하다.

—크레이그 C. 힐(Craig C. Hill), 남부 침례 대학교 퍼킨스 신학대학원

성실하고 진지하게 나이 들어가고 싶은 그리스도인들에게 윌리몬은 풍부한 경험에서 우러나온 목소리를 들려준다. 노화가 즐거운 경험이라는 식으로 절대 허세를 부리지 않는다. 또한 말년을 교회 생활에 더 깊이 헌신하려는 이들을 위해 실제적이고도 성경적으로 고민한 결과물을 내놓는다. 여러 면에서 (현재) 젊은이들에게도 유익한 사유를 담고 있다.

—길버트 메일랜더(Gilbert Meilaender), 발파라이소 대학교

# 나이 듦이 아름답다

**Aging: Growing Old in Church**
ⓒ 2020 by Will Willimon
Originally published in English under the title *Aging: Growing Old in Church* by Baker Academic, a division of Baker Publishing Group, P. O. Box 6287, Grand Rapids, MI 49516, U.S.A.
All rights reserved.

This Korean edition ⓒ 2023 by Timothy Publishing House, Inc., Seoul, Republic of Korea
Used and translated by the permission of Baker Publishing Group through rMaeng2, Seoul, Republic of Korea.

이 한국어판의 저작권은 알맹2를 통하여 Baker Publishing Group과 독점 계약한 (주)도서출판 디모데에 있습니다. 신 저작권법에 따라 한국 내에서 보호받는 저작물이므로 무단 전재와 무단 복제를 금합니다.

## 나이 듦이 아름답다

**1쇄 발행**     2023년 8월 28일

**지은이**     윌리엄 윌리몬
**옮긴이**     김진선
**펴낸이**     고종율

**펴낸곳**     (주)도서출판 디모데〈파이디온선교회 출판 사역 기관〉
**등록**       2005년 6월 16일 제319-2005-24호
**주소**       서울특별시 서초구 서초대로 141-25(방배동, 세일빌딩)
**전화**       마케팅실 070) 4018-4141
**팩스**       마케팅실 02) 6919-2381
**홈페이지**   www.timothybook.com

**ISBN**      978-89-388-1699-3 (03230)
ⓒ 2023 도서출판 디모데 All rights reserved. 〈Printed in Korea〉

# 나이 듦이 아름답다

교회 안에서 의미 있게
나이 들도록 어떻게 도울 것인가

윌리엄 윌리몬 지음
김진선 옮김

아흔을 향해 가지만
여전히 활기찬 나의 누이 해리엇과
나의 형제 버드에게
이 책을 바칩니다.

차례

들어가는 글 13

1장.
성경을 통해 본 노화 23

2장.
고령화라는 폭풍 41

3장.
하나님과 함께 은퇴하다 57

4장.

**성공적인 노년 생활** 99

5장.

**인생 말년을 하나님과 함께** 151

6장.

**교회 안에서 보내는 노년기** 239

7장.

**하나님 안에서 마무리하기** 299

주 314

## 들어가는 글

나는 아들 윌(내 이름을 따서 지었다)의 사진 중에서 우리 두 사람이 함께 찍은 사진을 제일 좋아한다. 이 사진은 윌이 생애 두 번째 여름을 맞았을 때 사우스캐롤라이나에 처음 여행을 가서 찍은 사진이다. 이 사진에는 노을빛의 하늘 아래, 겨우 걸음마를 배운 아이와 내가 함께 파도가 출렁이는 바다를 향해 걸어가는 장면이 담겨 있다. 당시 나는 아이가 생전 처음 바다를 보고 무서워하리라고 생각했다. 하지만 아이는 무서워하기는커녕 내 손을 꼭 잡고 좋아서 깔깔거리며 웃었다. 사진에서는 우리 뒷모습만 보인다. 나는 아이 쪽으로 몸을 숙이고 있고, 아이는 바다로 더 들어가려고 막무가내다. 사진에서 보이지 않지만 나는 아이 얼굴에 활짝 펴 있던 웃음을 절대 잊지 못할 것이다. "팔짝 뛰어봐"라는 나의 응원에 윌은 파도를 향해 더 가까이 가려고 버둥거리며 웃음을 터뜨렸다.

나이 들어간다는 것이 얼마나 큰 기쁨인지 생생하게 보여주는 그 사진을 얼마나 아끼는지 모른다. 아이의 손을 힘주어 잡고 바람을 정면으로 맞으며, 끝없이 다가오는 파도를 뛰어넘으라고 소리치면서 어린아이를 거대한 세계의 모험으로 이끌어 가는 장면이 돋보이는 사진이다.

그러나 어린아이와 어른, 다시 말해 이제 자라나는 아이와 나이 들어가는 어른인 우리 두 사람의 사진을 지금에 와서 보니 내가 그 순간을 잘못 읽었다는 생각이 들었다. 아이를 이끌어 가고 있다고 생각했지만, 기실 이끌림을 받는 쪽은 아이가 아니라 나였다. 석양과 바다, 광대한 영원의 시간은 미래를 약속하며 아이를 향해 끊임없이 달려오고 있었고, 내게서는 조금씩 자꾸만 멀어지며 나와 같은 이름을 한 어린 소년을 비롯해 내가 사랑하는 모든 것을 앗아가고 있었다.

아이에게는 미래가 창창했지만, 나는 미래보다 과거로 가득했다. 앞으로 아이는 살아갈 날이 무수히 많이 남았지만, 나는 살아갈 날보다 살아온 날이 훨씬 더 많았다. 갓 세상에 선을 보인 그 어린아이는 내 손을 잡고 저 깊은 곳으로 길을 개척하라고 나를 격려했다. 아이는 흥분해서 앞으로 달려 나가며 인생을 시작한다. 나는 하루가 저물어가는 시간에 미래를 붙들려는 마지막 몸부림처럼 아이의 작은 손을 행여나 놓칠세라 꼭 붙잡고 있다. 모든 것을 삼킬 듯한 영원의 바다를 향해 나는 어쩔 수 없이 머뭇거리며 겨우 걸음을 옮긴다. 이제 얼마 지나지 않아 아이는 내 바람보다 훨씬 빨리 나를 두고 혼자서 모험을 해야 할 것이다. 나를 잡은 아이의 손은 잠식해오는 어둠에서, 집어삼킬 듯한 깊은 구덩이에서 나를 구해낼 정도로 힘이 세지 않았다.

(칠순이 넘은 나에게 머지않아 일어날) 모든 일을 고려해 볼 때

이 일을 해결할 이는 오직 하나님 외에는 없다.¹ 많은 사람이 오래 살고 싶어 한다. 늙고 싶어 하는 사람은 없다. 나는 늙어가고 있다. 당신도 그러하다. 이것이 좋은 소식인지 나쁜 소식인지는 신체적, 정신적 건강과 재정 상태, 친구와 가족에 달려 있다. 또한 일시성에 종속되도록 인간을 창조하신 분이자 우리의 유일한 부활의 소망이신 하나님께 달려 있다.

19살 때 "나는 늙어간다…이제 바지 밑단을 접어 입겠지"라는 시의 한 구절을 읽고 혼자서 킥킥거리며 웃었던 적이 있다.² 노화는 쇠약해지는 것으로서, 어느덧 짧은 인생의 마지막에 다다라 더 많아진 어제와 더 줄어든 내일을 보며 반바지를 입기에는 너무 왜소해진 자신을 직시하는 것이다. 시인 딜런 토머스(Dylan Thomas)는 늙은 아버지에게 "어두운 밤을 순순히 받아들이지 마세요…꺼져가는 빛에 분노하세요"라고 촉구하는 시를 쓴 것으로 유명하다.³ 점점 깊어지는 어둠 앞에서 당신은 스토아적 체념에 물들어 있는가? 아니면 노화하며 쇠퇴하는 것에 무력하게 분노하고 있는가?

이 책을 집필하기 위해 사전 연구 작업을 시작하던 날 동료가 다그치듯이 물었다. "혹시 은퇴를 생각하시는 것은 아니겠지요?" 나는 개설한 강좌의 정원이 수월하게 찼으니 학교에 확실히 공헌하고 있다고 생각하고, 몇 년 더 가르칠 수 있기를 기대한다고 대답했다. "하지만 일선에서 물러나야 할 시기라고 생각하시는 것은 아니죠?"라고 그녀는 재차 물었다. 이 70대 노구가 어떤 길로 가야 할지 고민하게 한 동료의 노력 이면에 주님이 계셨던 것은 아니었을까? 확실한 것은 그 겸손한 대화 덕분에 이 책을 쓰고자 하는 새로운 열정이 끓어올랐다는 사실이다.

나는 목사와 감독으로, 작가이자 신학 교수로서 이 책을 쓸 뿐 아니라, 노화를 경험한 한 인간으로서 이 글을 쓰고 있다. 나는 노년기에 접어든 베이비부머 세대 그리스도인이다. 우리 베이비부머 세대는 대부분 노년 생활을 향유할 새로운 방법들을 개척하기를 소원한다. 프린스턴 국제 여론 조사 연구소(Princeton Survey Research Associates International)에서 은퇴를 앞둔 베이비부머 세대를 대상으로 실시한 연구에 따르면, 이 세대는 "점진적으로 현역에서 물러날 준비를 하든지 아니면 단계적으로 노년의 삶을 준비하는 것을 원한다. 일반적으로 중년기 이후부터 인생이 쇠퇴한다는 개념과 전혀 다른 비전을 갖고 있다"고 한다.[4] 이 책은 베이비부머 세대가 나이 듦에 대해 다른 생각을 품고 있다는 증거다.

랄프 왈도 에머슨(Ralph Waldo Emerson)은 57세에 "노년기"(Old-Age)라는 제목으로 에세이를 썼다. 시몬 드 보부아르(Simone de Beauvoir)는 60세에 다소 어두운 분위기의 『노년』(The Coming of Age, 책세상 역간)을 썼다. 키케로(Cicero)는 62세에 고전인 『노년에 관하여』(De Senectute, 다수 출판사 역간)를 썼다. 내가 이 초기의 평론가들만큼 노화에 대해 예리한 통찰력이 있는 것은 아니지만, 그들과 한 가지 공통점이 있다. 내가 실제로 늙었다는 것이다!

한 의사가 임종을 앞둔 환자를 보고 고개를 저으며 "저분은 이 고비를 넘기지 못할 겁니다"라고 말하듯이, 누군가는 어거스틴이 설교에서 말했던 것처럼 갓 태어난 우리를 향해 이렇게 말할 수 있다. "그는 살아서 이곳을 나가지 못할 것이다."[5] 노화는 자연적이고 예측 가능한 인생의 한 과정이다. 출생과 함께 누구도 인지하지 못하는 사이에 시작되어 몇십 년 안에 가속화되고, 결국 부정할 수 없는 수준에 이르렀다가 죽음으로 끝난다. 노화는 대부분 사람의 인생 마지막 3분의 1을 지배한다. 노화가 자연스럽고 예측이 가능하다고는 하지만 솔직히 말해보자. 노화를 직면하는 데는 용기가 필요하다. 우리를 좀먹는 죽음이라는 불길한 유령 때문이다. 우리는 의식의 어느 한구석에서 삶의 유한함을 남들에게 일어나는 불쾌한 일로 자각해왔지만, 65세 이후부터는 대부분 내게도 일어날 일로 더 많이 의식하게 된다.

우리는 모두 장수 혁명의 참여자이거나 관찰자다. 노년기는 이전처럼 그렇게 짧지 않다. 50세에 은퇴할 경우, 원래 직업이 아닌 다른 일을 하며 인생의 거의 절반을 살아가야 할 수도 있다. 바로 이번 주에만 해도 나는 미국 연금의 운명을 예견한 책을 읽었다(2050년에 고갈된다고 한다). 앞으로 연금이 고갈될 위기에 봉착하는 이유는 무엇인가? 나와 같은 사람들은 실제 기대수명에 대한 거부감이 매우 강하다. 창세기 6장 3절은 인간의 최대 수명을 '120년'이라고 규정한다(현재 공식적으로 인정하는 인간의 최대 수명). 시편 90편 10절은 더 현실적으로 말한다.

우리의 연수가 칠십이요 강건하면 팔십이라도.

우리는 대부분 성경적인 장수의 기준을 가볍게 무시하며 우리 윗세대보다 30-40년을 더 살 것이다.

예수님은 사역 초기에 아마 내 또래의 사람들을 거의 만나지 못하셨을 것이다. 로마 제국의 남자들은 평균 수명이 25세였고 아마 여성들은 더 짧았을 것이다. 모두 알겠지만 예수님과 제자들 중 많은 이가 나이 들 기회를 박탈당했다.[6] 노화와 관련된 난제는 성경 시대나 초대 교회에서 널리 알려져 있지 않았다. 그러나 그렇다고 성경과 기독교 신학과 지역 교회 생활이 노화에 대한 우리의 고민에 전혀 기여하지 못한다는 의미는 아니다. 그리스도인으로서 노화에 접근할 때, 우리는 세상이 '노화의 문제'라고 인식하는 것을 새롭게 통찰하고 근본적으로 재해석하는 작업을 해야 한다.

개인적으로 중학생 때 수학에 대한 흥미를 완전히 잃어버렸지만, 노화를 이야기하려면 먼저 수치와 통계를 살펴봐야 한다. 미국인들의 평균 수명은 80세로 200년 전에 비하면 두 배나 늘어났다. 2030년이 되면 65세 이상의 인구가 7,000만 명에 이를 것으로 예상되는데 이 수는 현재의 두 배에 해당한다. 보통 여성이 남성보다 수명이 더 길기 때문에 75세 이상의 미국 여성은 남성과 비교하면 3대 1로 그 수가 훨씬 많다. 86세 이상의 초고령자는 가장 빠르게 증가하는 연령 집단이다. 이 집단은 2000년에 400만 명에 이르렀고, 2030년에는 거의 900만 명, 2050년에는 1,600백만 명에 이를 것으로 예상된다. 100세 이상 인구는 1982년 1만 5천 명에서 현재는 10만 명이 넘을 정도로 크게 증가했다. 전체 인구 중 고령 인구는 1900년과 비교해 12퍼센트에서 21퍼센트로 늘어날 것이다. 1900년대에 65세 이상의 인구는 전체 인구의 4퍼센트에 불과했다.[7] 2058년이 되면 60세 이상의 인구는 세 배로 증가해 20억 명에 이를 것이며, 고령 인구가 전 세계 인구의 5분의 1을 차지할 것이다. 이 고령자들은 대부분 농촌에서 빈곤하게 살 것이다.

이렇게 인간 수명이 극적으로 변화하자 노화에 대한 우리의 시각과 인생의 마지막 4분기를 어떻게 보낼지에 대한 기대도 바뀌었다. 노인 돌봄에 대한 압박이 커지고 고령 인구가 폭발적으로 증가함에 따라, 노화는 주요 공공 정책의 딜레마이자 수백만 가정의 붕괴 원인으로 작용한다. 뿐만 아니라 그리스도인이 인생 마지막 4분기에 믿음이 주는 특별한 위안과 도전을 재발견할 기회가 되기도 한다.

북미 교회는 전체 미국인보다 훨씬 더 빠르게 늙어가고 있다. 노화에 대한 명시적인 자료가 성경에 거의 나오지 않지만, 기독교 신앙은 우리 인생의 마지막 몇십 년에 대한 새로운 의미를 발견하게 해줄 능력이 있다. 나는 노년 사역을 주요 사명으로 삼은 수십 곳의 교회를 방문하여 인터뷰한 끝에 다음과 같은 결론에 도달했다. 그리스도인이 예측 가능한 노화의 위기에 대비할 수 있고, 교회 지도자들이 그 대비 작업의 핵심 열쇠를 쥐고 있다는 것이다.

그리스도인은 전 인생 주기(은퇴, 노화, 질병, 사망을 포함한)에 걸쳐 하나님이 언제나 신실하신 분임을 증언할 사명을 받았다. 우리는 직장에서 은퇴할 수 있지만 제자도에서는 은퇴할 수 없다. 교회는 성도가 인생 마지막 기간을 제자로서 살아가도록 훈련할 책무가 있다. 일반적으로 노화를 겪으며 고통스러운 사건들을 만나지만, 기독교 신앙은 노화의 기쁨과 고통을 확신과 소망으로 이겨나가도록 도와준다.

폭발적으로 증가하는 고령 인구를 돌보고, 함께 사역하며, 설교하고, 조언하는 사람들은 노화 과정과 노화의 예측 가능한 위기들을 이해하도록 가르침을 받아야 한다. 뿐만 아니라 노년층과 대화하고, 그들이 노화에 따른 위기들을 예측하고 타협하도록 신학적으로 도와야 한다. "하나님은 인생의 이 시기에 나를 어디로 이끌고 계시는가?"라는 물음에 답하는 데 이 책이 유용히 쓰이기를 소망한다.

미국에서 내 세대에 속한 노년층 일부는, 이전 세대가 꿈꾸었던 것보다 훨씬 일찍 은퇴할 수 있을 정도로 엄청난 부를 축적한 최초의 사람들이다. 어떤 이들은 자력으로 감당할 수 없는 건강보험, 빈곤, 주거 불안, 고통스러운 이주로 인생 말년을 불안과 공포로 보내기도 한다. 많은 사람은 지적, 정서적, 영적으로 노후가 전혀 준비되어 있지 않음을 깨닫는다. 이 책을 쓴 이유는 그리스도인들(노인을 돌보며 그 자신도 노년을 준비해야 하는 젊은 세대와 노년기에 접어든 노년 세대)이 노년을 그리스도인답게 생각하도록 돕고, 교회를 노년 세대 사역의 이상적인 장소로 바라보게 하기 위함이다.

내가 속한 교단의 평균 연령은 현재 62세다. 최근에 나는 신학생들에게 "노인 사역을 기쁨으로 감당하는 법을 배우라"고 말했다. 노인들과 그들의 보호자들을 돌보고, 함께 일하며, 더 깊이 이해하고, 깊이 공감하며 그들을 지원하는 일이 중요한 사역이 되었다. 이 책은 최신 연구를 바탕으로 성경적이고 신학적인 통찰을 제공하여, 교회가 노년층 사역에 참여할 수 있는 구체적이고 실제적인 단계를 마련하는 데 목적을 둔다. 예수님을 위해 그리고 예수님과 함께 일하는 것은 인생의 어느 단계에서든지 벅찬 도전일 것이다. 하지만 예수님의 빛이 우리 생명이고, 특별히 인생 말년에 그분을 섬기는 것이 인생의 가장 큰 기쁨이라는 나의 즐거운 증언으로 이 책을 읽어주기를 소망한다.

자료 조사와 편집으로 나를 도와준 카스턴 브라이언트(Carsten Bryant)와 이 책의 집필을 요청한 제이슨 비야시(Jason Byassee)에게 감사를 전한다. 내 목표가 무엇인지 아는가? 그리스도인이 노인들을 존중함으로 하나님을 사랑하도록 이끌고, 그리스도인답게 노년을 준비함으로 거룩하게 인생을 마무리하도록 돕는 것이다.

1장

# 성경을 통해 본 노화

저녁 뉴스에서 가장 비싼 광고는 노년층을 대상으로 한 건강 약품 광고다. 어떤 약품은 통증과 고통과 노인 질환을 완벽히 해결해주겠다고 약속한다. 또 다른 약품은 노화를 막아줄 수 있다고 장담한다. 이런 광고들을 보면 노인들은 하나같이 실내 자전거를 타거나, 번지 점프를 하고, 손자들과 수영장에서 물장난을 치면서 환하게 웃는 여유로운 모습으로 등장한다. "나와 함께 멋진 노년기를! 최고 전성기는 이제부터입니다."¹ 우리는 이런 광고의 과장된 주장들이 사실이었으면 좋겠다고 기대한다. '늙어가다'라는 표현을 들으면 무엇이 떠오르냐는 질문에 대다수 사람은 황금기와 관련된 표현이 아닌 상실, 고독, 우울, 고통, 슬픔, 외면, 치매, 회한 등을 떠올리기 때문이다.

진실은 번지 점프와 쓸쓸한 외로움 사이 어딘가에 놓여 있다.

우리 그리스도인들은 매주 한곳에 모여 한 고대 문서에 우리 삶을 비추어본다. 이것은 성경, 즉 하나님이 자신을 낮추어 우리에게 은혜를 베푸신 강력한 증거라고 믿는 문서다. 그러나 성경을 뒤적여보면 인간의 노화에 대한 판단이 명확하게 기록된 곳이 없다는 사실을 발견한다.

## 구약이 말하는 노화

빌리 그레이엄(Billy Graham)은 은퇴한 후 『새로운 도전』(*Nearing Home*)이라는 책을 집필했다. 이 책에서 그는 노화와 관련해 자신이 좋아하는 성경 구절들을 일목요연하게 정리해서 보여주었다.² 빌리 그레이엄은 성경에서 노인을 언급한 175개 구절을 찾았지만, 성경에 정통한 그조차 노년을 생각하는 데 도움이 될 명확한 성경 자료를 찾아내기가 쉽지 않았다. 성경 시대 사람들의 수명이 매우 짧았던 탓이다. 성경이 노화에 대해 상대적으로 관심이 적은 것은 신학적인 이유도 있다. 이스라엘과 교회는 인생의 다양한 연령대와 인생 주기를 별로 강조하지 않았다. 그들은 노화와 죽음이 인간의 발달 과정에서 개별적으로 거치는 단계라기보다, 자연적이며 인생의 자연스러운 과정이자 심지어 하나님이 정하시고 인도하시는 섭리의 한 과정이라고 인식했다.

노화에 대한 우리의 부정적이고 비현실적인 태도(약품 광고에서 확인하듯이)는, 우리가 비기독교적 문화의 관습과 가치관에 포로로 잡혀 굴종하고 있다는 증거일 수 있다. 죽음을 부정하는 사회에서 노년층은 의도치 않게 청년 세대에게 곤란한 진실을 외친다. 직면하기를 원하든 원치 않든 나이 듦은 모든 사람이 맞이할 미래라는 것이다.

그레이엄은 일부 성경 구절에서 장수가 여호와를 경외한 자들이 하나님께 받는 보상으로 묘사된다고 말한다. 잠언 16장

31절에는 백발이 "영화의 면류관"이며 "공의로운 길에서 얻[는 것]"이라고 나온다. 젊은이들은 장수한 노인들을 존경할 의무가 있다. "네 부모를 공경하라 그리하면 네 하나님 여호와가 네게 준 땅에서 네 생명이 길리라"(출 20:12).

그러나 다른 측면도 있다. 그레이엄은 전도서 12장 1-8절이 "노년을 다룬 모든 문학 중 가장 시적이고 (솔직한) 묘사 중 하나"라고 말한다.³ 나는 이 구절이 아름답지만 불편한 진실을 가감 없이 드러낸다고 생각한다.

> 너는 청년의 때에 너의 창조주를 기억하라 곧 곤고한 날이 이르기 전에, 나는 아무 낙이 없다고 할 해들이 가깝기 전에 해와 빛과 달과 별들이 어둡기 전에, 비 뒤에 구름이 다시 일어나기 전에 그리하라 그런 날에는 집을 지키는 자들이 떨 것이며 힘 있는 자들이 구부러질 것이며 맷돌질 하는 자들이 적으므로 그칠 것이며 창들로 내다 보는 자가 어두워질 것이며 길거리 문들이 닫혀질 것이며 맷돌 소리가 적어질 것이며 새의 소리로 말미암아 일어날 것이며 음악하는 여자들은 다 쇠하여질 것이며 또한 그런 자들은 높은 곳을 두려워할 것이며 길에서는 놀랄 것이며 살구나무가 꽃이 필 것이며 메뚜기도 짐이 될 것이며 정욕이 그치리니 이는 사람이 자기의 영원한 집으로 돌아가고 조문객들이 거리로 왕래하게 됨이니라 은 줄이 풀리고 금 그릇이 깨지고 항아리가 샘 곁에서 깨지

고 바퀴가 우물 위에서 깨지고 흙은 여전히 땅으로 돌아가고 영은 그것을 주신 하나님께로 돌아가기 전에 기억하라 전도자가 이르되 헛되고 헛되도다 모든 것이 헛되도다.

"너는 청년의 때에 너의 창조주를 기억하라"는 말은 마치 노인이 청년에게 주는 조언처럼 들린다. 청년 시절에 교회 모임에 참석하고, 성경을 매일 공부하며, 하나님의 계명에 순종해야 한다. 청년 시절의 헌신은 노년의 신앙에 결정적인 영향을 미치기 때문이다. 그러나 바로 이어 전도서는 청년의 때에 하나님과 함께해야 하는 더 우울한 이유를 제시한다. "곧 곤고한 날이 이르기 전에 나는 아무 낙이 없다고 할 해들이 가깝기 전에 해와 빛과 달과 별들이 어둡기 전에 비 뒤에 구름이 다시 일어나기 전에 그리하라"(12:1–2).

그레이엄은 이 구절들을 언급하지는 않지만, 전도서는 노년을 결코 낙관적으로 바라보지 않는다. 전도서는 소위 그 황금 시기를 "곤고한 날"이라고 규정한다. 하늘이 어두워지고 빛이 희미해질 때 우리는 지나간 시절의 행복했던 나날들을 추억하며 "아무 낙이 없다"고 말하기 쉽다. 청년들이여, 늙으면 하나님을 무시하게 될 것이니 젊을 때 창조주를 기억하라. 청년들이 귀담아 들어야 할 두려운 경고다.

전도서는 또한 신체 노화를 매우 시적으로 묘사한다. "집을 지키는 자들이 떨 것이며"(손에 마비가 옴), "힘 있는 자들이 구부러질 것이며"(무릎이 약해져 구부러짐), "맷돌질하는 자들이 적으므로 그칠 것이며"(이가 다 빠짐), "창들로 내다 보는 자가 어두워질 것이며"(눈이 침침해짐), "길거리 문들이 닫혀질 것이며"(외로움), "맷돌 소리가 적어질 것이며 새의 소리로 말미암아 일어날 것이며"(밤에 잠을 푹 자지 못함), "음악하는 여자들은 다 쇠하여 질 것이며"(목소리가 약해져 떨림), "그런 자들은 높은 곳을 두려워할 것이며 길에서는 놀랄 것이며"(겁이 많아지고 소심해짐), "살구나무가 꽃이 필 것이며"(머리가 하얗게 쉼), "메뚜기도 짐이 될 것이며"(노쇠하여 걷기도 힘들어짐), "정욕이 그치리니"(구체적으로 말할 필요조차 없다), "흙은 여전히 땅으로 돌아가고 영은 그것을 주신 하나님께로 돌아가[니]…전도자가 이르되 헛되고 헛되도다 모든 것이 헛되도다."

나는 노년의 실제 모습을 미화하지 않고 적나라하게 보여준 전도서의 지혜가 성경에 보존되어 있음에 감사한다. 원하는 만큼 나이 듦에 대해 감사하라. 하지만 전도서 12장과 노년을 곤고한 날로 규정한 전도자의 입장을 제대로 다루지 않으면, 노화에 대한 진실을 말하지 않은 셈이다.

우리는 '곤고한 날이 올 때' 하나님을 기억하기를 원치 않을 수도 있다. 그래서 우리는 시간을 내서 하나님과 인생의 축복을 더 깊이 생각해야 한다. 전도서의 이런 비관적 표현은 노년을 대비하기 위해 가장 비싼 연금을 가입하는 것 이상의 준비가 필요하다는 것을 의미한다.

### 신약이 말하는 노화

신약에서는 구약과 달리 노화에 대해 모호한 입장을 취하는 측면이 두드러지게 드러나지 않는다. 복음서나 바울 서신에서 고령의 노인이 등장하는 경우가 극히 드물지만, 누가복음 서두에는 노년층이 주요 인물들로 등장한다. 누가는 제사장 사가랴와 그의 아내 엘리사벳과 같은 노년의 사람들을 통하지 않고서는 베들레헴의 아기를 만날 수 없다고 믿는다. 이들은 '나이가 많았고' 자녀가 없었다(눅 1:7). 천사 가브리엘이 사가랴에게 나타나서 엘리사벳이 요한이라는 이름의 아들을 낳을 것이라고 약속했고, 그 후 그녀는 노인 병동에서 산모 병동으로 이동했다. 하나님은 늙은 엘리사벳을 신실한 섬김의 자리로 부르셨다. 사가랴는 그들이 늙었기에 이 약속이 실현 불가능하다고 생각했다. 하지만 참으로 놀랍게도 엘리사벳은 아들을 낳았다. 엘리사벳은 나이가 많았지만 누가의 이야기에서 "성령의 충만함을 받[은]"(1:41) 최초의 등장인물이다. 노인들이 하나님의 영감을 받은 도구가 되었고, 동정녀 마리아에게 하나님의 뜻을 해석해주는 과제를 수행했다.

이어서 누가는 늙은 시므온과 안나를 소개한다. 이들은 성전에서 예수님을 맞이했다(2:25-38). 시므온은 아기 예수님을 보자마자 이스라엘이 압제에서 구원받기를 소망하며 그분이 구원자로 선택함을 입은 자라고 선언한다. 누가복음 곳곳에서 사람들은 예수님을 있는 그대로 이해하지 못하고, 그분의 사명을 이해하는 데 어려움을 느낀다. 그렇다면 시므온이 예수님과 그분의 정체성을 정확히 인식한 것은 오랜 연륜으로 얻은 지혜 때문이었을까? 시므온은 그 아기를 구원의 소망을 포기한 사람들을 향한 하나님의 책망이라고 해석하고 있는 것인가? 수십 년을 살면서 이제 하나님이 어떤 일을 하셔도 놀라지 않게 되었기 때문에 예수님의 탄생이라는 놀라운 소식을 가장 먼저 들은 것일까?

사가랴와 엘리사벳, 시므온과 안나는 지혜와 놀라운 통찰력을 발휘한다. 이는 과거 경험으로 얻은 지혜와 통찰과 성령이 선물로 주신 지혜의 산물일 것이다. 누가는 그들을 젊은 세대가 기대와 소망을 품고 미래를 바라보도록 이끄는 선지자로 소개한다. 그들은 하나님의 은혜로 공개적이고 낙관적으로 내일을 증언한다. 그렇다면 누가는 노인들이 과거에 얽매여 변화에 적응할 수 없는 존재가 아니라, 믿음으로 굳게 서서 미래를 적극적으로 수용하고 시대를 날카롭게 분석하는 지혜를 소유한 존재라고 소개하는 것은 아닐까?

노년기의 사람이 대부분 연속성과 전통과 안정을 중시하는데도, 누가가 노인들을 예기치 못한 신적 개입의 가능성과 연결한다는 점이 매우 인상적이다. "너희의 젊은이들은 환상을 보고 너희의 늙은이들은 꿈을 꾸리라"(행 2:17)는 말씀처럼, 그들은 오랜 세월을 살았지만 하나님이 새롭게 펼치실 미래를 바라보게 한다. 늙은이들은 성령의 부어주심으로 꿈꾸는 자들이라 불릴 것이다. 성령은 노년의 사람들이 어제의 추억에 매몰되지 않고 내일의 비전을 계속 바라보게 이끌어주는 하나님의 선물이다.

목회 서신은 초대 교회가 노인을 존경하고 공경했다고 묘사한다. 바울은 디모데전서 5장 1절에서 "늙은이를 꾸짖지 말고 권하되 아버지에게 하듯 하며"라고 말한다. 과부들을 봉양하라고 공동체에게 구체적으로 지시하기도 한다. 교회가 노인들을 공경하고 존경해야 하지만, 노인들이 책임감 있는 제자도의 본을 보이도록 기대했다는 점도 눈여겨보아야 한다. 나와 같은 노인들은 필요할 때 권면을 받아야 했다. 과부들은 기도와 손님 접대와 고난을 받는 자들을 섬기는 일에 전념해야 했다(5:3-16). 섬김을 받을 뿐 아니라 섬겨야 했던 것이다. 노인들은 믿음의 모범이자 본보기가 되어야 했고(딛 2:2-5), 가르치고 상담하며 사람들에게 필요한 지침을 줄 수 있어야 했다. 분명히 신약 저자들은 노인들이 특별한 보호를 받아야 마땅하지만, 동시에 책임 있는 주체로서 그리스도를 따르는 소명을 충실히 수행해야 한다고 보았다.

리처드와 주디스 헤이스(Richard and Judith Hays)는 노화에 관한 신약의 자료를 살펴본 후, 신약이 노년층에 대해 말하지 않는 점을 소개한다. "성경 어디서도 그들을 동정의 대상이나 지원의 대상으로 보지 않으며 무시하지도 않는다. 노화 자체를 부정적으로 묘사한 경우도 없다. 어디서도 노인을 비참하거나 현실적인 영향력이 전무하거나 뒷방 늙은이처럼 묘사하지 않으며, 수동적이고 비생산적인 존재로 그리지 않는다. 많은 서구의 드라마와 이야기들처럼, 그들은 성경 어디서도 우스꽝스러운 인물이나 풍자의 대상으로 그려지지 않는다."[4]

더 인상적인 부분은 신약이 사망을 "맨 나중에 멸망받을 원수"(고전 15:26)로 칭하면서도, 노인에게 일어날 수 있는 최악의 일이 죽음이라고 보지 않았다는 점이다. 리처드와 주디스는 예수님의 이른 죽음(36세도 넘기지 못하셨다)이 오래 사는 것보다 충성이 더 중요하다는 사실을 전한다고 말한다. 또한 그분의 이른 죽음은 제 수명대로 살지 못하는 것보다 더 나쁜 일이 있다는 사실을 영원히 기억하게 해준다고 주장한다.[5] 배교는 죄이지만 이른 죽음은 죄가 아닌 것이다.

장수는 축복이지만(잠 16:31, 20:29) 우리가 타고난 권리가 아니고, 인생에서 가장 중요한 목표가 될 수도 없다. 생명의 수여자이신 하나님은 우리에게 목숨을 포기하라고 요구하실 수도 있다. 예수님의 이름으로 감당하는 제자도의 길은 보람 있는 은퇴가 아닌 십자가로 이어질 수도 있다(막 8:34-38, 눅 14:25-27). 내가 아는 한 목회자는 은퇴할 시기에, 심각하게 분열되어 섬기기 어려운 교회에 청빙받았다. 그는 목표로 했던 은퇴를 1년 앞두고 주교라는 직분에 투신했다. 그의 말을 빌리면 "이 교회가 그 심각한 증오와 분열에서 치유함을 받거나 혹은 내가 갑작스러운 죽음으로 그만두는 사태가 발생할 때까지" 그 직책을 감당했다. 또 내 주변에는 인생의 대부분 시기를 아주 건강하게 살다가, 말년에 고통과 질병의 무게에 짓눌리면서도 세상에 긍정적인 증언을 하고자 최선을 다하는 친구도 많다. 십자가의 길인 제자도는 어떤 나이든 상관없이 심약한 마음의 소유자들은 걸어갈 수 없다.

## 노화를 소명으로 인식하기

성공적인 노년 생활을 연구하는 연구자들은 인생의 마지막 3분의 1을 지속적인 변화와 발전의 시기로 보아야 한다고 강조한다. 이런 발전은 신체가 변화하고 재정 상황이 변하여 일어난다. 사회적 관계와 가족 관계의 변화로 일어나는 경우도 있다. 그러나 그리스도인으로서 인생의 말년에 꼭 필요한 변화와 발전은, 우리가 계속 복음을 증언함으로써 제자도라는 좁은 길을 걸어가게 하시는 살아 계신 하나님이 일으키신다. 요한복음 3장에는 한밤중에 예수님을 찾아온 니고데모가 등장한다. 요한은 니고데모의 구체적인 나이를 알려주지 않는다. 하지만 나이 든 사람이 어떻게 다시 태어날 수 있냐는 니고데모의 질문에, 예수님은 성령이 노인도 새로 태어나게 하실 수 있다고 대답하신다. 아무리 나이가 많아도 성령으로 다시 태어나거나 청춘을 되찾을 수 있고, 특별한 사명을 받을 수 있으며, 성령의 충만함을 입을 수 있다.

하나님은 "죽은 자의 하나님이 아니라 산 자의 하나님"(막 12:27)이시다. 따라서 우리 인생은 세월과 정신적, 신체적인 무능력에 종속되어 있기도 하지만, 나이를 불문하고 평범한 사람들을 끊임없이 부르시는 하나님께 속해 있다. 모든 그리스도인이 직면한 핵심적인 질문은 "현재 내 인생에서 하나님이 무엇을 하고 계시는가?"이다. 혹은 소명에 더 적절하게 바꾸어 질문할 수 있다. "하나님은 내게 무엇을 기대하시며, 지금 내게 어떤 사명을 위임하고 계시는가?"

인생 후반기에 다다른 사람들, 즉 엘리사벳과 사가랴와 아브라함과 사라를 부르신 성경의 하나님은 지금도 계속 우리를 부르고 계신다. 시므온은 아기 예수님의 가족을 축복하면서 마리아에게 앞으로 그 아들이 감당할 가혹한 미래를 이야기해주었다(눅 2:34-35). 시므온과 안나는 일부 노년층의 특징인 담대함을 보인다. 이들은 일생 맡은 소명을 감당하며 주어진 직분을 완수했고, 자녀들에게 삶의 귀감이 되었으며, 이제 귀중한 여생을 마음껏 활용하며 살 수 있게 되었다. 다시 말해, 하나님의 선지자로 온전히 헌신할 수 있게 되었다. 안나는 고령의 여성이었지만 인생의 마지막 시기에 진리를 전하는 선지자로 헌신했다. 시편 기자가 약속한 복되고 보람된 노년이 바로 이런 삶일 것이다. "그는 늙어도 여전히 결실하며"(시 92:14).

감옥에 갇힌 바울은 스스로 노인이라고 칭하지만, 여전히 선교사로서 소명을 계속 이어가기 위해 석방되고 싶다는 희망을 피력한다(빌 1:19, 22). 이렇듯 하나님이 주신 소명은 평생 감당해야 한다는 특징이 있다. 성경은 유일하게 레위 지파와 관련해서만 은퇴를 명시적으로 언급한다. 그들은 이스라엘의 예배를 도왔는데, 20세에 직무를 시작하여 "오십 세부터는 그 일을 쉬어 봉사하지 아니[해야]"(민 8:25) 했다. 그러니 동료들이 내게 목회 현장에서 은퇴하라고 조언할 수 있겠지만, 나를 부르신 분이 아니고는 누구도 내게 소명을 중단하고 쉬라고 할 수 없다.

시편 기자는 단순히 장수를 위해 기도한 것이 아니었다. 그는 장수하여 후대에 하나님에 대한 진리를 전할 수 있게 해달라고 기도했다.

> 하나님이여 내가 늙어 백발이 될 때에도 나를 버리지 마시며 내가 주의 힘을 후대에 전하고 주의 능력을 장래의 모든 사람에게 전하기까지 나를 버리지 마소서(시 71:18).

빌리 그레이엄은 내가 몰랐던 성경의 한 노인을 소개한다. 바르실래라는 사람으로 그는 큰 위험을 무릅쓰고 다윗 왕과 그의 일행에게 음식과 쉴 곳을 마련해주었다(삼하 17:27-29). 다윗은 바르실래의 환대에 보답하려고 왕의 궁전에서 여생을 보내게 해주겠다고 그를 초청했다. 바르실래는 왕의 호의를 거절하고 이렇게 간청했다. "바르실래가 왕께 아뢰되 내 생명의 날이 얼마나 있사옵겠기에 어찌 왕과 함께 예루살렘으로 올라가리이까 내 나이가 이제 팔십 세라 어떻게 좋고 흉한 것을 분간할 수 있사오며 음식의 맛을 알 수 있사오리이까 이 종이 어떻게 다시 노래하는 남자나 여인의 소리를 알아들을 수 있사오리이까 어찌하여 종이 내 주 왕께 아직도 누를 끼치리이까"(19:34-35). 바르실래는 늙어도 왕에게 도움을 줄 수 있었지만, 왕의 궁궐에서 안락한 삶을 즐기기에는 너무 늙었다고 생각했다(또한 그는 살아온 연수에 맞게 지혜로웠다).

성경은 고령의 노인에게 일반적으로 드러나는 의존성을 솔직하게 인정한다. 하지만 성경이 그 의존성을 부정적으로 보는지 긍정적으로 보는지 정확히 확인할 수 없다. 예수님은 베드로에게 이렇게 말씀하셨다. "네가 젊어서는 스스로 띠 띠고 원하는 곳으로 다녔거니와 늙어서는 네 팔을 벌리리니 남이 네게 띠 띠우고 원하지 아니하는 곳으로 데려가리라"(요 21:18). 이것은 아마 베드로가 늙어서 순교당할 것이라는 예언이겠지만, 우리에게도 일반적으로 적용할 수 있다. 나이가 들어 늙으면 우리는 '팔을 벌리고' 다른 사람들에게 도움을 청할 수밖에 없다. 또한 '원하지 않는 곳으로' 우리를 데려가도 그대로 따를 수밖에 없다. 타인의 친절에 의존하는 삶은 자립을 최고의 덕목으로 숭상하는 세상에서는 저주일 뿐이다.

현존하는 위대한 철학자 중 한 사람인 마사 누스바움(Martha Nussbaum)은 젊음, 신체의 완벽함, 잠재력, 독립성을 숭상하는 문화에서 노인들이 "사실상 보편적일 정도의 광범위한 사회적 낙인의" 대상이 되는 것이 그렇게 놀랄 일이냐고 반문한다.⁶ 『노년과 노화에 대한 캠브리지 핸드북』(*The Cambridge Handbook of Age and Ageing*)은 노년을 바라보는 우리 문화의 암울한 획일적 잣대가 단순히 사회적으로 만들어진 것이라고 비판하며 이렇게 지적한다. 이런 획일적 잣대는 "노년의 삶의 질이나 그들이 사회에 긍정적으로 기여할 수 있는 능력을 판단하는 유효한 객관적 증거가 아니며, 오히려 노년에 대한 부정적인 신념과 태도를 반영한다…그러므로 노인 차별은 경험적 연구로 뒷받침된 것이 아니라, 궁극적으로 생의학적 '쇠퇴'에서 비롯된 노화의 부정적 특징을 강조하는 집단적인 고정관념이 세워지는 과정과 관련 있다."⁷

노년을 부정적으로 바라보는 시각은 기독교 성경에서 비롯된 것이 아니다. 북미 교회가 미국 문화에 발맞춰 시도했던 수많은 문화적 수용 과정에서 생겨난 것이다. 노인 차별은 성차별이나 인종 차별처럼 사회적 구조일 뿐만 아니라 고백해야 할 죄악이다.

칼뱅은 성경이 "자기 자신과 세상을 바라보는 그리스도인의 렌즈"라고 말한 것으로 유명하다.⁸ 노화에 대한 성경적 시각의 모호성과 진실성과 특이성은 노년에 대한 교회의 증언이 특이할 수밖에 없음을 말해준다. 교회는 그리스도인이 노년기를 대하는 방식과 세상이 노화를 바라보는 시각의 차이를 지적하고 강조해야 한다. 우리는 노화를 받아들이는 방식과 노년층 사역에 참여하고 그들을 대하는 방식이 그리스도로 말미암아 변화된다는 사실을 교회 생활을 통해 증명해야 한다.

지인 중에 평생 학교에서 가르치고 연구 생활을 하다가 은퇴한 유명한 생물학자가 있다. 어느 날 그가 내게 전화를 걸어 이렇게 말했을 때 무척 놀랐다. "가독성이 좋은 성경 주석을 소개해주었으면 합니다. 젊었을 때는 신앙생활을 열심히 했습니다. 대학 시절에는 캠퍼스 선교 활동에도 적극적으로 참여했습니다. 그다음에 대학원을 다니고 강사가 되어 학생들을 처음 가르쳤습니다. 아내는 교회에 전혀 관심이 없었지요. 나는 점점 신앙생활에서 멀어져 다른 문제들에 몰두하게 되었습니다. 이제 은퇴하고 나니 여러 가지를 깊이 생각할 시간적 여유가 생겼습니다. 성경을 체계적으로 읽고 더 깊은 관심이 필요한 부분에 시간을 투자하고 싶군요. 도움이 될 주석서도 하나 소개해주시겠습니까?"

노화의 부정적인 면에만 지나치게 집중하고 긍정적인 측면을 무시하는 것은 좋지 않다. 가령 '여러 가지를 깊이 생각할 시간적 여유'는 노년이 주는 대표적인 선물이다. 일반적으로 우리는 성경을 읽을 때 '내 인생의 마지막 10년을 어떻게 보낼 수 있을까?'와 같은 구체적인 질문의 답을 찾으려고 읽지 않는다. 대신 성경과 더불어 살아가며, 우리와 함께하시는 하나님의 이야기를 꾸준히 읽으며 시간을 보낸다. 무엇보다 규율집이나 해답서가 아니라 오랜 친구나 인생 여정의 동반자처럼 성경을 대한다.

오랜 벗을 대할 때처럼 우리는 이전에 들려준 이야기들을 다시 들려주고, 또 반복해서 들려주는 성경이라는 친구를 인내하며 받아들인다. 때로 친숙해서 더욱 사랑받는 익숙한 말씀을 들을 때는 기쁨이 차오른다. 과거에 들었던 말씀이 인생의 또 다른 시점에서 다르게 다가올 때 행복감을 누린다. 이전에 성경을 읽을 때는 별다른 관심을 두지 않았던 성경 인물들을 발견하고 뜻밖에 놀랄 때도 있다. (이전에 예수님의 탄생 이야기를 읽을 때 시므온이나 안나의 나이에 주목해본 적이 있는가?)

우리는 어떤 성경 '구절'에 대해 이야기한다. 성경을 읽을 때 우리는 본문의 안내를 받고 호소와 강권함을 받으며 머물러 있던 곳에서 다른 곳으로 나아간다. 노년기에 접어들고 그 시기를 통과할 때, 한때 '시대를 초월하는 책'이라는 별칭이 붙었던 성경책은 신뢰할 수 있는 안내자이자 동반자가 될 수 있다.

2장

# 고령화라는 폭풍

미국의 급증하는 고령 인구를 이야기할 때, 흔히 기후와 관련된 메타포가 사용된다. 의료 관련 종사자는 밀어닥치는 가난한 노인들의 '해일'을 감당해야 한다. 늘어난 수명의 '눈사태'에 연금 프로그램과 사회 보장 제도가 다 휩쓸려 가버릴 것이다. 고령 인구는 '죽음의 쓰나미' 사태를 맞이할 것이다. 너무나 많은 미국인이 사망하여 모든 제도와 조직(특별히 주류 개신교 교회들)의 구성원들과 재정적 지원이 고갈되는 것이다. 청년 세대가 노년 인구 부양이라는 과중한 부담을 질 때 '인구 지진'을 예상해야 한다.

노화의 재정적, 심리적, 정신적, 사회학적, 영적 도전을 받을 때, 고령자 당사자는 마치 인생 말년이 통째로 폭풍 한가운데로 내몰리는 듯한 심정이 들 수 있다. 무서운 폭풍이 불어닥친다. 준비하지 않으면 다 휩쓸려 가고 말 것이다. 미리 대비해야 한다!

성경을 보면, 노화에 대한 기독교적 관점이 1세기에는 상상도 못했을 과분한 선물을 받았다는 감사에서 시작됨을 알 수 있다. 그러나 특이하게 노화에 대한 성경적 시각은 감사로만 끝나지 않는다. 성경은 우리 인생의 막바지에 하는 행위의 의미와 개인적 경험이 모두 모호하고, 결실과 썩음, 성취와 상실, 자유와 의존이 공존하는 시기라고 솔직하게 인정한다. 이런 질적 도전들은 현재 양적 위기로 악화되고 있다. 고령자가 너무나 많은 것이다.

사람들은 대부분 장수하기를 원한다. 늙고 싶어 하는 사람은 거의 없다. 전도서의 전도자처럼 많은 사람은 노년을 선물이 아니라 단조롭고 부담스러우며 무의미한 인생 말년으로 인식했다. 전도서의 우울한 후계자 윌리엄 셰익스피어는 『뜻대로 하세요』(As You Like It)라는 희곡에서 인생을 비극에 비유하면서 노년을 6막과 7막으로 묘사한다. 이 비극은 주인공이 모든 것을 잃고 우울하게 끝난다.

> 이 세상은 연극 무대,
> 모든 남녀는 배우입니다.
> 각자 퇴장도 하고 등장도 하며
> 주어진 시간에 자신의 역할을 하는 7막의 연극이죠.
> 첫 번째는 갓난아이 역할입니다.
> 유모의 팔에 안겨 울고 젖을 토합니다.
> 두 번째는 학교 가는 아이 역할,
> 아침에 세수하고 반짝이는 얼굴로 가방을 메고
> 달팽이처럼 기어가듯 마지못해 학교로 갑니다.
> 세 번째는 연인 역할입니다. 용광로처럼 한숨지으며

연인의 눈썹을 찬미하는 슬픈 시를 노래합니다.
그리고 네 번째, 군인 역할입니다. 기이한 확신에 차서
표범 같은 수염을 기르고 체면만을 걱정하며
걸핏하면 후닥닥 싸움이나 하고 대포 속에도 뛰어들죠.
이어 다섯 번째는 재판관 역할입니다.
엄격한 눈초리와 점잖은 턱수염으로
얼굴엔 주름이 깊고 배는 불룩하고,
현명한 말들과 진부한 표현들로 자신의 역할을 연기합니다.
여섯 번째, 앙상해진 다리로 슬리퍼를 끌고 다니는
광대 역할입니다.
콧등에 안경을 걸치고 허리에는 돈주머니를 차고
사내다웠던 목소리는 가느다랗고 삑삑거리는 소리로 바뀌어
이제 휘파람처럼 들립니다.
마지막 일곱 번째는 다시 어린아이 역할입니다.
단지 망각만 있을 뿐,
이도 없고, 시력도 없으며, 미각도 없고,
아무것도 없는 사람을 연기합니다.[1]

## 리어 왕의 은퇴

노년을 '다시 어린아이 역할에 단지 망각만 있을 뿐, 이도 없

고, 시력도 없고, 미각도 없고, 아무것도 없는 사람'이라고 규정한 셰익스피어는 노화에 관한 가장 유명한(그리고 비극적인) 희곡 『리어 왕(King Lear)』을 썼다. 시인 데이비드 라이트(David Wright)는 『리어 왕』을 일종의 경고로 해석한 시를 썼다.

> 친구들이 들려주는 감언이설을 믿어서는 안 됩니다.
> 그 친구들은 사실 당신의 사무실을 원하니까요.²

리어가 결국 자신뿐만 아니라 가족, 친구들을 잃는 등 연이어 관계가 치명적 파탄을 맞은 비극은 자신이 늙었고 왕위에서 물러날 때가 되었다는 생각에서 시작되었다. 리어는 세 딸에게 왕국을 나누어주기로 결심하고, 세 딸에게 아버지에 대한 사랑을 가장 열렬하게 표현하라고 요구하면서 자신을 가장 사랑하는 딸에게 가장 많은 영토를 물려주겠다고 했다. 두 딸 고너릴과 리건은 아버지에게 온갖 말로 아부를 늘어놓았다. 반면 셋째 코델리아는 아버지의 터무니없는 제안에 아무 말도 하지 않겠다고 정중하게 거절한다. 리어는 격노하여 "아무것도 안 하면 아무것도 줄 수 없다"³라고 말하며, 즉각 코델리아의 상속권을 박탈하고 그 몫을 빼앗아 언니들에게 나누어준다. 고너릴과 리건은 둘만 남았을 때 아버지를 사랑한다는 말은 거짓말이라고 털어놓는다. 그들은 아버지가 사실 어리석은 노인네일 뿐이라고 평가한다.

처음에 리어 왕은 국사를 돌보는 짐을 내려놓고 "이 나라의 모든 근심과 일을 다 털어버리고 젊은이들에게 그 일을 맡기기"[4]를 기대했다. 그러나 리어는 사랑하는 친구 켄트의 충성심뿐 아니라 코델리아의 사랑을 거부한 치명적인 실수 때문에 은퇴 후 인생이 완전히 엉망이 되어버린다. 켄트가 리어 왕에게 코델리아를 대우하는 방식에 대해 항의하자 화가 난 리어는 그를 추방해버린다. 리어라는 노인의 어리석은 행동을 보다 보면 이런 의문이 생긴다. '이 왕은 노쇠한 것인가? 아니면 그냥 노망이 난 것인가?'

절정에 이르는 2막에서 리어와 고너릴과 리건의 관계가 완전히 악화된 후 리어는 분노를 이기지 못하고 감사할 줄 모르는 배은망덕한 딸들을 저주한다. 리어는 광대(이제 그와 동행하는 유일한 사람)를 데리고 궁궐의 가족이라는 폭풍을 박차고 나간다. 그는 황야의 격렬한 폭풍 속을 헤매고 다니며 딸들에게 욕설을 퍼붓고, 자신에게 불행을 안겨준 신들을 모독한다. 자기 자녀들을 증오하고, 죽기를 자청하며, 인생은 견딜 수 없을 정도로 무의미한 비극이라고 치부하며 거의 실성한 사람이 된다.

나(혹은 전도서 저자)는 리어 왕처럼 노화의 어두운 면을 이렇게 솔직하게 혹은 비관적으로 말하지는 못한다. 셰익스피어가 그리스도인이었는지 확실히 알 수도 없고, 기독교 신앙은 이 드라마의 주요 인물들의 인생에 아무 역할도 하지 않은 것 같다. 『리어 왕』은 음울하기는 하지만, 노화를 기독교적으로 성찰하는 데 유익한 대화 상대인 것은 사실이다.

　많은 비평가는 『리어 왕』을 노화의 공포를 허무주의적으로 암울하게 그려낸 작품으로 본다. 노년은 길이 보이지 않는 황무지이자 말로 다할 수 없는 상실의 폭풍우다. 그 한가운데서 맹목적인 분노로 반응하는 것은 무력한 일이기는 하지만 심정적으로 충분히 이해가 된다. 어떤 이들은 리어 왕이 유치하고 사나우며 쉽게 화를 내는 성격이기는 하지만 늙었다는 점을 지적한다. 여전히 리어를 향한 애정을 잃지 않는 소수의 사람, 곧 그의 친구 켄트, 글로스터, 특이하게는 지혜로운 광대는 리어가 늙었기 때문에 그런 행동을 했다고 이해한다. 아버지를 사랑하는 척했던 두 딸도 아버지가 늙어서 이런 일이 일어났다고 말한다. 고너릴은 "너도 알다시피 아버지는 나이 탓에 망령이 심하셔"라고 리건에게 수군거리며, 코델리아를 쫓아낸 것이 "섣부른 판단"이라고 말한다. 리건은 "아버지가 나이가 드셔서 정신이 흐려지신 거야"라고 맞장구친다.[5]

　리어의 인생이 그렇게 통제 불능 상태로 망가진 이유에 대한 그의 변명은 나이 듦이다. 늙기 전에는 한 나라를 통치했지만, 이제 그는 지배당하는 신세로 전락해서 정신적, 신체적 쇠락에 굴복하고 자신의 종말이 머지않았음을 치욕스럽게 여긴다. 리어 왕은 코델리아와 마지막으로 재회하는 장면에서 "기도해다오. 조롱하지 말거라. 나는 참으로 어리석은 노인이다"라고 말하며 일련의 비극적 사건들을 늙음의 저주 탓으로 돌린다.[6]

리어는 자신의 가족을 아낀다. 그의 말년에도 딸들이 자신을 돌봐줄 정도로 사랑하기를 바라고, 어리석게도 코델리아가 그를 사랑하지 않는다고 믿고 깊은 상처를 받는다. (나중에는) 고너릴과 리건도 자신을 사랑하지 않는다고 단정 짓는다. 리어는 큰 실수를 저지르고 악담을 퍼부은 후 비가 쏟아지는 차가운 거리로 달려 나간다. 물론 그가 이런 지경으로 내몰린 것은 폭풍우 탓은 아니었다. 리어는 노화라는 '폭풍'에 굴복해 자신의 무능과 고독을 인정하고, 자신의 약점이 낳은 결과와 싸우며 말년을 보낼 수밖에 없었다.

사실, 부모의 눈을 뽑아버릴 정도로 패륜을 저지르는 자녀는 거의 없다. 하지만 고너릴과 리건이 아버지를 이용하는 방식은 우리 시대에도 노인 학대라는 범죄로 계속 이어지고 있다. 리어가 코델리아를 무자비하게 추방해버린 후 그를 돌볼 책임은 두 언니에게 돌아가지만 그 둘은 전혀 달가워하지 않는다. 고너릴은 "만약 아버지가 조금 전처럼 노망기를 주체하지 못하고 위세를 부린다면 최근에 우리에게 양도한 일도 해가 될지 몰라"라고 말한다. "당장 무슨 수를 써야겠어. 서둘러야 해."7 두 딸은 하인들에게 왕의 역정과 (고너릴이 생각하기에) 쓸데없는 요구를 무시하라고 지시한다. 리건은 아버지가 자기 집을 방문하러 오고 있다는 소식을 듣자 문을 걸어 잠근다. 딸들은 (그들이 생각하기에) 아버지가 과도하게 많은 하인을 데려오겠다는 고집을 피운다고 불평한다. 하지만 독자는 두 딸이 아버지에 대해 불평하고, 그가 거느리는 100명의 기사도 없이 그를 가두고 싶어 한다는 인상을 받는다. 끝내 그들은 성문을 걸어 잠그고 리어가 폭풍우 속에 헤매도록 방치한다. 귀찮은 아버지를 드디어 쫓아낸 셈이다.

리어의 충신 글로스터의 서자인 에드먼드는 형인 에드거에게 보내는 가짜 편지에서 리어의 몰락과 좌절을 자신이 출세할 기회라고 생각한다. 에드먼드는 자신의 아버지를 콘월 공작에게 고자질하며 "늙은이들이 몰락하면 청년들이 출세한다"라고 말한다.[8] 늙은 왕의 몰락은 그의 자녀들이 유산을 차지할 기회였다.

이 희곡은 에드거가 "가장 늙은 노인이 가장 많이 견디었소. 우리 젊은이들은 그만큼 보지도, 그만큼 오래 살지도 못할 겁니다"[9]라고 외치며 마무리된다(어느 번역본을 보느냐에 따라 다르겠지만). 젊은이는 늙는다는 것이 얼마나 끔찍한 짐인지 이해할 수 없다. 이도 없고, 눈도 멀었으며, 자녀들도 없고, 이제 아무것도 없다.

셰익스피어의 이 걸작을 읽으면서 나는 한 가지 의문이 생겼다. 리어의 노화가 어떤 점에서 이런 비극을 초래하는 원인이 되었는가 하는 것이다. 철학자 마사 누스바움은 최근의 수많은 『리어 왕』 공연이 리어를 치매를 앓는 노인으로 그리고 있다고 지적한다. 누스바움은 이런 설정을 받아들이지 않는다. 리어를 치매를 앓는 왕으로 설정하는 것은 리어보다는 우리 문화를 더 많이 설명해준다.[10] 셰익스피어의 희곡에서는 리어 왕이 치매를 앓았다는 암시를 찾아보기 힘들다.

리어 왕의 실수는, 은퇴하고 무거운 책임을 벗어버리려 하면서도 계속해서 통제권을 행사하려고 했던 것이다. 리어는 교만하고 고집이 센 강력한 지배자로서 자기 왕국과 그 미래를 통제하려는 집착에 사로잡혀 노년기를 보낸다. 지금까지 살아온 그대로 노년기를 보내려고 하는 것이다. 절대 권력을 행사하려는 헛된 시도를 포기하지 않는다. 이 희곡은 리어 왕이 살아생전 유언을 실행하는 모습으로 시작한다. 그는 자신이 죽기 전에 "내 왕국을 나누어주겠다. 내가 사랑하는 이들이 내 요구대로 움직이도록 하겠다"라고 말한다. 나는 '은퇴하지만' 그들에 대한 결정권을 전혀 포기하지 않겠다는 말이다.

누스바움은 노년의 무력함이 리어 왕과 같은 사람에게는 특별히 치명적이라고 지적한다. 그는 "자신의 권력과 불멸의 존재라는 환상에 철저히 중독되어 있었던" 사람이었다.[11] 리어 왕의 광대가 솔직하게 이야기한 것처럼, 리어는 "자신의 딸들을 자신의 어머니"[12]로 삼는 어리석은 짓을 저질러 자녀들에게 돌봄을 받아야 하는 신세로 전락했다. 인생의 목적이 통제였기 때문에 리어는 노년기에 찾아오는 위험들에 분노할 뿐만 아니라, 노년에 겪는 무능력에 대해서도 불같이 화를 낸다. 그는 치매에 걸려 기억을 잃고 다른 세계에 사는 상태가 아니었다. 리어는 고통스러운 새로운 현실에 분노하고 있었다. 그 현실은 그가 늙었기 때문이 아니라 은퇴 후의 삶을 잘못 관리해서 찾아온 것이었다. 그가 '실성'한 원인은 치매가 아니었다. 통제권을 상실한 채 거꾸로 자신을 통제하려는 딸들에 맞서 자신을 지킬 수 없는 무능함에 대한 분노였다.

## 노화를 인격의 시험장으로 인식하기

그럼에도 리어의 어려움을 섣부른 은퇴 탓으로만 돌리는 것은 옳지 않다. 그의 비극은 그의 성품 탓이 크다. 리어는 절대 왕권을 휘두르던 왕이었다가 평범한 사람이 되었고, 아버지이자 친구와 동년배로 지위가 바뀌었다. 그는 이런 위상의 변화를 받아들일 준비가 되어 있지 않았다. 어리석게도 자신의 영토와 권력을 전부 이양한 뒤에 여전히 통제권을 행사할 수 있다고 생각했다. 부담스러운 책임을 내려놓고 영토를 다 나누어준 후에도 이전에 기고만장하게 누렸던 인생의 통제권을 행사하려고 했다.

리어가 젊었을 때 화를 자제하지 못하는 사람이었을까? 그가 화를 잘 내는 노인인 것은 맞다. 그런데 그 분노는 대부분 노년에 왕으로 권력을 행사하는 위치가 아니라, 누군가에게 의존해야 하는 취약한 상태로 전락한 처지에 따른 고통스러운 좌절에서 기인한다.

리어 왕이 은퇴 후 좌절한 이유는 치매에 걸렸거나 가정과 친구들과 관계가 단절되어서가 아니다. 노년에 그의 결점이 발목을 잡았기 때문이다. 오만하고 한껏 부풀려진 자아로 가득한 리어는 영토를 나누어주지만, 자녀들에게 아부를 하게 한 후에야 주었다. 충직한 친구가 이런 행동을 저지하려고 하자 오히려 그를 욕했다. 리어 왕은 가족들에게 늙은 자신을 돌보라고 요구했고, 여전히 왕위에 앉아 있는 것처럼 100명의 기사 수행단을 거느리겠다고 주장했다. 결국 그는 망각의 외로움 속으로 스스로 뛰어들었다.

리어 왕의 문제는 치매나 잘못된 은퇴 계획이 아니었다. 리어 왕 자신이 문제였다. 노화가 우리 안의 최악이나 최고의 성향을 끌어내지는 않지만, 평생 인격에 내재되어 있던 성향들을 확대하여 드러내줄 수 있다.[13] 우리는 인생 말년에서야 뿌린 대로 거두게 된다. 리어 왕의 까다롭고 오만하며 변덕스러운 성향은 그가 권력과 통제를 중시하는 사람이었기에 더욱 악화되었다. 당신의 마음이 통제하고, 독립하며, 환경을 좌지우지 하고자 하는 욕망으로 가득 차 있다면(나는 이 모든 혐의에 유죄다), 은퇴와 노화는 심각한 문제를 낳을 수 있다. 노화 과정에서 일어나는 예측 가능한 신체적, 사회적, 재정적, 정서적 변화 때문에 (나처럼) 통제 욕구가 강한 사람들은 은퇴자 협회의 일원이 되면 큰 어려움에 봉착한다.

리어 왕은 노년기를 다른 식으로 보낼 수도 있었다. 다른 선택을 할 수 있었고, 충직한 친구들의 조언을 경청할 수도 있었으며, 자녀들의 생각을 더욱 민감하게 살필 수도 있었다. 삶의 한 장을 끝마치는 은퇴를 더 솔직하게 바라볼 수 있었고, 새로운 국면이 시작되는 것에 더욱 낙관적으로 대처할 수도 있었다.

황무지에서, 충직한 광대 외에는 모두 떠나고 사랑했던 모든 것을 빼앗긴 채 인생의 마지막을 맞이한 리어 왕은 가혹한 깨달음을 얻는다. 그는 무모하고 성급했던 과거를 후회하지만, 이런 정직한 자기 반성을 하기에는 때가 너무 늦어버렸다.

리어 왕은 너무 늦었는지 몰라도 우리는 아직 늦지 않았다. 셰익스피어는 노화가 불필요한 것임을 보여주기 위해 이 최악의 비극을 썼을까? 우리는 노화와 은퇴를 '단순한 망각'이자 '아무 것도 없는' 상태로 보아야 하는가? 아니면 자기를 성찰하고 인생 행로를 수정하는 시기로, 이전과는 다르지만 절대 불행하지 않은 방식으로 타인과 세상과의 관계에서 새로운 방향을 받아들이는 인생의 한 단계로 받아들여야 하는가?

그리스도인에게 노화는 하나님께 더욱 집중하고 더 깊이 교제하라는 부르심이 될 수 있다. 그리스도 안에서 우리는 사랑하는 이들과 소외된 채 분노와 무기력함 속에서 자신의 운명을 저주하고, 모든 것을 휩쓸어 가는 격렬한 폭풍에 속수무책으로 당하며 삶을 마무리할 운명이 아니라고 믿는다. 우리를 사랑하셔서 이 땅에 오신 분은 끝까지 우리를 사랑하신다. 하나님은 인생의 마지막 단계에 접어든 우리와 함께하시며 우리의 운명을 소명의 삶으로 바꾸어주실 것이다.

셰익스피어의 희곡을 연기하는 많은 배우는 나이가 들어 리어 왕의 역할을 할 정도로 많은 경험을 하고 나면, 이제 늙어서 그 벅찬 역을 감당하기에는 기력이 딸린다는 자조 섞인 말들을 한다. 우리는 하나님의 은혜로 이런 배우들의 자조가 틀렸음을 증명할 수 있다. 리어 왕과 같은 연령대에 도달할 즈음 우리는 하나님이 그런 우리를 맞아주시리라 확신할 수 있을까? 거센 폭풍우를 맞는 이는 우리만이 아니다. 잘 늙어갈 수 있는 길이 있고, 홀로 그 일을 할 필요는 없다.

"은퇴에 대비하고 있습니까?" 한 TV 광고는 그럴듯한 노후대책으로 시청자를 유혹하며 이렇게 질문한다. 리어 왕이 통제력을 잃는 순간들을 단계적으로 경험하거나, 심지어 즐겼다면 어땠을까? 리어 왕의 친구들이 그가 마음을 열고 받아들일 수 있는 방식으로 조언했다면 어땠을까? "영토와 유산을 딸들에게 다 나누어주고도 여전히 딸들을 손아귀에 쥐고 좌지우지할 수 있다고 생각하다니! 다시 생각해보세요." 그가 은퇴라는 재앙을 더 나은 삶을 살 기회로 바꾸기 위해 새로운 기술들을 배웠다면 어땠을까?

리어 왕이 노년의 문제들을 솔직하게 직면하고, 이 인생의 어려운 시기를 잘 받아들이는 데 필요한 영적 훈련을 해주고 은퇴에 대비하도록 도우려는 교회에 속해 있었다면 어땠을까?

나아가 리어 왕의 몰락이 성격상의 결함 탓이라면 교회 안의 우리들, 곧 스탠리 하우어워스(Stanley Hauerwas)가 "성품의 공동체"(community of character)[14]라고 칭한 사람들은 특별히 경각심을 가져야 한다. 노년이 되면 변화되기가 쉽지 않다. 하지만 살아 계시고 끊임없이 개입하시며 변화시키시는 하나님과 함께하고, 성도를 돌보는 하나님의 신실한 교회와 함께한다면 나이와 상관없이 거듭나고 새롭게 태어날 수 있다. 절대 늦지 않았다. 교회의 핵심 사역 중 하나는 성도를 준비시키는 일이다. 교회는 성도들이 상실에 대비하도록 가르치고, 애도하는 법과 죄를 고백하고 용서받는 법을 가르쳐서 '성도가 사역의 일을 감당하도록 준비를 갖춰주어야'(엡 4:12-16) 한다. 이렇게 양육받은 성도는 흔들림 없는 견고한 믿음을 가지고 인생의 폭풍 속에 걸어 들어갈 수 있을 것이다.

46년 동안 동고동락한 아내와 사별한 예전 교구민을 위로해주었던 적이 있다. 그러자 그는 내게 이렇게 말했다. "목사님, 저는 한 달 동안 주일마다 이 시간을 준비해왔습니다. 그동안 들었던 설교나 주일 학교 수업은 모두 이 큰 시험에 대비한 숙제였습니다. 이제 그동안 얼마나 잘 들었는지 확인해볼 시간입니다." 사람들은 재즈 예술가 유비 블레이크(Eubie Blake)의 말을 자주 인용한다. "내가 이렇게 오래 살 줄 알았더라면 나를 더 잘 돌보았을 텐데."

3장

하나님과 함께 은퇴하다

80대까지 신체적, 인지적으로 매우 왕성한 기능을 유지하는 사람이 적지 않다. 따라서 연대기적 차원에서 노년기를 정의하는 것은 별로 도움이 되지 않는다. 미국인이 사회 보장 혜택을 받는 시기가 65세부터이기 때문에, 이 나이는 여전히 강력한 문화적 지표가 된다. 전통적으로 65세는 은퇴하고 노년 생활로 접어드는 나이지만, 은퇴의 많은 과제를 고민하기에는 너무 늦은 나이일 수도 있다.

프란치스코회 사제인 리처드 로어(Richard Rohr)는 연대기적이 아니라 발달론적 입장에서 접근하며 "인간 생활에는 최소한 두 가지 주요 과제가 있다"라고 말한다. "첫 번째 과제는 튼튼한 정체성 혹은 '그릇'을 만드는 것이며, 두 번째 과제는 그 그릇에 담아야 할 내용물을 찾아내는 것이다."[1] 로어는 첫 번째 과업 완수의 중요성을 강조하며, 그래야 두 번째 과제에 착수할 수 있다고 지적한다. "인생 후반기에 찾아오는 여러 모순 등의 내용물을 담으려면 매우 튼튼한 그릇이 필요하다. 역설적이지만, 자기 자아를 내려놓기 위해서는 매우 강한 자아의 틀이 필요하다. 또 규칙을 내려놓기 위해 먼저 그 규칙과 씨름해야 한다. 잠시 외형

적 가치와 부딪혀야만 그 가치를 비로소 내면화할 수 있다."²

로어는 인생의 전반부를 삶의 목적과 방향을 정하고, 그것을 집중적으로 이루어가는 시기라고 규정한다. 전반부는 "대체로 성공적인 생존에 관심이 있으며, 자기 정체성과 가정, 관계, 친구, 공동체, 안전을 확보하고 인생의 적절한 발판을 만드는 데 집중한다."³ 인생의 전반부에서 개인은 "엄정한 실력 제일주의에 매우 충실하며, 자기 명예를 중요하게 생각하고, 복종과 신의를 목숨처럼 여기는 병사와 같다."⁴

인생의 후반부는 "추락하는 시기", 즉 고통과 실패, 상실, 넘어짐의 때다. 우리는 단순히 뒤로 물러나지 말고, 이 후반부로 사려 깊게 "떨어져야" 한다. 이런 추락은 대개 우리가 선택한 일이 아니라 그냥 우리에게 일어나는 일이다. 로어는 "임무 안에 임무"를 보고, "누군가가 해야 할 일의 의도와 동기를 깨닫도록"⁵ 명확히 하고 다듬는 데 이 시간을 사용해야 한다고 말한다. 이른바 은퇴는 직장에서 물러나는 것이 아니라 새로운 일에 착수하는 것이다.

올리버 오도노반(Oliver O'Donovan)은 노년의 과제를 "축적된 경험을 이해할 수 있는 미개척된 잠재력을 깨닫는 데서"⁶ 출발해야 한다고 말함으로 로어와 매우 흡사한 입장을 보인다. 로어는 우리가 지켜야 할 것과 버려야 할 것을 분별함으로써 인생의 전반부를 통합하는 방식으로 살려고 노력할 때 인생의 후반기에 진정한 자아를 실현할 수 있다고 가르친다. 로어는 이렇게 말했다. "어떻게 인생 전반기의 정당한 요구를 존중하면서 후반기를 위한 공간, 비전, 시간, 은혜를 만들 수 있을까? 이러한 긴장을 유지하는 것이 바로 지혜의 형태다." 그는 "올라가는 길은 내려가는 길이며, 반대로 말한다면 내려가는 길을 올라가는 길이라고 할 수도 있다"[7]라는 유명한 말을 했다.

## 은퇴의 여러 과제

나는 로어가 노년의 상실을 지나치게 낙관적으로 접근하는 무리수를 둔 것은 아닌지 염려스럽다. 영화에서 은퇴를 내리막길로 묘사한 가장 암울한 장면은 "어바웃 슈미트"(About Schmidt)의 첫 장면이다. 2002년 개봉한 이 영화는, 잭 니콜슨이 텅 빈 선반과 포장된 상자로 둘러싸인 허름한 사무실에 앉아 마지막 직장에서 근무하는 마지막 날의 마지막 시간인 다섯 시까지 사무실 시계를 무표정하게 바라보는 장면으로 시작된다. 시계가 다섯 시를 가리키자, 니콜슨은 가볍게 한숨을 쉬며 몇 안 되는 소지품을 주섬주섬 챙기고 언제나처럼 조용하게 하루를 마무리한다.

이 영화를 본 한 친구가 나에게 전화를 걸어서 이렇게 말했다. "그 영화 첫 장면은 도무지 말로 표현할 수 없을 정도로 슬펐어. 영화는 계속해서 서글픈 은퇴에 대한 가장 슬픈 이야기를 들려주거든. 은퇴를 앞둔 사람이라면 모두 봐야 할 영화라고 생각해. 한 가지 미리 알려주자면, 잭 니콜슨과 케시 베이츠가 뜨거운 욕조에서 벌거벗고 있는 장면이 나와. 자네가 보지 않으려 해도 안 보고는 못 배길걸세."

은퇴를 비극 이상의 것으로 묘사하는 "어바웃 슈미트"는 주인공을 자아 발견의 여정으로 몰아간다. 때로는 고통스럽지만 삶의 새로운 면을 발견하면서 그는 대체로 신나고 즐겁게 시간을 보낸다. 은퇴가 인생에서 최고의 시간은 아닐지 모르지만, 하나님의 은혜가 있기에 최악의 시간이 될 필요는 없다.

하지만 리어 왕처럼 나이 들어가는 많은 사람에게 인생에서 가장 힘든 시기는 65세부터 시작된다. 자살하는 사람은 대부분 남성인데, 남성 자살률이 가장 높은 시기는 50세부터 시작하여 70세까지 계속 가파르게 치솟는다. 최근 10년 동안 50세 이상의 미국인 남성과 여성의 자살률이 눈에 띄게 증가했다.[8] 은퇴에 대한 감상적인 이야기를 들을 때 이 충격적인 수치를 꼭 기억하라.

은퇴의 양상은 이전과 많이 달라졌다. 미국에서 은퇴하는 평균 연령은 1910년에는 74세의 고령이었지만 1990년대 초에는 57세로 대폭 낮아졌다. 1910년에는 예상 수명이 약 50세였고 사회 보장 제도나 연금도 존재하지 않았다.[9] 50세 이후에도 살아남은 사람들은 선택의 여지가 없었기 때문에 계속 노동할 수밖에 없었다. 은퇴는 전혀 익숙하지 않은 개념이었다. 오늘날 평균 은퇴 시기는 약 62세다. 미국인 중 극소수(5-10퍼센트)만이 70세 이후에도 일을 한다.¹⁰ 은퇴가 더 매력적으로 받아들여질 때는 경제적으로 안정된 은퇴자가 유의미할 정도로 많이 있고, 은퇴 후의 삶이 긍정적이리라는 사회적 기대가 있을 경우다.

일생 우리를 분열시켰던 계급, 인종, 성별, 경제적 안정의 격차는 지난 몇 년 동안 더욱 확대되고 악화했다. 이런 격차에 대한 설명 없이 노년을 말한다는 것은 이 주제를 왜곡하는 것이다. 그런데도 우리는 노화의 일반적 경로에 대해 다양한 지식을 축적했고, 이런 통찰 덕분에 은퇴 이후 문제를 해결하도록 도우려는 많은 교회에 필요한 정보를 제공할 수 있게 되었다.

계획했던 것보다 더 일찍 일을 그만두어야 할 때 은퇴는 특권이 아니라 저주에 가깝다. 강제 퇴직은 보통 한 개인의 직장에 대한 기여도를 꼼꼼하게 평가한 결과가 아니라 연령 차별이라는 획일적 요인에 기반한 임의적이고 불필요한 규정을 따른다. 강제 퇴직 규정의 주요 기능은 관리자가 직원들에 대한 근태 자료를 참고하여 때로 고통스러운 평가와 결정을 내릴 필요가 없도록 보호하는 것이다.

70세가 되면 의사가 퇴직하도록 규정을 둔 메디컬 센터가 있었다. 일부 의사는 기관 차원에서 퇴직 규정을 둔 데 감사를 표현하며, 이런 정년 퇴임을 긍정적으로 받아들였다. 그러나 담당 분야에 따라 다르기는 하지만 이런 정년제를 거부하는 이들도 있었다. 어떤 전공의들은 진단 분야의 수련을 책임지고 도와줄 소수의 숙련되고 지혜로운 의사가 꼭 필요하다는 의견을 내놓았다. 그래서 의료 센터는 70세 정년퇴직 규정을 폐기하고, 70세 이상의 모든 의사를 대상으로 해마다 평가하는 제도를 마련하여, 퇴직을 사례별로 결정하는 규정을 만들었다.

내 신학적 멘토인 칼 바르트(Karl Barth)는 바젤 대학 교수진에서 은퇴하고서 한 지역의 여관 클럽에서 강의를 시작했고, 바르트의 지혜를 듣고자 학생들이 몰려들었다.

(아침에 일어나 집 밖을 나서고, 더 큰 선을 위해 기여하는 등의) 일은 사회적 상호 작용의 중요한 수단이다. 일은 활동적으로 생활하며 청년들과 계속 접촉할 기회를 제공한다. 그러므로 일을 그만두면, 전직 노동자는 한 가지 도전에 직면한다. 더는 내가 결정할 일이 없는데 어떻게 사람들과 계속 접촉하며 그들을 위한 책임을 행사할 수 있는가? 내가 매일 아침에 일어나야 할 이유는 무엇인가?

## 은퇴라는 일

『인생 2막을 위한 심리학』(Finding Meaning in the Second Half of Life)에서 제임스 홀리스(James Hollis)는 로어가 크게 전기와 후기로 나눈 인생 구조를 사용해, 후반부의 성공은 종종 전반부에 우리가 한 일에 따라 결정된다고 말한다. 전반부는 "성장과 존재 목적과 의미"를 축적하는 시기로, 후반부의 여러 과제를 극복하는 데 사용될 것이다.[11] "세상은 내게 무엇을 요구하며, 나는 그 요구를 충족하기 위해 어떤 자원을 동원할 수 있는가?"라는 질문이 인생 전반부의 의제 설정에 결정적 역할을 한다.[12] 홀리스는 인생의 전반부는 "획득의 환상"(fantasy of acquisition)이 지배하며, "부모의 과도한 지배에서 벗어나 재산, 관계, 사회적 기능을 통해 세상에서 일정한 위치를 획득하고, 관계를 맺고, 사회적 역할에 참여하며, 자신을 지탱할 자아의 힘을 소유하게 된다"[13]라고 말한다.

성공적인 은퇴를 위한 주요 과제는, 은퇴가 특정한 생활 방식을 포기하고 끝내는 것일 뿐 아니라 하나의 인생 방식에서 벗어나 다른 인생 방식으로 나아갈 통로를 발견하는 일임을 깨닫는 것이다. 인생 후반부에는 일련의 책무와 돌봄의 부담에서 은퇴했기에, 또 다른 의무를 찾고 다른 관심사를 돌아볼 자유를 얻는다. 남은 시간이 짧아질수록 자기 자신과 세계를 탐색할 시간이 늘어난다는 사실에 깜짝 놀랄 것이다.

은퇴는 우리에게 "전엔 그 일을 했지만, 이제는 하지 않아요"라는 말에서 "한때 이 일을 했지만, 이제는 그만뒀어요. 그래서 다른 일을 마음껏 할 수 있게 됐어요"라는 말로 새로운 이야기를 하게 해준다.

솔직히 말해보자. 우리 중에는 사실 의미 없는 직업에서 은퇴했다고 할 수 있는 사람도 있다. 직장 생활을 할 때 우리는 직장에 과도하게 시간을 투자하고, 과도하게 의미를 부여하려고 애쓰며, 별다른 기쁨을 주지 못하는 직업에서 헛되이 만족을 얻으려 했을 수도 있다. 은퇴한 우리는 그다지 의미 없는 일에 과도하게 기대하지 않고 자유롭게 더 보람된 일을 할 수 있다.

그러나 직장에서 은퇴 후의 일자리로 이동하는 것은 단순히 다른 삶의 단계로 이동한다는 뜻이 아니다. 은퇴는 인생의 다른 단계로 이동하는 것일 뿐만 아니라 인생의 마지막 단계로 이동하는 것이다. 우리는 세월의 흐름과 함께 찾아오는 신체적 변화를 견디고 있을 뿐 아니라 인생 말년에 접어들었다. 이 말은 우리가 더는 중요한 책임을 진 구성원이 아니라는 뜻이다. 권력과 영향력을 행사하는 데 큰 의미를 부여했던 리어 왕과 같은 사람에게는 이런 현실이 매우 고통스러울 수 있다. 수많은 동료 사역자의 은퇴를 가까이서 지켜봤던 나는, 남들에게 관심받기를 즐겼던 사람들에게 노화와 함께 사람들의 시선에서 밀려나는 경험이 얼마나 고통스러운지 누구보다 잘 알고 있다. 은퇴한 한 감리교 목사는 이렇게 고백했다. "할 말은 이전처럼 너무 많은데, 매주 20분간 설교할 수 있는 축복을 누릴 수 없다는 것이 가장 고통스럽습니다."

책임을 지는 무거운 부담을 져야 했던 사람에게 은퇴는 짐을 벗고 자유로워질 기회일 수 있다. 나는 교회에서 타인의 인생에 대한 책임을 져야 한다는 벅찬 일을 맡았다. 감독 직분에서 은퇴하고서 이제 나는 내 책임 영역과 관련해 더 폭넓은 선택을 할 수 있다는 것이 즐겁다. 이처럼 은퇴로 어떤 권력은 상실하지만,

성격이 다른 더 즐거운 권한을 획득할 수도 있다.

리어 왕처럼, 노년의 큰 두려움 중 하나가 통제권 상실이라면, 언젠가는 반드시 올 그 불가피한 현실을 우리는 대비해야 한다. 의존할 수도 있고 남들의 돌봄을 받을 기회를 찾아보고, 편안한 마음으로 그 흐름을 받아들이려고 노력해야 한다. 두려움과 직면하고 두려움을 유발하는 상황을 경험함으로써 두려움을 관리해야 한다. 통제력 상실에 대한 두려움 역시 이렇게 다룰 수 있지 않을까?

한 여성이 이렇게 당당하게 말했다. "이번 추수감사절에는 처음으로 느긋하게 뒷짐 지고 앉아 있었어요. 며느리가 온 가족을 위해 추수감사절 잔치를 조율하고 준비하도록 맡겼거든요. 이제 남은 평생 추수감사절을 준비하는 일은 그만두려고요. 앞으로는 며느리가 모두 책임지고 주도할 거예요."

### 은퇴의 경제학

기독교는 체화된 성육신적 신앙이다. 그리스도인은 경제적 문제와 하나님의 물질적 선물의 공정한 분배에 관심을 가질 때 우리만의 독특한 영성을 드러낸다. 노화를 대체로 신체적, 의료적 변화로 접근하거나 혹은 순수하게 정서적, 심리적, 사회적 혹은 태도의 변화로 접근하고 싶은 유혹을 받을 것이다. 하지만 기독교 신앙은 영원한 말씀이 육신이 되셨다는 신앙으로(요 1:1) 노년의 경제학이 신학적 관심사의 경계 너머에 있는 것처럼 행동하도록 허락하지 않는다. 신체와 영, 세속과 신성은 예수 그리스도 안에서 하나로 통합되었다.

나는 도시의 노인 센터에서 코디네이터로 일하는 여성을 인터뷰한 적이 있다. 그녀는 노인을 위한 사회적 서비스 네트워크를 제공하고 있다.

나는 "당신이 섬기는 노인들의 삶을 개선할 방법이 무엇이라고 생각합니까?"라고 물었다.

그녀가 대답하기를, "일주일에 30만 원이 안 되는 돈으로 그들의 상황은 극적으로 개선될 수 있습니다." 우리가 심리적, 의료적, 영적인 문제라고 생각하는 것들이 사실 어떤 부분에서는 경제적인 문제였다.

노화는 개인이 수십 년간 감당한 경제적 불평등을 본격적으로 드러내고 악화한다. 미국의 광범위한 사회적 불의는 노인층의 빈부 격차에서 분명하게 확인할 수 있다. 버니 샌더스(Bernie Sanders)가 지적하듯이, 미국 인구의 1퍼센트가 개인 재산의 3분의 1 이상을 차지하고 있으며, 이 상위 1퍼센트 집단에 속한 노인이 노년층을 과도하게 대표하고 있다.[14] 그러나 대다수 노인이 최소한의 의료 서비스를 받거나 경제적 위급 상황에 대처할 만큼 저축을 충분히 하지 못했으며, 정부나 친구나 가족의 지원을 받아야 한다. 대부분 미국인이 은퇴 저축(자산 가치가 있는 집을 소유한 사람이 많기는 하지만)이 없다. 미국인의 4퍼센트는 말년에 사회 보장 혜택을 전혀 받을 수 없다.[15]

이런 불평등의 심화는 공동체 생활을 불가능하게 한다. 이는 문명사회를 토마스 홉스(Thomas Hobbes)가 말한 벨룸 옴니움 콘트라 옴네스(*bellum omnium contra omnes*), 즉 '만인의 만인에 대한 투쟁'으로 몰고 간다. 우리는 최고의 대우를 받는 전문가들이 최상의 노인 돌봄을 가장 정확히 제시할 수 있다고 생각하며, 함께 나눌 파이가 충분하지 않다고 생각한다. 또한 좋은 돌봄은 경제를 잘 설계하면 가능하다고 생각한다. 생산량이 곧 우리 가치를 결정한다는 사상을 끊임없이 주입하여, 자본주의 문화에서 GDP에 더는 기여하지 못하는 사람이 소외감과 자신이 쓸모없는 존재라는 허무감에 시달리도록 몰아간다. 본질적으로 적응성이 있는 시장 주도적이고 혁신적인 자본주의는 전통을 계승하고 육성하며 보전하는 데 주로 기여하는 사람들과는 충돌할 수밖에 없다. 생산성, 합리성, 효율성을 인간이 기여하는 중요한 부분이라고 인식하면, 노인들이 설 자리는 거의 없다. 이들은 쓸모없는 잉여 존재가 돼버린다. 전통주의 사회나 적어도 전통을 중시하는 사회에서 노인은 청년에게 기여하는 몫을 인정받는다. 노인만이 줄 수 있고, 청년은 지니지 못한 무언가가 있는 것이다. 기여도가 없는 존재로 노년층을 인식할 경우, 우리는 아무도 듣지 않으려는 지루하고 시대에 뒤떨어진 이야기를 반복하는 존재로 노인을 대하게 된다.

반면 신명기 6장은 노년층의 기여도를 중시하는 문화를 배경으로 한다. 이스라엘은 여호와의 도를 계시받지만, 하나님은 백성이 그분의 도가 백성의 마음속에 계속 새롭게 새겨지도록 세대에서 세대로 그 도를 가르쳐야 함을 알고 계셨다. "후일에 네 아들이 네게 묻기를 우리 하나님 여호와께서 명령하신 증거와 규례와 법도가 무슨 뜻이냐 하거든 너는 네 아들에게 이르기를 우리가 옛적에 애굽에서 바로의 종이 되었더니 여호와께서 권능의 손으로 우리를 애굽에서 인도하여 내셨나니 곧 여호와께서 우리의 목전에서 크고 두려운 이적과 기사를 애굽과 바로와 그의 온 집에 베푸시고"(신 6:20-22). 전통을 중시하는 세대 통합적 문화에서는 노인의 역할이 하나님의 길을 다음 세대에게 들려주고 가르치는 것이라고 말한다.

66세에 은퇴하는 개인이 연간 받는 사회 보장 혜택은 최대 액수가 32,000달러(약 4,300만 원)가 채 안 된다. 대다수 수령자는 이런 최대 액수를 받을 자격 요건을 충족하지 못한다. 평균 혜택은 대략 그 절반에 해당한다. 집을 임대하여 사는 노인 개인의 생활비는 약 24,000달러(약 3,200만 원) 정도다. 노년층 중 부부일 경우는 22퍼센트, 개인으로는 45퍼센트가 사회 보장 혜택에 의존한다.[16] 이들은 아사의 위험은 없을지 몰라도 생활비 부족으로 생활 수준에 심각한 제약을 받을 것이다.

65세 이상 가구의 절반 정도만이 연금이 있는 상태에서 은퇴한다. 그 가구 중 절반은 사회 보장 혜택과 상관없이 확정형 은퇴 연금이 있고, 36퍼센트는 대출이 있는 집에서 산다. 이 말은 수입을 기준으로 볼 때 미국 노년층의 약 60퍼센트가 빈곤층에 속한다는 뜻이다. 주택 자산을 고려할 때 빈곤층에 속하는 미국 노인이 소유한 주택의 현금 가치는 대략 12만 달러(약 1억 6천만 원)이며, 따라서 4천만 명에 이르는 65세 이상 미국인 가운데 약 10퍼센트는 빈곤선 이하의 삶을 살고 있다고 할 수 있다.[17]

은퇴의 경제학은 풍요로운 자들에게는 매우 다르게 보인다. 지난 20여 년 동안 일부 고령층은 훨씬 더 부유해졌지만, 청년층은 더욱 가난해졌다. 많은 고령 미국인이 주택과 주식 시장에서 큰 이익을 거두었고, 다음 세대보다 더 많은 부를 축적했다. 청년 세대는 여전히 노동으로 돈을 벌지만, 노년층은 일반적으로 더 부유하며, 의회가 정부 혜택을 축소하지 못하도록 그들의 권리(보수 정치인이 말하는 '복지권')를 보호하는 데 극성이라는 의식이 팽배하다. 많은 노년층 유권자는 빈곤한 노인이 재정적으로 은퇴를 제대로 준비하지 못했기 때문이라고 생각하며, 빈곤을 개인의 탓으로 돌린다.

사회 보장세는 미국에서 부의 불평등을 완화하는 주요한 수단이다. 대부분의 사회 보장 연금은 미래의 세금으로 지급하는 것이므로, 이는 청년층이 지원하는 돈인 셈이다. 사회 보장세는 현재 노동자 개인이 받는 임금의 12.4퍼센트에 이르며, 직원이 6.2퍼센트를 내고 고용주도 6.2퍼센트를 낸다. 소득 상한액은 137,700달러(약 1억 8,400만 원)다.[18] 사회 보장 제도는 미국에서 사람들이 은퇴를 위해 저축하도록 강제하는 주요 수단이다. 사람들이 은퇴 이후를 대비하도록 유도하고 강제하기 위해 할 수 있는 모든 것을 동원하는 것이 좋은 정부 정책으로 보인다. 그러므로 지급액이나 미래 혜택에 대한 사회 보장 제도의 확대를 주장하는 정치인에게 투표하는 것이 기독교인의 의무일 수도 있다. 사회 보장 제도를 통한 노후 대비가 작은 정부와 정부 혜택의 축소를 선호하는 이들에게는 썩 내키지 않을 수도 있지만, 궁핍한 노년층을 돕고 앞으로 있을 세대별 스트레스를 완화하는 가장 쉬운 방법일 수 있다.

사회 보장 제도와 노인 의료보험 제도에 비판적인 사람들은 가정과 어린이에 대한 돌봄의 악화가 연방 예산의 '고령화' 탓이라고 주장한다. 1980년대까지 국내용 연방 예산의 절반 이상을 (대부분 사회 보장 제도를 통해) 노년층에 사용하고 있었다.[19] 노인 유권자들은 그들이 초래한 재정적 부담을 그들의 자녀와 손자에게 지운다는 비판을 받았다. 젊은 사람들이 어렵게 낸 세금을 노년층의 과도한 황금 은퇴에 소비하고 있었다는 것이다. 2018년도 조세 정책은 이런 시각이 사실임을 보여주었다. 공화당 개정 세법은 노년층을 위한 혜택을 유지하고, 환경 보호 정책을 대폭 연기하거나 중단하며, 미국의 미래 세대에게 막대한 빚을 더 안기는 방향으로 과세 구조를 개혁했다. 이른바 '미국 정치권력의 고령화'를 개탄하는 사람들(트럼프는 비록 헤어스타일은 이 고령화 추세에서 벗어나 있지만 나와 동년배다)은 그들의 입장을 지지할 대단한 증거가 있다. 우리 노년층은 은퇴 이후의 삶을 보호하고, 미래에 대한 깊은 고민 없이 현 상태를 유지하려고 하며, 그 비용을 손자 세대에게 전가하기로(인정하지는 않겠지만) 약속하는 이들에게 투표하고 있다.

## 유산과 부동산

리어 왕은 은퇴와 관련된 가장 중요한 결정 중 하나가 유산과 관련이 있다는 경고를 보낸다. 은퇴와 더불어 인생을 마감할 가능성은 우리 안의 최악과 최선을 드러내며 우리의 결점과 장점을 증폭시킨다. 우리는 분노한 리어 왕처럼 큰 비극을 초래할 정도로 많은 재산을 가질 필요는 없다. 하지만 때로 재산이 적을수록 가족 간 갈등이 더 격렬해지기도 한다. 나는 어떤 남매가 서로 화해하도록 목회자로서 노력했으나, 그들은 지금도 말을 섞지 않는다. 어머니가 아끼던 침실 옷장을 한 사람에게만 물려준 것이 화근이었다.

때로 리어 왕처럼 과시욕이 많거나 외로운 부모는 성인 자녀를 마치 부모가 죽어서 유산을 받기를 바라며 손을 벌리고 있는 것처럼 본다. 그러면 그 부모는 자녀에게 더 많은 관심을 얻어내려고 재산을 주지 않겠다고 위협하고 싶은 유혹을 받는다. 반면에 과거 부모에게 받았던 고통을 기억하고 있거나, 지난 몇 년간 부모를 돌보는 부담으로 생긴 분노를 품고 있는 성인 자녀는 부모의 재산을 마땅히 받아야 할 자신의 수고에 대한 보상이라고 여길 수 있다. 마치 리어 왕의 탐욕스러운 딸, 고너릴과 리건처럼 말이다.

한 부부는 일생 사랑으로 가꾼 작은 농장을 소유했고, 종종 "우리가 죽으면 이 농장은 아이들에게 줄 거야"라고 말했다. 몇 개월 간격을 두고 부모가 모두 사망한 후 이 농장을 두고 자녀들 사이에 싸움이 벌어졌고, 어느 한 사람이 이 농장을 물려받아 부모의 추억을 보존하는 대신 완전히 낯선 사람들에게 농장을 경매로 팔고 말았다. 부모의 장례식이 그들이 함께 모인 마지막 만남이 되었다.

한 교인은 이렇게 말했다. "존과 메리가 자녀들에게 그 농장을 남기려고 그렇게 애썼는데, 두 분이 돌아가시고 나니 자녀들이 그 농장 때문에 서로 싸우는군요."

내 아내 팻시와 함께 변호사를 만나 유산 상속 계획을 작성하던 날 변호사는 이렇게 말했다. "재산은 두 분이 원하시는 대로 하십시오. 하지만 저의 경우 착하던 자녀들이 서로 더 많은 유산을 받으려다가 망가지는 경우를 너무 많이 보았습니다. 재산을 두고 싸우다가 서로 찢어지는 가족이 너무 많습니다. 그래서 저는 아이들에게 제 재산의 일부만 물려주고, 대부분 재산은 사회에 환원하는 방향으로 정리할 거라고 말하고 있습니다."

그리스도인으로서 우리 부부는 '가족 우선'이라는 신조보다 더 중요한 사명 아래 있으며, 손자들을 사랑하는 일이 우리의 윤리적 책무 범위 밖에 있음을 깨닫고, 아내와 나는 우리 재산의 가장 큰 부분을 차지할 자선 재단을 설립하여, 우리가 죽은 후에는 상속인들이 이 재단을 운영하도록 결정했다. 우리는 자녀를 부양했고(대부분 부모가 가능하면 그렇게 한다), 이제 우리 사후에는 그리스도인답게 재산을 처분하여, 다른 사람들의 자녀를 부양하기를 바란다.

지금의 노년 세대는 역사상 그 어느 세대보다 많은 부를 남길 것이다. 노년층 일부는 가난으로 고통받고 있지만, 어떤 이들은 상당한 재산을 지니고 있다. 재산이 많은 노인은 가족이 자신을 사랑해서가 아니라 미래에 받을 보상을 기대하고 자신을 잘 대해준다고 의심할 수 있다. 또 많은 재산 때문에 부모는 자녀에게 리어 왕처럼 무리하고 과도한 요구를 하며 잘못 처신할 수 있다. "내가 시키는 대로 해라. 안 그러면 유산은 꿈도 꾸지 마라."

자산의 세대 이전을 두고 부유한 노년층은 윤리적 의문을 품을 수 있다. 우리 사후에 금융 자산을 처분하도록 기다려야 하는가? 유산 분배를 계획할 때 자녀에게 균등하게 재산을 물려주어야 하는가? 우리는 생전에 일찍감치 재산과 세상의 재물(재산이 아무리 좋아도 세상의 재물일 뿐이다)을 잘 분배하는 좋은 사례를 만들 수 있다. 일단 노년까지 스스로 부양할 충분한 재산이 있다면, 분배를 사망한 뒤로 미루지 말고 지금 줄 수 있는 자원을 나누어주는 기쁨을 누리는 것이 어떠하겠는가?

아마도 워런 버핏, 빌과 멜린다 게이츠가 자신의 막대한 부를 가족을 넘어 사회에 기부하기로 한 것을 우리의 모델로 삼을 수 있을 것이다. 아낌없이 베푸는 부모의 모습은 자녀에게 귀감이 된다. 그리스도인으로서 내가 가진 어떤 것도 내 것이 아니며, 모두 다 하나님의 것이므로 내가 받을 자격이 조금도 없음을 몸소 보여줄 수 있는 것이다. 예수님은 가족에 대한 개념을 재정립해주시며, 생물학적 일가친척의 경계를 넘어서 사람들의 필요를 돌볼 책임을 우리에게 주셨다.

가족에게 재산을 분배할 때 우리 자녀와 손자의 각기 다른 필요와 능력을 고려해야 하는가? 완벽한 평등의 원칙이 중요한 지침은 아니다. 하나님은 우리에게 분별의 은사를 주셨다. 부모는 대부분 모든 자녀를 똑같이 사랑하지만, 또한 각 자녀의 필요와 은사를 존중하며 그에 맞게 대한다. 하지만 이런 균등하지 않은 분배는 문제를 일으킬 소지도 있다. 어떤 자녀는 다른 형제자매가 특별히 부모를 더 사랑하는 척 위장하여 이런 특별 대우를 받게 되었다고 느낄 수도 있다. 리어 왕 이야기는 자녀에게 불균등하게 재산을 분배하는 위험성을 경고한다. 당신의 가족은 필요에 따라 재산을 분배하더라도 서로 시샘이나 분노를 일으키지 않을 정도로 정직하며 그리스도인으로서 신실한 사람들인가?

## 탈출이 아닌 목적을 향한 자유

우리는 은퇴라는 시련을 두려워할 충분한 이유가 있다. 일에서 삶의 의미와 존재 이유를 확인했었는데, 은퇴로 그럴 수 없게 되면 그 일이 사라짐과 동시에 잊힐 것이라는 두려움이 몰려온다. 낯선 동네에 더 작은 집으로 규모를 줄여 이사한다는 것은 정들었던 사람들과 작별해야 한다는 뜻이다. 매일 아침 침대에서 일어나야 할 이유를 찾을 수 있을까? 다른 사람들에게 더는 가치 없는 존재가 되지는 않을까? 은퇴의 후유증에는 다른 노인들과만 어울려 젊은 세대와 분리되는 것에 대한 우려, 재정적 불안정에 대한 염려, 포모증후군(Fearing Of Missing Out, 자신만 뒤처졌거나 소외된 것 같다는 두려움을 가지는 증상)이 포함된다. 은퇴를 생각하면 불안해지는 것이 너무나 당연하다.

그러나 노년이 때로 힘들고 어려운 인생 시기일 뿐 아니라 하나님의 축복이기도 하다는 성경의 이중적 의미를 따라 우리 역시 은퇴가 주는 선물들을 누릴 수 있어야 한다. 복된 안식일의 쉼이라는 퇴직금을 흔쾌히 누릴 수 없는 것은 우리가 믿는 신학이 부적절함을 보여준다. 우리 조상이라면, 더 일할 수 없을 때까지 일해야 하는 짐을 지금 부유한 세계에 사는 우리가 빠진 은퇴의 딜레마와 흔쾌히 바꾸려 했을 것이다. 대표적인 은퇴의 축복에는 다음과 같은 것이 있다. 자녀와 손자를 도울 수 있는 여유, 친구들과 가족과 다시 교류할 시간적 여유, 한 가지 일에 매달려야 하는 부담에서 벗어남, 다른 사람과 편지와 이메일을 주고받을 수 있는 시간 여유, 직장 생활의 성가시고 괴로운 일에서 자유로움, 원하는 만큼 편하게 잠잘 수 있는 여유, 새로운 것들을 읽고 배울 수 있는 자유, 어떤 제안을 거절할 자유 그리고 여행할 기회 등이다.

많은 조기 퇴직자가 동료들에게 반감을 사거나 심지어 그들이 적의를 드러낼 때 깜짝 놀란다. 아직 현업에 종사하고 있는 그들은 마치 "너는 무슨 믿는 구석이 있어서 내가 그토록 많은 희생을 치르며 쌓아가는 경력을, 내 인생을 다 바치고 있는 경력을 포기할 수 있느냐?"라고 하는 것 같다. 조기 퇴직자는 자신의 퇴직으로 다른 사람들의 직장 생활을 폄훼할 의도가 전혀 없는데도, 그런 식으로 사람들에게 비칠 수 있다.

일에서 벗어나면 '나는 과연 무엇을 위해 자유로운가?'라는 질문에 부딪힌다. 적극적으로 일했을 때 우리 시간은 다른 사람 손에 좌우되었다. 그래서 '오늘 나는 무엇을 하고 싶은가?'라는 질문을 할 시간적 여유가 없었다. 이제 은퇴로 우리는 시간을 자유롭게 사용할 수 있게 되었다. 이 말은 자유를 누릴 수 있다는 의미인 동시에 새로운 책임이 생겼다는 뜻이다. 많은 시간을 들여야 하는 힘든 직장 생활을 했다면, 개인적인 시간 여유를 누리기가 쉽지 않았을 수 있다. 언제까지 이어질지 확실하지 않지만, 이제는 외부에서 강제하는 일정이 없이 시간과 자원을 사용하는 방법과 삶의 목적을 발견하는 방법과 관계를 유지하는 방법을 개인적으로 계속 선택해야 하는 상황에 놓였다.

우리는 흔히 청년들의 '성장'만을 인생에 대한 책임을 받아들이는 문제라고 생각한다. 하지만 '나이 듦'도 똑같이 힘들고, 여생이 계속 줄어들기에 엄중하게 시간을 사용해야 할 뿐 아니라 그 시간을 잘 사용해야 하는 긴박감을 주는 일이다. 직장 생활을 할 때 우리는 시간을 사용하는 문제나 상호 교류할 사람을 찾는 일을 고민할 필요가 없었다. 모든 것이 언제라도 가능했고 이미 정해져 있었다. 그러나 은퇴하면 이처럼 정해진 일정이 없이 불확실하므로, 스스로 계획하고 선택하며 책임을 질 수밖에 없다. 은퇴는 새로운 시작의 시기이자 젊은 시절 잠시 미뤄두었던 취미와 관심사를 다시 해볼 시기이기도 하다. 일부 은퇴자는 새로운 긴박감을 경험한다. 남은 시간이 많지 않으므로 의도한 목표를 이루려면 바로 지금 시작하는 것이 최선이라고 느낀다. 그래야 뒤처진 부분을 따라잡을 수 있고, 남은 잠재력을 최대한 발휘하여 이루지 못한 일을 처리할 수 있으며, 스스로 인격적 결함이라 인식한 부분을 극복하거나 시야를 넓힐 수도 있다. 간단히 말해, 버킷 리스트 신드롬을 겪는다.

바울이 갓 개종한 그리스도인들에게 했던 말은 은퇴기로 접어든 우리에게도 해당된다. "옛 사람과 그 행위를 벗어 버리고 새 사람을 입었으니 이는 자기를 창조하신 이의 형상을 따라 지식에까지 새롭게 하심을 입은 자니라"(골 3:9-10). 은퇴로 우리의 옛 자아는 사라지고 다른 자아를 입게 되었다. 창의성을 발휘하는 일에, 즉 계획하고 실천하며 성취하는 데 너무 많은 시간을 사용했던 우리는 이제 창조적인 안식일 휴식을 취하며 마음껏 우리 창조주를 닮아갈 수 있다.

케네스 칼훈(Kenneth Calhoun)은 "나이트블루밍"(Nightblooming)라는 재미있는 이야기를 썼다. 야심만만한 젊은 재즈 음악가가 '어느 날 문득 은퇴했음을 깨달은' 노년 그룹을 만난 이야기다. 이 노인들은 "이제 드디어 밴드를 결성할 때다"라는 말로 자신들의 은퇴를 받아들인다.

> 당신은 그들이 다락방과 지하실에서 찾아낸 악기들을 봐야 해요. 악기들은 별로 변한 게 없이 여전히 그대로였어요. 호른은 세월이 흘러도 그렇게 변하지 않았지만 케이스는 많이 낡았죠. 어떤 악기는 빛바랜 가죽으로 싸여 있었어요. 붉은 벨벳으로 안을 덧댄 나무 상자의 이음새는 심하게 녹이 슬어 있었죠. 겨우 상자를 열었을 때 마치 시체에서 금속 뼈를 꺼내는 듯한 착각이 들 정도였어요.
>
> 이 노인들은 밤에 피는 고령의 재즈 음악가들이에요. 흰색 벨트와 나비넥타이를 하고 폴리에스테르 바지를 허리 위쪽까지 바짝 끌어올려 입었죠. 그들이 말하길, "우리야 뭐 늙은이죠"라고 하는데, 그게 그들의 관점이에요.[20]

밤에 피어나는 이 재즈맨들은 은퇴가 주는 가장 좋은 선물이 무엇이든 자유롭게 할 수 있는 자유라는 것을 깨달았다. 이제 망설이지 말고 재즈 밴드도 결성하고, 조지 W. 부시처럼 그림도 그려보고 여행도 하고 바위에 앉아 계곡 아래를 내려보기도 하자. 사실, 그리스도인에게 자유는 논쟁의 여지가 있는 개념이다. 자유가 오직 자신을 위해 살 수 있는 것을 의미한다면, 우리는 절대 자유롭지 않다. 그리스도인으로서 우리는 세례를 통해 그리스도께 이름이 불리고, 내 것이라 인정받았으며, 부르심을 받고, 사명을 위임받았다. 그러므로 우리의 '자유'는 그리스도인으로서 우리의 중요한 소명인 제자도를 위한 자유를 누리도록, 우리 소명에 따른 염려에서 벗어나는 자유일 수 있다(돈을 벌고 가족을 돌봐야 하는 등의).

상원의원인 바버라 복서(Barbara Boxer)는 큰손자와 한 인터뷰에서 이렇게 말했다. "은퇴란 절대 없다. 일은 너무 중요하다. 하지만 2016년 상원의원 선거에는 출마하지 않겠다."[21]

어떤 신실한 사람은 은퇴로 그의 직업에서 자유의 몸이 된 덕분에 자신의 소명에 더욱 온전히 헌신할 수 있었다. 엔지니어링 일에서 은퇴한 그 주에 그는 앞으로 교회를 섬기겠다고 작정하고 이렇게 외쳤다. "더는 직장에 다니지 않으니 마음껏 풀타임으로 하나님을 섬길 수 있다!" 바로 이것이다!

## 은퇴에 대한 대비

목회자로서 섬길 동안 나는 결혼식 주례를 보게 되면, 항상 먼저 그 커플과 상담하는 것을 원칙으로 삼았다. 함께 고민하는 시간을 보내는 이유는 그들에게 앞으로 어떻게 살아야 할지 알려주기 위해서가 아니었다. 난들 그 방법을 어떻게 알겠는가? 내 목표는 그들이 그리스도인으로서 결혼에 대해 생각하도록 돕는 데 있었다. 우리는 결혼이 세례의 의미를 실천하는 것이라고 이야기를 나누었다. 나는 그들에게 결혼 생활이 제자의 소명을 어떻게 지지하고 격려할 수 있는지를 물었다.

목회자로서 교인들이 은퇴할 수 있도록 준비시킨다는 것은 어떤 의미를 지니는가? 가장 성공적인 은퇴는 최근 일부 사람만이 누리고 있는 특권을 최대한 활용하기 위해 계획적인 은퇴를 하는 것이다. 교회는 어떻게 교인들이 그리스도인으로서 은퇴를 계획하도록 도울 수 있는가? 설교자가 할 일은 "[모든 연령대의] 성도를 온전하게 하여 [모든 종류의] 봉사의 일을 하게"(엡 4:12) 준비시키는 것이다. 준비시키는 핵심 수단은 매주 하는 설교다. 그리스도를 믿는 믿음으로 예수를 따르는 데 겪는 어려움을 잘 극복하는 사람을 만들어가는 것이다. 설교를 통해 기독교의 이야기가 우리 이야기를 감싸게 된다. 성경의 렌즈로 인생을 바라보는 법을 배우는 것이다. 그렇게 그리스도인답게 사고하며, 자유, 의존, 통제와 같은 단어의 의미를 예수 그리스도와 그분의 사역에 비추어 근본적으로 재정립할 수 있다.

한 여성이 부모님을 먼저 하늘나라로 보내고, 남편과도 사별한 후 나에게 이렇게 말했다. "과부와 고아의 어려움에 대해 성경이 얼마나 관심을 가지는지 이전에는 전혀 알지 못했어요. 이제 사실상 과부와 고아가 되고 보니, 신앙인으로서 이전보다 더 남들의 아픔에 민감해진 것 같아요. 인생의 참맛을 알고 나니 기독교 신앙의 핵심에 더 다가가게 되네요."

은퇴가 가까워질 무렵, 나는 거래하던 은행과 내 고용인에게서 은퇴 준비 계획 세미나에 참석하라는 초청을 받았다. 이런 강의는 모두 재정 관리에만 초점을 맞춘다. 왜 교회는 이런 인생의 과도기를 성경적 관점에서 고민해보는 모임을 열지 않을까?

목사로서 나는 항상 졸업을 앞둔 고등학생을 초대해 피자를 먹으며 '대학에서의 신앙생활'이라는 주제로 토론하는 시간을 보낸다. 그날 저녁 나는 그들에게 '캠퍼스에서 신앙을 지키기 위해 지켜야 할 규칙'을 주저하지 않고 소개했다. 그들에게 "이제 대학 새내기로 첫발을 내디디는 여러분에게 교회에서 제공했으면 하는 정보나 지원이 있나요?" 나는 하나님 그리고 자기 자신과 이렇게 약속하라고 제안했다. 매일 같은 시간에 성경을 읽고 기도하며, 캠퍼스 신앙 모임에 참여하고, 대학 초창기 시절에 담당 목사와 연락하겠다는 등의 약속이었다. 그런데 교회의 노년층을 모아서 다가올 은퇴와 관련해 이와 비슷한 대화를 시도하려는 노력은 왜 하지 않는가?

노년의 고통은 일정 부분 우리의 삶에 의미와 질서를 부여하던 의식들과 단절되는 데 있다. 많은 과도기가 있는 인생에서 예측할 수 있고 일정한 틀을 갖춘 의미 있는 교회의 의식들은 우리에게 큰 의미를 지닐 수 있다. 교회는 세상의 보잘것없는 은퇴 의식보다 훨씬 의미 있는 의식을 제공할 수 있지 않을까?[22] 학생들이 집을 떠나거나 대학으로 가기 전에 가족과 교회에서 마지막 예배를 드릴 때 우리는 공식적으로 작별 인사를 하고 그를 축복하며 안수하는 의미 깊은 시간을 보낸다. 그런데 왜 은퇴의 모험과 과제를 앞둔 이들을 축복하는 시간은 갖지 않는가? 교회의 누군가가 사별로 인해 여러 어려움을 겪을 때 나는 혹시 도울 일은 없는지 알아보려고 정기적으로 그들의 집을 방문한다. 그런데 은퇴한 교인이 책임지고 자기 소명을 감당할 수 있도록 목회자로서 심방을 하지 않을 이유가 있겠는가?

교인들이 성경적이고 기독교적으로 은퇴에 대해 생각해보도록 내가 몇 년 전에 했던 설교를 소개하려고 한다.

### 은퇴: 완전히 새로운 삶[23]

전도자가 이르되 헛되고 헛되며 헛되고 헛되니 모든 것이 헛되도다 해 아래에서 수고하는 모든 수고가 사람에게 무엇이 유익한가 한 세대는 가고 한 세대는 오되 땅은 영원히 있도다…해 아래에는 새것이 없나니(전 1:2-4, 9).

또 내가 새 하늘과 새 땅을 보니 처음 하늘과 처음 땅이 없어졌고 바다도 다시 있지 않더라…보좌에 앉으신 이가 이르시되 보라 내가 만물을 새롭게 하노라 하시고(계 21:1, 5).

오늘의 본문은 성경에서 가장 우울하고 냉소적인 책 중의 하나인 전도서를 선택했습니다. "전도자가 이르되…헛되고 헛되니 모든 것이 헛되도다." 여러분은 지난날을 뒤돌아보며 이런 감정을 느꼈던 적이 있습니까? 모든 성취와 업적이 손바닥에서 먼지처럼 부서져 흩날리고, 위대한 성취가 마치 바람을 좇는 것처럼 허무하게 느껴지는 순간 말입니다.

전도서 저자가 자기 인생을 이런 식으로 느꼈다고 해도 전혀 놀랍지가 않습니다. 그는 "해 아래 새것이 없다"라고 말합니다. 인생은 그냥 오고 가는 것이며, 시작도 끝도 없는 거대한 바퀴 같습니다. 셰익스피어의 말을 빌리면, 인생은 "시끄럽고 정신없으나 아무 뜻도 없습니다."[24] 전도서는 성경에서 순환론적 역사관을 보여주는 몇 안 되는 책입니다. 역사는 시작도 없고 끝도 없습니다. 종착지가 없는 것입니다. 역사는 거대한 원이자 바퀴죠. 해 아래는 새로운 것은 없습니다. 끝도 없고 시작도 없고 새로운 것이 조금도 없을 때 인생은 우울합니다.

지금 여기 계시는 모든 분이 어떤 모양으로든 은퇴를 할 것이고, 조만간 은퇴하는 분도 계실 겁니다. 그럼 은퇴에 관해 한번 이야기해볼까요? 저는 시작부터 문제에 봉착했습니다. 설교할 때 성경으로 설교하고, 성경 본문을 선택해 그 본문으로 설교하기를 좋아합니다. 그런데 문제는 최근에서야 인류가 말 그대로 '은퇴할' 정도로 충분히 오래 살거나 충분한 재화를 축적했다는 것입니다. 성경은, 특히 히브리어 성경은 노년이나 장수를 하나님의 놀라운 선물이라고 생각합니다. 그러나 은퇴나 노화의 문제나 평균 수명이 높아지는 문제는 최근에 대두된 문제입니다.

개인적으로 저는 은퇴(retirement)라는 표현을 좋아하지 않습니다. 후퇴하다(retreat), 제거하다(remove), 퇴행하다(regress) 같은 유쾌하지 않은 단어들과 사촌 격인 말이기 때문입니다. 이 은퇴라는 단어는 말년에 인생의 치열한 싸움에서 물러나서 무슨 일이 있어도 안주하며 움직이지도 않고 삶의 활기도 없는 사람처럼 산다는 느낌을 줍니다. 그러나 우리 인생은 단계마다 그 과업이 있고, 이루어야 할 목표와 새로운 모험이 존재하며, 여기에는 은퇴도 포함됩니다.

신학교에서 가르치던 한 학생이 생각납니다. 그는 전도사로 작은 교회에 처음 부임해 섬기고 있었습니다. 그런데 어느 날 저에게 교인들에 대한 불평을 털어놓았습니다. "우리 교회는 평균 연령이 60세가 넘습니다"라고 말이죠. 이어서 그는 "교인들이 나이가 얼마나 되는지 짐작하실 수 있을 겁니다"라고 했습니다.

그래서 저는 "그분들은 어떤 분들이세요?"라고 물었습니다.

그러자 그는 이렇게 답했습니다. "아시다시피 인간은 습관의 존재라서 그런지, 변화에 느리고 자기 방식에서 벗어나려고 하지도 않고 쳇바퀴 돌 듯이 살아요. 교회의 혁신이나 변화를 전혀 바라지 않아요."

문득 며칠 전에 은퇴에 관한 글을 읽은 게 생각났습니다. 인생에서 우리가 경험하는 가장 어려운 6-8개 인생 과도기 가운데 가장 고통스러운 네다섯 가지 변화는 모두 65세 이후에 경험한다는 내용이었습니다. 거기에는 건강 악화, 독립성 상실, 실직, 배우자와의 이별 같은 변화가 포함됩니다.

그래서 저는 그 젊은 교역자에게 그 사실을 말해주면서 이렇게 덧붙였습니다. "그러니까 노년층이 변화를 거부한다는 말은 공정한 평가가 아니라는 겁니다. 그들은 인생에서 가장 극적인 변화의 상황에 속수무책으로 끌려 들어가고 있어요. 40년을 함께 살았던 사람을 땅에 묻거나 어쩔 수 없이 평생 해오던 일을 그만둬야 할 때 교회에 가서 자신만만한 젊은 설교자에게 '오늘 아침에는 새롭고 혁신적인 일을 합시다'와 같은 말은 절대 듣고 싶지 않을 겁니다. 사실 혁신의 홍수에 휩쓸리는 중이니까요."

40년간 함께 살던 아내의 장례식을 치르고 난 다음 날, 잠에서 홀로 깬다면 이보다 더 힘든 혁신이 있겠습니까?

우리는 한때 성인이란 인생에서 마침내 뿌리를 내리고 몸을 웅크린 채 평생을 파묻혀 살아야 하는 시기라고 생각했습니다. 정말 중요한 발달은 유아기나 아동기 혹은 청소년기에 일어난다고 여겼죠. 그러나 이제 우리는 성인기를 안정과는 거리가 먼 변화무쌍한 도전의 연속으로 해석하는 편이 가장 좋다는 것을 알고 있습니다[인생의 중년기에 관해 책을 쓴 게일 쉬이(Gail Sheehy) 덕분에].

저는 몇 년 동안 듀크 대학에서 1학년을 대상으로 "의미 탐색"(The Search for meaning)이라는 주제로 강의하고 있습니다. 우리는 다양한 사람이 아침에 침대에서 일어나야 할 이유, 즉 삶의 의미를 찾는 방식을 연구

합니다. 학생들은 자신이 생각하는 인생의 의미를 찾고, 그들이 향하는 인생의 방향과 학교를 졸업할 때 어떤 사람이 되려고 계획하는지 리포트를 작성해서 제출해야 합니다.

저는 그들 대부분이 이렇게 생각하는 것을 지적합니다. '지금 너무 혼란스럽고 변하는 과정에 있지만, 25세가 되면 내가 어떤 사람이 되고 싶은지 결정하게 될 거야. 한곳에 정착하고 자리를 잡았을 테고, 미니밴도 샀을 것이고, 어떤 식으로든 투표도 하며 안정적으로 살고 있을 거야.'

그런데 인생은 이런 식으로 흘러가지 않습니다. 예를 들어, 저는 "듀크 대학을 졸업하면 무엇을 할 계획인가요?"라고 학생들에게 질문하는 게 얼마나 이상한 일인지를 압니다.

학생들은 당연하다는 듯이 이렇게 대답합니다. "저는 전기 엔지니어가 될 겁니다." "저는 의사가 될 겁니다."

그러면 저는 미국인이 평생 평균적으로 일곱 번 직업을 바꾼다는 점을 이야기합니다. 공대의 어떤 교수는 해당 공대를 졸업한 졸업생을 대상으로 조사한 결과, 졸업 후에 20년간 엔지니어로 일한 사람은 불과 30퍼센트에 지나지 않았다고 말해주었습니다.

무슨 말을 하고 싶은지 알겠습니까? 이 학생들은 남은 인생을 무엇을 하며 살고 싶은지 막연히 추측하며 전공 분야에 계속 종사하기를 기대하고, 평생 그 정체성을 고정적으로 유지하리라고 생각하기보다 더 도전적인 인생을 대비해야 한다는 말입니다.

점점 더 많은 교육가가 지능을 출생 이후로 고정된 지능 지수인 IQ가 아니라 적응하는 능력이라는 관점에서 접근하는 이유가 이 때문은 아닐까요? 인생은 적응하고 변화하며 이동하고 새로 시작하며 끝내는 긴 과정의 연속입니다. 인생에 변화가 생기는 이유는 우리의 신체가 바뀌기 때문이기도 하며, 문화가 바뀌어서 그렇기도 하고, 또 어떤 경우는 살아 계신 하나님의 뜻으로 이런 변화가 일어나기도 합니다.

목회자로서 저는 수많은 사람이 은퇴하는 모습을 지켜보았습니다. 저 자신도 은퇴할 날이 얼마 남지 않았습니다. 제가 보니, 소위 '황금기'(연금으로 생활하는 시기)에도 수많은 어려움과 도전이 있습니다. 하지만 그중 단연코 두드러지는 어려움은 은퇴가 완전히 새로운 삶이라는 점입니다. 이 표현은 제 친구 레이놀즈 프라이스(Reynolds Price)가 쓴 『완전히 새로운 삶』(*A Whole New Life*)[25]이라는 훌륭한 책을 일부 인용한 것입니다. 이 책은 레이놀즈가 암 수술을 받은 뒤 회복하고 그 이후의 생활까지 고군분투한 과정에 관한 감동적인 이야기를 담고 있습니다. 이 책에 담긴 내용이 너무 풍성해서 한마디로 요약하기는 어렵지만, 책의 제목에서 고스란히 드러나는 가장 귀중한 통찰이 하나 있습니다. 그것은 레이놀즈가 투병하며 완전히 새로운 인생을 경험했다는 것입니다.

그는 자신이 암에 걸렸다는 사실을 알았을 때 맨 처음에는 부정했다고 합니다. 그리고 분노와 억울함이 밀려와 견딜 수 없었으며, 극도로 어렵지만 생명을 구하는 수술을 받은 후 고통스럽게 몇 달을 견뎌야 했던 과정을 말해줍니다. 인생의 최전성기에 경력의 절정을 만끽하며 누구보다 활기 넘치고 적극적이었던 사람이 이제 휠체어를 타는 신세가 돼버린 것입니다.

그러나 레이놀즈는 "이전의 레이놀즈는 죽었다"[26]라고 말하며 자신의 후퇴를 깊은 깨달음을 얻은 계기라고 표현합니다. 그의 옛 자아는 사라졌습니다. 그래서 그가 사랑했던 이전 삶의 많은 부분이 사라졌습니다. 그 부분을 되돌릴 수는 없겠지요. 이제 그는 선택의 순간에 직면했습니다. 잃어버린 것들 때문에 여생을 후회하며, 조금이라도 찬란했던 과거를 회복하려고 애처로이 노력하고, 남은 영광을 붙들려고 할 것인지 아니면 '완전히 새로운 인생'을 시작할 것인지 선택해야 했습니다.

레이놀즈는 후자를 선택했습니다. 다시 시작하기로 했습니다. 그가 그런 선택을 내린 인생은 그저 그런 인생이 아니라 살 가치가 있는 멋진 인생이었습니다. 이제 그는 예술가로서 왕성한 작품 활동을 하며, 최고의 시간을 즐기고 있습니다. 어느 때보다도 많은 소설과 희곡, 시를 쓰며 작품 활동에 매진하고 있습니다.

그는 이렇게 조언합니다. "완전히 다른 사람이 될 길을 찾아보십시오. 다음 단계의 당신, 곧 불필요한 것은 모두 버리고 완전히 다른 밝은 눈을 가진 사람, 총신이 짧은 산탄총처럼 현실적이며 숨을 쉬는 것으로도 감사할 수 있는 사람 말입니다. 운이 좋으면 만나게 될 인간적 친절함을 갖추는 것은 말할 필요가 없지요."[27]

은퇴는 척수암처럼 고통스럽지 않을지도 모릅니다. 그러나 비교해볼 유사한 점은 있다고 생각합니다. 제가 보니, 노년의 여러 도전에 처참하게 실패한 사람들은 은퇴를 인생의 한 국면에서 다른 국면으로 이동하는 것으로 보지 못합니다. 그들은 이전 생활에 대한 미련을 버리지 못하고 다음 인생 단계까지 그 상태를 계속 유지하려고 애씁니다.

자기 어머니에 대해 말해주었던 한 여성이 문득문득 떠오릅니다. 그녀의 어머니는 40년이 넘게 봉제 공장에서 최저 임금을 받고 일하셨다고 합니다. 어머니가 퇴직하자 자녀들은 어머니가 매우 기뻐하실 것으로 생각했습니다. 하지만 어머니는 그런 상태를 비참하게 생각하고 자주 눈물을 흘리셨습니다. 이른 아침에 공장 정문 앞을 서성거릴 때가 한두 번이 아니었다고 합니다. 어머니는 자신을 다시 공장으로 불러주리라는 헛된 희망을 버리지 않으셨습니다. 심지어 가명을 써서 취직하려고 시도한 적도 있었다고 합니다. 완전히 다른 사람 행세를 하려고 했던 것이지요.

그런데 이런 일은 소용이 없습니다. 이전에 우리가 몸담았던 세계는 우리가 없어도 지속됩니다. 우리가 없어도 어떻게든 회사는 굴러갑니다. 교실에서 마지막 수업을 하고 나와도 학교는 무너지지 않습니다.

옛 시절은 되돌릴 수가 없습니다. 완전히 새로운 삶을 시작해야 합니다. 아직 은퇴하지 않은 우리는 (여기 계신 분 중 은퇴를 앞두고 계신 분이 많지요?) 완전히 새로운 삶으로 이동하는 이런 변화를 받아들일 준비를 훨씬 더 잘할 수 있다고 생각합니다. 우리의 유일한 삶이 지금 하는 일뿐이라고 여기고 은퇴 후 새로운 인생을 살 준비를 하지 않으면, 심각한 어려움에 봉착할 것입니다. 그리스도인에게 은퇴는 단순히 직장 생활을 하지 않게 된다는 것이거나 일하지 못하게 된다는 의미가 아닙니다. 우리는 도로를 포장하는 공사 일이나 식당 일에서 은퇴할 수는 있습니다. 하지만 제자도에서 은퇴하는 법이란 없습니다. 교회는 교인들이 스스로 잘 준비하여 은퇴하기까지, 과도기에 그들을 지원하도록 돕는 일을 잘 해낼 수 있습니다.

제 어머니는 1년에 12개월을 학교에서 학생들을 가르치시고, 겨우 주일 아침에야 교회에 참석할 시간을 내실 수 있었습니다. 어머니의 친구 중에는 브리지 클럽(노인들이 유흥으로 카드 게임을 할 수 있는 사교장)에 참가하고 교회 모임에 참석하며 여유를 누리는 사람도 있었지만, 어머니는 너무 바쁘셨습니다. 때로 테이블에 둘러앉아 게임을 하는 것 말고는 아무 일도 하지 않는 이들을 경멸조로 비난하기도 하셨습니다.

어머니는 퇴직하시면서 새롭고 낯선 생활을 어떻게 받아들일지 걱정하셨습니다. 남아도는 시간을 어떻게 보내야 할지 고민하셨던 겁니다. 그런데 어머니도 브리지 클럽에서 게임을 즐기기 시작하셨습니다. 그리고 교회에서 자발적으로 섬기기 시작하셨습니다. 은퇴로 인한 불안은 남들의 요구가 아니라 자신이 원하는 대로 사용할 수 있는 시간을 선물로 받았다는 감사로 바뀌었습니다.

어머니는 "다른 사람들을 보면서 내심 부러워하던

여유로운 삶을 이제야 살게 되었구나"라고 말씀하셨죠.

우리에게는 더 나은 은퇴 의식이 필요합니다. 예를 들어, 일본에서는 여성이 은퇴할 나이가 되면 냄비와 팬을 모두 모아서 딸이나 며느리에게 물려줍니다. 그다음에는 절대 부엌에 들어가지 않습니다. 주부로서의 삶에서 물러난 것입니다. 새로운 인생이 시작된 것입니다.

많은 일본인 남성은 붉은 기모노를 입고 후지산 등반 같은, 이전에는 하지 못했던 모험을 시도하는 것으로 은퇴 생활을 시작합니다. 이처럼 사람들은 중요한 인생의 변화를 상징하는 시각적이고 물리적인 행위를 하도록 격려받을 필요가 있습니다.[28]

토마스 네일러(Thomas Naylor)와 저는 앞서 말한 "의미 탐색"이라는 강의의 자료를 모아 책을 썼습니다.[29] 놀랍고 기쁘게도 많은 교회가 교인들의 은퇴 준비 세미나에서 이 책을 사용하고 있다고 합니다. 사람이 익혀야 할 가장 중요한 기술 중의 하나는 심호흡을 하고 자기 인생을 있는 그대로 되돌아보며 완전히 새로운 인생을 시작할 수 있는 능력이라는 것을 새삼 확인합니다.

그리스도인으로서 우리는 역사가 비참하든지 행복하든지, 끝도 시작도 없이 무의미하게 반복되는 것임을 믿지 않습니다. 우리는 하나님이 알파와 오메가이시며 시작과 끝이시라고 믿습니다. 하나님은 처음에 우리를 출발하게 하실 뿐 아니라 인생의 마지막에도 우리를 만나주십시다. 은퇴의 도전과 관련해 더 중요한 점은 하나님이 새로운 시작과 새로운 나날과 새로운 인생을 주신다는 것입니다. 성경은 "빛이 있으라"는 창세기의 선언으로 시작하지요. 이렇게 새로운 세상이 펼쳐집니다. 그리고 오늘 성경 본문이 강조하듯이 "보라 내가 만물을 새롭게 하노라"는 계시록으로 끝납니다.

이런저런 시기에 우리는 삶의 전환점이 되는 변화를 받아들이도록 요구받으며, 그때마다 동반되는 고통과 불확실성을 경험하거나 장밋빛 약속에 들뜨게 됩니다. 우리 인생의 전환점이 되는 가장 중요한 한 가지는 은퇴입니다.

제 장인어른이신 칼 파커는 사우스캐롤라이나의 여러 연합 감리 교회를 두루 섬기며 평생 목회자로서 일생을 보내셨습니다. 그분은 그렇게 검은 양복과 흰 셔츠를 입고, 공동체의 도덕적 모범을 보이는 역할을 감당하며 매주 교회를 섬기는 것으로 자신의 의무를 다하며 인생 대부분을 보내셨습니다.

은퇴 후 장인은 작은 캠핑 트레일러를 구입하셨고, 장모님과 함께 그 트레일러를 끌고 뉴잉글랜드로 오랫동안 고대했던 은퇴 기념 여행을 떠나셨습니다. 그런데 사우스캐롤라이나에서 뉴잉글랜드로 향하는 도중에 잘못 방향을 틀어 맨해튼 중심부로 가고 있음을 뒤늦게 깨달으셨습니다. 장인은 방향 감각을 잃고 그 트레일러를 어디로 끌어야 할지 몰라 허둥대셨죠.

한 운전자가 장인의 트레일러를 향해 경적을 울리며 옆으로 와서 차를 세우더니 이렇게 말했습니다. "이봐요, 늙은 양반, 어디로 갈지 알지도 못하면서 운전대를 잡은 거요? 길 막지 말고 얼른 비키시오!"

장인은 잠시 이렇게 생각하셨다고 합니다. '길을 비켜주고 싶지 않아. 어느 길로 가야 할지도 모르지만. 난 감리교 목사야. 하지만 줄곧 달려 뉴욕까지 왔잖아. 사우스캐롤라이나에서 여기까지 먼 길을 온 거야. 여기서는 내가 감리교 목사였다는 걸 아무도 모를 거야. 은퇴했잖아.'

그래서 장인어른은 창문을 내리고 곁에 바짝 붙은 차 안의 남자를 훑어보며 이렇게 말했습니다. "어디로 가는지 이미 알고 있소. 당신은 당신 갈 길이나 가쇼!"

은퇴. 완전히 새로운 삶의 시작입니다.

4장

성공적인 노년 생활

어릴 때 나는 『폰세 데 레온과 젊음의 샘』(Ponce de Leon and the Fountain of Youth)이라는 작은 노란색 책을 무척이나 좋아했다. 젊음을 되돌려준다는 전설 속의 청춘의 샘을 찾아 나선 한 스페인 탐험가의 이야기다. 폰세는 불멸의 영원한 낙원 대신 플로리다를 발견했다.

제임스 오닐(James O'Neill)의 BBC 라디오 드라마 "세 번째 알약"(The Third Pill)의 주인공 그렉은 중년 후반의 남성으로 고립감에 시달리며 각종 통증과 고통에 괴로워하는 인물이다.[1] 어느 날 그렉은 인터넷에서 젊음을 되돌리는 임상 실험 참가자를 모집하는 광고를 본다. 그가 이 실험에 지원하고 임상 치료를 시작하면서 블랙 코미디가 시작된다. 첫 번째 알약을 먹자 그렉의 희끗희끗한 머리카락이 예전의 갈색으로 돌아간다. 그의 동료들은 그렉의 넘치는 에너지와 놀라운 실적을 보며 수근거린다. 그의 아내는 남편의 얼굴에서 주름이 사라지고, 그가 로맨틱한 남성으로 변하자 새로운 매력을 느낀다.

그렉은 알약을 하나 더 먹고 젊었을 적 즐기던 하드 록 음악을 듣기 시작한다. 오토바이도 산다. 직장 동료들이 그의 사무실이 지저분하다고 지적하자 그렉은 그들과 다투며 투덜거린다. "왜 다들 나를 못 잡아먹어서 야단이야?"

그렉은 세 번째 약을 받으러 의사를 찾아갔다. 하지만 의사는 그가 이미 인생의 몇 년을 다 써버렸고, 약을 더 먹으면 위험하다고 말하며 거절한다. 하지만 그렉은 막무가내로 젊음의 약을 달라고 떼를 쓴다. 결국 의사는 그렉에게 세 번째 약을 준다. 다음 날 아침 그렉의 동료들은 사무실에 출근해서 그렉의 책상에 예닐곱 살 되어 보이는 아이가 앉아 있는 것을 보고 너무나 놀란다. 그 아이는 책상을 연신 발로 차고 있었고, 바닥에는 사탕 껍질이 어지럽게 널려 있었다.

드라마는 의사가 정기 검진을 마친 그렉의 아내에게 "암이 아닙니다. 환자분은 임신하셨습니다"라고 말하는 것으로 끝난다.

고통이 없는 젊음의 샘을 진정으로 원하는가? 우리의 환상이나 제약 업계와 미용 업계의 광고와는 반대로 영원한 젊음은 존재하지 않는다. 우리가 아무리 간절히 희망해도 기껏해야 성공적인 노화가 최선일 뿐이다.

70세에 '성공'이란 무엇을 의미하는가?

산부인과 전문의 크리스티안 노스럽(Christiane Northrup)은 고령의 여성이 숭고함을 추구해야 한다고 주장한다. 폰세 데 레온이 들어도 혼란스러워할 주장이다. 선뜻 받아들이기 어렵지만, "본래 우리의 모습이었을 늙지 않는 여신이 되기 위한 조언"을 소개해보겠다.[2]

**첫 번째 조언:** 노화라는 용어의 의미를 재설정하라. 노화는 일반적으로 쇠락과 노후화 과정을 가리키는 용어다…마리오 마르티네즈(Mario Martinez) 박사는 '나이가 드는 것은 어쩔 수 없지만 노화는 선택적이다'라고 말한다. 나이 듦을 논할 때 단어 선정에 유의하라.

**나의 해석:** 노화에 대해서 말하지 않으면 그 일은 일어나지 않을 것이다.

**두 번째 조언:** 신념을 업데이트하라. 신념은 타고난 유전자보다 훨씬 더 강력하다…예를 들어, 40세가 넘으면 인생 종 쳤다거나, 쓸 만한 남자는 다 이미 임자가 있다거나, 아니면 50세 이후로는 멋진 섹스를 할 수 없다고 믿는가? 이런 신념들을 의식하지 않는다면 당신의 생체에 악영향을 미칠 수 없다.

**나의 해석:** 다시 말해, 자신이 늙었다고 믿지 않으면 늙지 않는다.

**세 번째 조언:** 지금 당장 스스로 나이를 증명하라! 점점 고착화되어가는 용어인 '노화'의 물리적 결과는 어떤 생활 방식을 택하느냐에 따라 달라진다.

**나의 해석:** 정말 그럴까? 어떤 연령대든 건강한 생활 방식을 선택하는 것은 좋다. 하지만 우리가 무엇을 먹든지 사망률은 여전히 100퍼센트다.

**네 번째 조언:** 나이에 관한 불필요한 말은 그만하라. 건강 문제를 나이 탓으로 돌리지 말라. 우리 몸은 우리가 하는 말을 모두 믿는다…21살을 마지막 '특별' 생일로 삼을 것을 제안한다. 자신의 몸에 나이를 말해주지 않는다면 나이를 알지 못할 것이다.

**나의 해석:** 우리 몸은 그렇게 멍청하지 않다. 보통 나이 들었다는 사실은 우리 몸이 가장 먼저 알아차린다.

**다섯 번째 조언:** 내년에는 더 젊어지겠다고 결심하라. 신체 나이(우리 세포 나이)와 실제 나이(주민 등록증 나이)는 차이가 클 수 있다. 생활 방식을 개선해서 실제로 신체 시계의 흐름을 거꾸로 돌리고 생물학적으로 더 젊어질 수 있다…나이에 구애받지 말고 살아야 한다! 늙지 않는 여신이 본래 지닌 생명력을 받아들이면 온 세상이 알아차릴 정도로 우리 몸과 마음이 생생한 활력을 자랑할 것이다.

**나의 해석:** 그리고 그들은 그리스도인들이 순진하고 어리석다고 말할 것이다!

## 어리석은 낙관론, 무익한 비관론

노화를 두려워하면 자기기만에 빠지기 쉽다. 우디 앨런(Woody

Allen)은 노년을 "지금의 나보다 10살 정도 나이가 많은 시기"라고 규정했다. (또한 앨런은 "나는 최근 60세가 되었다. 사실상 내 인생의 3분의 1이 끝났다"라고 말했다.) 앨런의 재치 어린 말에 웃는 사람이나, 노스럽의 자기기만적이고 허황된 대중 환락주의(그녀는 나이를 거스를 수 있다는 환상을 팔아 유명해졌다)를 순진하게 받아들인다고 해서 큰 피해를 입을 일은 없을 것이다. 하지만 노화를 성찰하는 그리스도인은 어리석은 낙관론과 무익한 허무주의의 유혹에 넘어가지 않을 것이다. 노년에는 진심을 숨긴 채 쾌활함을 가장하는 것이든 혹은 무기력하게 비관론에 빠져 있든 자기기만이 특별히 매혹적으로 보일 수 있다. 하지만 진실을 추구하고, 숭고함을 맹종하지 않으며, 성숙하게 늙어가기를 원하는 그리스도인이라면 계속해서 이 글을 읽어야 한다.

성공적인 노화에 대한 조언은 역사가 아주 길다. 기원전 1세기 키케로의 『노년에 관하여』에서 대(大)카토(Cato The Elder)는 젊은 동료들에게 인생에 대해 다음과 같이 조언한다.

> 친구들이여, 우리는 노년을 순순히 받아들이지 말고 맞서야 합니다. 주의 깊게 살펴서 그 약점을 보완해야 합니다. 질병에 맞서 싸우듯이 늙음에 맞서 싸워야 합니다…꾸준하게 적절한 운동을 하고, 몸을 망치지 않을 정도로 충분히 먹고 마셔서 체력을 보완해야 합니다. 사실 몸에만 관심을 두어서는 안 됩니다. 지성과 정신적 능력에도 많은 관심을 기울여야 합

니다. 기름을 계속 채우지 않으면 등잔불이 꺼지듯이 이런 자질들 역시 시간이 흐르면서 약해지기 때문입니다.[3]

우리는 노인의 인지적 쇠퇴에 대한 오해와 선입견을 버림으로써 노화를 '주의 깊게 살필' 수 있다. 대표적인 선입견으로 노인은 두뇌 용량이 줄어들고, 지력이 약해지며, 새로운 것을 배우는 데 느릴 뿐 아니라 쉽게 망각한다는 오해를 들 수 있다.

신체적 요인에 관해서는 거동이 자유롭지 않고, 시력이 약해지며, 귀가 어둡다는 등 증명되지 않은 일반화도 존재한다.

이 외에도 노인은 과거에 매여 살고, 변화를 극도로 꺼리며, 현재 세상과 최신 트렌드에 관심이 없고, 외출을 꺼리며, 사람들을 불신한다는 등 태도에 관한 선입견도 있다.[4]

성공적인 노년 생활을 위해서는 노년의 현실을 있는 그대로 받아들이고 잘못된 일반화는 피해야 한다. 노인 학자 J. W. 로우(Rowe)와 R. L. 칸(Kahn)은 그들의 저서 『성공적인 노화』(Successful Aging)에서 최근 많은 연구를 통해 오류로 판명된 근거 없는 믿음을 소개한다.

① 늙으면 질병에 시달린다.
② 늙은 개에게 새로운 기술을 가르칠 수 없다.
③ 말은 마구간에서 벗어났다. 다시 말해, 질병과 장애의 위험을 줄이거나 운동의 긍정적 효과를 거두기에 너무 늦었다.

④ 성공적인 노화의 비결은 부모를 현명하게 선택하는 데 있다 (유전적인 요인이 중요하다-역주).
⑤ 불은 켜져 있으나 전압이 낮아 어둡다. 즉, 노인은 정신적 능력이 떨어져 고통당한다.
⑥ 노인은 자기 몫을 다하지 못하고 경제에 부담을 주는 존재다. (이러한 판단은 대부분 무보수로 일하며 일이 끊기지 않는 3백만 명 이상의 재가 돌봄 노동자의 존재를 무시하는 것이다. 또한 자원봉사 프로그램의 주축을 담당하는 수백만 명의 노인을 무시한다. 계속 일할 수 있는데도 인력 시장에서 배제된 유능한 노인도 수없이 많다.)[5]

로우와 칸은 성공적인 노화를 "질병과 장애를 피하고, 신체적, 인지적 기능을 유지하며, 적극적으로 사회 활동을 하는 것"이라고 규정한다.[6] 로우와 칸이 주장하는 성공적 노화의 세 가지 요인에서 빠진 것은 무엇인가? 기독교 노인 학자 제임스 휴스턴(James Houston)과 마이클 파커(Michael Parker)는 여기에 네 번째 요인을 추가한다. 바로 "긍정적인 영적 성장과 발달"이다.[7]

때로 노인 차별 비판론자들은 노인이 완고하고, 보수적이며, 무관심하고, 노쇠하며, 가난하고, 병들었다는 식의 고정 관념을 현재 인기 있는 고정 관념(마찬가지로 거짓된)으로 대체한다. 예를 들어, 노인 부부가 비행기에서 스카이다이빙을 하거나 짚라인을 타는 것같이 왕성하게 인생을 즐기는 모습이 여기에 해당한다.

이런 긍정적인 고정 관념들은 부유한 노년층만이 지닌 특권을 과도하게 부각하고, 노년의 어두운 현실을 부정한다. 여기에 더해 모든 노년은 활기차고, 적극적으로 성생활을 하며, 생기 넘치고, 자립적이며, 왕성한 여가 활동을 한다는 장밋빛 전망이 함께 등장한다. 다시 말해, 노년층은 젊어야 한다는 것이다. 젊었을 적의 건강이 노년기로 양도증서처럼 전달된다. 이런 아름다운 삶에 대한 환상을 실현하기 위해서는 부단히 노력해야 한다. 노인은 인터넷 서핑을 하면서 (노스럽 박사와 같은) 전문가들에게 복종해야 하고, 노화를 거부하는 일에 적극적으로 참여해야 하며, 노화를 최악의 적으로 여기거나, 많은 돈을 들여 '활동적인 생활 방식'을 가열차게 추구하는 것을 확인할 수 있는 우아한 은퇴 환경을 마련해야 한다. 비현실적인 낙관론은 노년기를 하나님이 주신 삶의 한 형태이자 시련과 유익을 경험하는 장으로 보지 못한다. 이제는 이러한 비현실적인 낙관론이 암울한 비관론의 자리를 차지하고 있다.[8]

우리는 과학적이고 기계론적인 문화에 살고 있다. 그래서 노화를 해결해야 할 문제로 여기거나, 노화 때문에 더 나은 사회 정책이 필요하다고 생각하는 경향이 강하다. 따라서 노인을 노동력에서 제외해야 하는 시기와 방식에 관한 문제나, 노인이 빈곤을 피하고 질병을 예방하는 방식과, 의료 보험 제도를 노인에게 유리하도록 개선하는 문제에 집중한다.

기독교에는 성육신적 신앙 요소가 포함되어 있다. 즉, 기독교 신앙은 물리적이고 재정적인 관심이 타당하다고 보지만, 물질적인 것 이상의 것에 관심을 둔다. 단지 자연주의적 방식으로만 노년을 논의하는 것은 성경적 상상력이 결핍된 것이다. 교회의 은사 중 하나는 그리스도인의 상상력을 자극하고 지원하는 것이다. 노화를 오직 물질주의적이거나 해결이 필요한 사회 정책의 문제로만 접근해서는 안 된다. 그러면 노년을 이해할 수 있는 더 위대한 하나님의 구속 이야기와 자연스러운 노화를 분리하게 되고, 궁극적 목적에 대한 배려 없이 수단에 대한 논쟁에 치우치기 때문이다. 그리스도인인 우리에게는 위대한 이야기가 있다. 이 이야기는 늙어갈 수밖에 없는 인생을 자신보다 더 거대한 이야기에 맞추게 하고, 우리를 향한 하나님의 소명과 그분의 구원 사역이라는 큰 틀 안에서 우리의 작은 자아를 정립하게 한다.

### 참된 이야기와 함께 노화를 맞이하기

아서 프랭크(Arthur Frank)는 건강 관리에 대한 관점을 결정짓는 신화에 우리의 생각이 사로잡혀 있다고 말한다. "어제는 건강했는데 오늘은 잠시 아프다. 하지만 의사의 도움을 받으면 내일 다시 건강해질 것이다."[9] 하지만 노화는 이런 신화를 꾸짖는다. 지금 아픈 사람이 모두 건강해지지는 않는다. 노화는 보통 만성 통증과 질병을 동반한다. 그리고 종국에는 피할 수 없는 죽음이라는 운명에 맞닥뜨리게 된다.

건강에 관해 솔직하게 이야기해보자. 오늘 건강한 사람도 앞으로 언젠가는 병에 걸릴 수 있다. 그리고 병에서 회복한 사람이라도 시기의 차이는 있지만 언젠가는 더 중한 병에 걸릴 것이고, 더 많은 고통을 겪을 것이며, 설령 중병에 걸리지 않는다고 해도 결국 모든 사람은 죽는다. 노화에 따른 신체적 쇠락의 많은 측면은 '해결'될 수 없다. 그러므로 "나는 건강했다가 병에 걸렸지만, 내일 다시 치료받고 건강해질 것이다"라는 말은 현대 과학과 의학의 전능성에 대한 우리의 자기기만에 장단을 맞춘 환상일 뿐이다. 노화는 질병이나 비극도 아니고, 해결이 필요한 문제도 아니다. 노화는 생명을 위해 치르는 대가다. 이 생명은 우리에게 과분한 선물이다.

시인 A. R. 에몬즈(Ammons)는 노화를 고찰하면서 이렇게 인정한다. "나와 같은 시대를 살았던 사람들은 지금 숨을 거두고 있다…우리가 영원히 살 것이라고 한 번도 생각하지 않았고(한 번쯤 생각해본 적이 있지만), 지금 보아도 영원히 살 것 같지는 않다."[10] 우리가 영원히 살 수 없다면 우리가 믿어야 할 진짜 이야기는 무엇인가?

기독교 신앙은 세상의 동화 같은 이야기보다 더 진실한 이야기에 기반한다. 그리스도인은 예수 그리스도의 죽음과 부활이라는 성경 이야기가 인생을 이해하는 수단이라고 믿는다. 그리스도인은 "나는 건강했다가 아팠지만, 내일 다시 치료받고 건강해질 것이다"라는 환상보다는 다음과 같은 이야기를 배운다.

> 하나님은 생명이라는 소중한 선물을 내게 주셨다. 내 인생은 하나님께 빌린 것이다. 내 생명보다 훨씬 더 소중한 것이 있으니 그리스도 안에서 하나님이 나를 부르셨고 내게 제자도의 소명을 맡기셨다는 것이다. 그로써 내 인생은 하나님의 뜻에 사로잡히게 되었고, 인류 구원을 위한 하나님의 사역에 그분의 도구로 쓰임받게 되었다. 나는 신도 아니고 불멸의 존재인 천사도 아니다. 나는 유한한 존재이고, 창조주가 아닌 피조물이라는 한계에 굴복하는 일종의 짐승일 뿐이다. 내 인생은 내 것이 아니다. 나는 빌려주신 호흡으로 생명을 유지한다. 내 인생이 영원한 의미를 지니고 인생이 지속되는 것은 내가 아니라 하나님께 달려 있다. 내가 현재 처한 물리적, 정신적 조건이 어떻든 혹은 내가 어떤 환경에 처해 있든, 나는 숨이 붙어 있는 한 하나님과 그분이 주신 좋은 선물들을 즐거워하고 하나님을 영화롭게 하며 섬기도록 부르심받았고, 하나님이 어떤 은사를 주셨든지 사람들을 섬기는 일에 사용하도록 부르심을 받았다. 종국에는 하나님이 내게 위탁하셨던 생명을 거두어 가시고, 그분을 영원히 영화롭게 하고 즐거워하는 선물을 주실 것이다.

## 상실

우리가 삶의 기준으로 삼는 이야기가 아무리 위대해도, 상실을 이야기하지 않고서는 노화의 진실을 이야기한다고 볼 수 없다. 상실은 노화 과정에서 반복해서 겪는 일이며, 부정할 수 없는 노화의 한 측면이다. '이도 없고, 보이지도 않으며, 맛도 느끼지 못하고, 아무것도 없다.' 일생 동안 이런저런 상실을 겪었겠지만, 인생 후반기에는 더 많이 몰아닥쳐 온다. 친구들을 다 떠내보내거나, 형제자매 중 혼자만 남거나, 정들고 익숙한 곳을 떠나 이사해야 하거나, 시간이 모자라서 하고 싶은 일을 다 못할 수도 있다.

시인 도날드 홀(Donald Hall)은 "늙어간다는 것은 모든 것을 잃는 것이니"[11]라는 말로 진실을 전한다. 예전에 요양원에 있는 교인들을 방문했을 때, 나는 92세의 노부인에게 기도해주기를 바라느냐고 물었다. 그러자 그녀는 이렇게 대답했다. "아뇨. 저는 하나님께 화가 나 있어요. 하나님은 내게서 전부를 가져가셨는데 저는 데려가지 않으시네요."

같은 병실에 있던 다른 분은 깊은 한숨을 내쉬며 이렇게 말했다. "그린빌에 있는 우리 집 앞을 한 번만 더 내 다리로 거닐 수 있다면 좋겠어요."

그날 저녁 무렵 서재에 앉은 나는 "모든 성경을 고루 다 설교하려면 주일날이 모자라겠다"라고 중얼거렸다.

자신감 있게 인생 후반부를 시작하기 위해 꼭 겪어야 하는 상실도 있다. 칼 융(Carl Jung)은 이렇게 말했다. "인생의 오전 프로그램대로 인생 오후를 살 수 없다. 오전에 좋았던 일이 저녁에는 별 의미 없는 일이 될 것이고, 오전에는 진실이었던 것이 저녁에는 거짓말이 될 것이기 때문이다."[12]

우리는 상실이라는 위험을 감당하며 살아간다. 때로 사랑에 대한 대가를 치르기도 한다. 상실과 외로움은 사랑의 쌍둥이 열매다. 상실은 계속 누적된다. 그 과정에서 사회적으로 참여할 자리가 사라지고, 나를 지지해주는 사람들이 줄어들며, 세상은 무심히 흘러가고, 우리는 버림받았다는 생각에 시달린다. 노화 과정에서 겪는 이런 쇠락은 대부분 비자발적인 것이기에, 상실은 더욱 감당하기 어렵고 고통스럽다. 친구들이 떠나간다. 익숙한 랜드마크들이 사라진다. 배우자가 사망하면 우리 역시 "그녀도 심장 마비로 숨을 거두었다"와 같은 말을 들을까 두렵다.

그러나 상실이라는 고통을 통해 우리는 다른 것을 받아들일 수 있도록 위치를 재조정할 수 있다. 남편과 사별한 후 깊은 상실감을 딛고 자신의 가치를 새롭게 발견하는 사람들을 수없이 보았다.

남편과 사별하고 1년이 지난 후 한 여성은 이렇게 말했다. "누가 알았겠어요? 지금의 저는 남편과 살던 예전보다 더 성장한 것 같아요."

60대에 집의 규모를 줄여 훨씬 작은 집으로 이사해야 할 때 깨닫듯, 어떤 상실은 전혀 힘들지 않을 수 있다. 오히려 과하게 쌓아놓았던 것들을 즐겁게 내려놓는 계기가 된다. 용서는 일종의 상실이다. 하지만 많은 그리스도인은 그런 신실한 상실이 즐거운 내려놓음이라고 증언한다.

상실을 겪을 때도 변함없이 우리를 사랑하고 배려하는 사람들이 우리 곁에 있다. 이들의 존재는 사랑하는 이들과의 사별을 견뎌내는 일에 큰 힘을 주고, 어떤 경우에는 다시 회복하고 삶을 이어가는 데 너무나 소중하고 중요한 역할을 한다. 하나님은 우리를 관계를 추구하는 존재로 지으셨다. 관계의 상실이라는 고통은 종종 다른 관계들로 가장 잘 치유받을 수 있다. 누군가가 "여기 계신 모든 분이 너무나 따뜻하고 친절하셔서 이 교회에 등록하게 되었습니다"라고 말한다면, 교회의 존재 이유를 확인해준 적절한 표현이라고 할 수 있다.

홀로 식사를 준비하기 어려운 집에 도시락 배달 봉사를 하다 보면 깨닫는 것이 있다. 바로 도시락을 받는 사람들에게 가장 큰 영양분은 도시락 자체가 아닌 누군가의 방문이라는 것이다.

노화의 시기에 주로 상실과 쇠락을 경험하기 때문에, 이런 일들은 고령의 나이를 오히려 기회로 보려는 결심을 뒤흔들 수 있다. 노화와 그에 관한 암울한 이야기들은 중년기의 사람들에게 위기를 초래할 수 있다. 중년기에 인생 최악의 시기를 향해 거침없이 나아가고 있다는 말을 들으면 방향을 잃고 혼란스러워하는 것은 당연하다.[13] 행복에 대한 사람들의 소회를 조사한 자료로 판단하건대, 노화를 비관적으로 전망하기 때문에 70세보다 40대를 제대로 보내기가 더 어렵다. 놀랍게도 보고에 따르면, 삶의 만족도가 실제로 50세 이후로 다시 높아지기 시작한다고 한다. 20번째 대학 동창회보다 50번째 대학 동창회에 참석하기가 더 쉽다.

우리는 노화에 따른 상실을 겪는 한복판에서 우리 인생의 새로운 장을 새롭게 쓸 방법을 찾아내야 한다. 보다 신학적으로 말하면, 하나님이 우리 삶으로 쓰시는 이야기를 받아들여야 한다. 예기치 못한 반전이나 원치 않는 반전이 있는 줄거리를 사랑하는 법을 배워야 한다. 노인 학자 제임스 우드워드(James Woodward)는, 노화에 따른 여러 현실을 받아들일 수 있는 열쇠는 노년에서 해방되고 싶다는 불가능한 욕망(노스럽 박사와 그녀의 늙지 않는 여신)을 벗어버리고 노년에 누리는 해방감을 즐겁게 받아들이는 것(한밤중에 피어나는 재즈 연주자처럼)이라고 말한다.[14] 노화에 따른 상실도 겪지만 특별한 자유도 누릴 수도 있다. 세상에서 영원히 쓸모 있는 존재로 혹은 없어서는 안 되는 존재로 살 수 있다는 환상에서 벗어날 수 있다. 또한 인생의 마지막 단계를 의미 있게 사는 것이 불가능하다는 오해에서도 해방될 수 있다. 노년에는 과도한 자기 의식적 젊음이나 중년의 엄격한 절제와 책임에서 벗어나 자유를 만끽하는 선물을 누릴 수 있다.

"주신 이도 여호와시요 거두신 이도 여호와시오니 여호와의 이름이 찬송을 받으실지니이다"(욥 1:21)라고 믿음으로 고백할 수 있는가? 기독교 신앙과 거기에 담긴 이야기는 우리가 다음과 같이 삶을 새로이 설명할 수 있는 수단이 되는가? "여호와께서 내게 이런저런 삶을 주셨다. 그런데 오래 산다는 것은 젊은 시절의 삶이 대부분 사라지고 이제 주님이 새 삶을 주셨다는 뜻이다."

## 노화하는 몸

인간의 몸은 성장하고 약화하며 쇠퇴한다. 노화는 예상 가능한 신체적 제약을 수반한다. 연구에 따르면, 건강한 노년의 뇌는 여전히 잘 작동하더라도 속도는 느려진다고 한다. 우리의 뇌는 이전처럼 빨리 정보를 처리하지 않으며 고민하는 시간이 늘어난다. 이런 두뇌 기능의 변화는 우리가 느리게 움직이는데도 시간이 빨리 흐르는 것처럼 보이는 이유를 설명해준다. 문제를 해결하고 대안을 생각하는 유연성 역시 현저하게 떨어진다. 노화는 문제에 대한 접근 방식을 수정하거나 인생의 예상치 못한 변화를 쉽게 받아들이는 뇌의 능력에 부정적인 영향을 미친다. 동시에 여러 일을 처리하는 멀티태스킹 역량도 감소한다. 대부분 노인이 신체적, 정신적으로 회복하거나, 수술과 질병에서 회복하는 데 전보다 더 많은 시간이 걸린다. 더 쉽게, 더 자주 피로를 느낀다. 그러나 뇌 기능의 저하가 곧 정신적 불능을 의미하지는 않는다.

문제 해결 능력은 감소하지만 우리 노인들은 성공적인 노화를 위해 행동 변화를 시도할 수 있다. 그러므로 늙은 개에게 새로운 기술을 가르칠 수 있다고 믿으며 용기를 얻을 수 있다. 노화하는 신체는 육체성을 부정하는 가현설과 같은 신학들을 수정하고, 기독교 신앙의 구체적이고 성육신적인 속성을 받아들일 기회를 제공한다. 물리적 현실을 폄하하거나 부정하거나 피상적인 영지주의적 신학을 배격하는 것은 성육신 신학에서 나온 선물이다. 전능하신 하나님이 노화에 굴복하는 육신을 입으셨으므로, 우리 역시 신체적인 육신의 한계에 기쁘게 적응할 수 있다.

성공적인 노화를 위해 혁신을 추구하고 적응성이 뛰어난 사람이 될 필요는 없지만, 이런 자세가 도움이 되는 것은 사실이다. 심각한 낙상 사고로 더 이상 움직일 수 없어져 남의 손을 빌려야 하는 신세가 된 한 여성이 쾌활하게 웃으며 "이제 바뀐 생활에 적응하고 있어요"라고 말했다.

노화의 생리적 변화 중에는 세포의 수분 함량 감소와 더불어 근육 세포와 관련해 지방 세포가 증가하는 현상이 포함되며, 이것은 근육량의 감소와 탄력성 저하로 이어진다. 골밀도가 감소되어 뼈가 더 약해지고, 골절 위험성이 증가하며, 피부와 관절의 가동 범위와 유연성과 조직이 악화되어 염증, 골절, 관절염의 위험성이 높아진다.[15] 심혈관계의 변화는 일부 고령층의 건강에 심각한 영향을 미친다. 이런 생리적 변화는 노화에 따라 신체 능력이 저하되는 원인이기도 하지만, 또한 가벼운 신체

활동도 노화하는 신체에 크게 유익하다는 것을 의미한다.

건강 검진을 시작하거나 심지어 피부과 진단을 할 때도 의사들은 항상 가장 먼저 이런 질문을 한다. "지난 3개월 동안 넘어진 적이 있습니까?" 낙상은 치명적이든 그렇지 않든 노년층 부상의 주요한 원인이다. 매년 80만 명 이상의 노인이 낙상에 의한 부상으로 병원에 입원한다. 낙상 관련 부상으로 인한 사망률은 20퍼센트에서 30퍼센트의 높은 비율로 추정된다. 낙상의 공포는 노인들의 활동성을 저하시키는 주요한 원인이다.[16]

노화의 신체적, 물리적 측면을 살펴본다고 해서 그리스도인답게 사고한다는 목표에서 벗어나는 것은 아니다. 그리스도 안에서 하나님은 필연적으로 노화하는 인간의 몸을 입고 우리에게 오셨다. 예수 그리스도는 모든 면에서 몸을 가진 인간이 겪는 고통과 유혹을 경험하셨다(히 4:15). 두드러지는 예외가 있다면 33세 이후의 삶에 찾아오는 고통과 유혹은 경험하지 않으셨다는 것이다.

노화하는 몸의 생리적 변화를 노년의 한계와 장애로 여겨야 하는가? 아니면 65세 이후에 맞닥뜨리는 예측가능한 측면으로 보아야 하는가? 제임스 우드워드는 "건강이 어떠십니까?"라는 질문을 받을 때, 대다수 노년층이 스스로 "건강하다"고 판단한다는 흥미로운 사실을 발견했다. 그동안 살아온 인생의 어느 때보다 더 몸이 건강하지 않을 때도 마찬가지였다. 아마 이런 사람들은 건강에 대한 개념을 성공적으로 확장하고 수정해왔을 것이다. 그들은 신체 능력의 감퇴가 반드시 다른 능력의 감퇴로 이어지지는 않는다는 사실을 배웠고, 이런 감퇴가 모든 활동의 중단과 동의어가 아니라는 사실을 배웠다.

한 70대 노인이 교회 계단을 겨우겨우 올라가면서 "정말 필요하거나 원한다면 여전히 어디든 갈 수 있어. 단 에베레스트 산은 빼고 말이야"라고 농담을 던졌다.

건강과 웰빙 같은 개념들은 복합적이고 다차원적이며, 때로 서로 모순되는 경우도 있다. 사람들마다 '건강'에 대한 개념이 다르다. 웰빙에 대한 개념은 소비주의 사회에서 가치 있는 삶을 살 수 있다고 말하는 인생의 농간에 대한 일종의 해석에 불과하다. 우드워드는 노년을 부정하거나 회피하거나 노화에 따른 필연적인 정체성의 변화를 거부하는 시도는 허망하다고 말한다. 그는 또한 신체적 변화를 우리 존재의 일부로 수용할 수 있는 수준까지 도달할 수 있다고 믿는다.[17] 하나님은 우리의 늙어가는 몸과 정신이 잔인한 생물학적 운명이 아니라, 그분이 인간의 인생에 정해놓으신 방식으로 볼 은혜를 주실 수 있다.

노년층은 노화와 관련된 신체적 쇠락이 예상만큼 급격하지 않을 수 있고, 노쇠를 최소화거나 조금이라도 지연시킬 수 있는 수많은 방법이 있음을 보여주는 의학적 연구에서 용기를 얻을 수 있다. 이런 방법들은 신체 노화에 따른 유해한 결과를 지연하는 데 도움이 된다. 저칼로리 식단(몸이 처리하는 칼로리를 줄임), 운동(아예 하지 않는 것보다 더 낫다), 유해 물질이 없는 환경

조성(담배와 술을 끊고 낙상 위험이 있는 환경을 정리), 스트레스 관리, 과일과 녹황색 채소를 더 많이 먹고 육류와 소금과 설탕의 섭취량을 줄이는 노력이 이에 해당한다.

노인들은 다양한 식단 조절로 극적인 효과를 볼 수 있다는 연구 발표(매월 발표되는 듯 보임)를 다 맹신하지 않고 때로 의심하는 혜안을 보인다. 항산화제의 효과에 대한 결정적인 과학적 증거는 존재하지 않는다. 몸 안에 글루텐을 처리하는 효소가 없어서 생기는 셀리악병은 심각한 질병이다. 그런데 셀리악병 환자가 아닌 사람도 글루텐 섭취를 줄이면 훨씬 건강해진다고 믿는다. 글루텐 불내증의 다른 조건들에 대한 과학적 증거가 거의 없는데도 그렇다. 플라세보 효과는 실재한다. 케일을 먹으면 몸이 좋아진다고 느껴지는가? 그렇다면 반드시 케일을 먹으라.

게리톨(비타민과 철분 등이 함유된 영양 보조제)을 기억하는가? 게리톨을 매일 마시면 도움이 된다는 과학적 증거가 없지만, 수천 명의 사람이 여전히 건강에 도움이 된다고 믿는다.

1930년대에 실시된 실험 연구에서 다른 쥐들에게 준 칼로리의 절반을 먹인 쥐들은 모든 부분에서(상처의 치유와 바이러스를 제외한) 노화가 훨씬 느리게 진행되는 사실을 발견했다. 많은 연구자는 열량 제한이 실험실 동물의 수명을 늘린 단일 요인이라고 믿는다. 그러나 이것이 인간에게 현실적인 전략이라고 믿는 의사는 거의 없다.[18] 칼로리 제한이 인간 노화에 극적인 도움이 될 것인지 우리는 아직 모른다. 인간은 자발적으로 칼로리를 극적으로 제한할 의지력이 없고, 성경이 가르치듯이(창 3:6) 우리는 음식의 유혹에 쉽게 굴복한다. 모든 중년기 이후 성인이 절식이나 간헐적 단식으로 열량 섭취를 줄이면 좋다는 선에서 마무리하는 것이 가장 적절해 보인다.

정상적이고 예측 가능한 노화는 누구도 피할 수 없다. 인터넷에는 시간의 유린을 중단할 영양학적 열쇠를 발견했다는 주장들이 넘쳐난다. 이것은 과학적으로 검증되지 않았을뿐더러, 일방적인 주장일 뿐이다. 노화는 중단할 수 없다. 다만 그 속도를 어느 정도 늦출 수 있을 뿐이다. 그러므로 슈퍼 푸드의 효과에 대한 과장된 주장을 경계하는 것이 현명하다.

운동은 노년층의 몸과 정신에 긍정적인 영향을 미치지만, 마법 같은 효과가 있는 것은 아니다. 꾸준하고 적절한 운동은 장수에 영향을 미치기보다 노년의 삶의 질을 개선하는 데 도움을 준다. 몸을 적절히 사용하지 않으면 신체의 노화가 가속화된다. 운동한다고 해서 노화를 통제하거나 중단할 수는 없다. 하지만 신체적이고 정신적인 감퇴의 기울기와 속도는 늦출 수 있다.

식단을 관리하고 운동하는 목표는 수명 연장이 아니다. 건강하게 살아가는 기간을 늘리고, 병상에 누워 있는 시간을 줄이는 것을 목표로 삼아야 한다. 장수하는 삶에서 더 중요한 요소는 운동 그 자체라기보다는 질병이다. 암을 이기면 미국인의 평균 수명보다 3, 4년 더 살 수 있다. 심장병을 완치하면 6, 7년을 더 살 수 있다. 장수와 관련하여 유용한 연구 결과를 소개하고

자 한다. 90세 이후까지 장수하는 사람들을 보면, 건강에 관한 정보에 매달리지 않고 인생 막바지에 잠깐 동안만 요양원 생활을 하다가 빨리 세상을 떠난다는 것이다.[19]

스트레스는 고령층의 건강에 부정적인 영향을 미친다. 하지만 스트레스가 전혀 없는 경우 사회적, 신체적, 정신적 비활동성으로 이어지므로 유해할 수 있다. 노인에게 스트레스가 될 모든 원천을 모조리 차단하는 것은 현명하지 않다. 특히 타인과의 정상적인 상호 작용으로 생기는 스트레스가 여기에 해당한다. 스트레스는 잘 관리하여 삶에 적절한 자극을 준다면 유익하다. 이를테면 우리가 계속 헌신하고, 활발하게 활동하고, 사람들과 관계를 누리도록 자극하는 요인이 될 수 있다.

최근에 한 여성이 이렇게 말했다. "내 나이가 60인데 손자 둘을 키워야 해서 원하든 원치 않든 내 수명이 10년 더 늘어났습니다." 그녀의 말은 일리가 있다.

뇌 유연성에 관한 흥미로운 연구에 대해 들어본 적이 있는가? 이 연구는 변화하는 환경과 그 환경이 요구하는 것에 뇌가 어떻게 발전하고 반응하는지를 다룬다. 두뇌에 관한 연구들은 뇌 발달이 노년까지 계속 이어질 수 있음을 보여주는데, 우리는 이 점에 주목해야 한다.[20] 그러나 이런 일은 적절한 자극이 없이는 일어나지 않는다. 유익한 자극이란 단순히 두뇌 훈련 게임을 하는 것에 국한되지 않는다. 이런 훈련에 대해서는 아직 많은 긍정적 효과가 검증된 바가 없다. 두뇌를 자극하는 가장 좋은 방법은 타인과 교류하고 사람들에 대해 책임을 지는 것이다. 예를 들어, 자의든 타의든 두 손자를 키우기 위해 뇌를 사용할 수밖에 없었던 할머니나, 원하든 원치 않든 "누가 누구에게 불만이 있거든 서로 용납하여 피차 용서하되 주께서 너희를 용서하신 것같이 너희도 그리하고"(골 3:13)라는 말씀대로 살아야 하는 그리스도인의 경우가 그에 해당한다.

우드워드는 성공적으로 늙기 위한 방법에 대해 실제적인 조언을 하며 책을 마무리한다. "새로운 것을 배우고, 다른 사람이 될 기회를 놓치지 말며, 죽음을 대비하라."[21]

우드워드의 성공적인 노화의 비결에서 빠진 것이 무엇인지 알아차렸는가? 바로 하나님이다.

그리스도인이 성공적으로 나이 들어가기 위해 필요한 자극은 적극적인 제자도, 소명의 헌신, 봉사, 안식일과 같은 수단을 통한 하나님과의 교제다. 교회는 성도가 과도하게 자신에게 집중하도록 조장해서는 안 된다. 교회가 굳이 손을 보태지 않더라도 오늘날의 문화에는 이런 자극이 넘쳐난다. 또한 교회는 누구에게도 신앙을 적극적으로 증언하는 책임을 면제해주어서도 안 되고, 노화의 정상적인 고통과 어려움을 마치 부당한 일이나 일종의 순교를 당하는 것처럼 취급해서도 안 된다.

교회는 모든 연령대의 사람들에게 노인을 하나님이 주신 자원으로 바라보도록 가르쳐야 한다.[22] 다른 사람의 필요를 책임지는 기쁨을 아직 경험하지 못한 청년들에게 노인을 돌보는 일은 하나님이 맡기신 소명의 한 측면일 수 있다. 노년층에게 늘어난 수명은 이전에는 모르고 지나갔던 인생의 축복을 누리도록 하나님이 주신 기회일 수 있다. 또한 하나님의 백성이 인생의 어느 계절에 있든지, 심지어 신체의 쇠락과 고통과 질병으로 시달리는 시기에도 예수 그리스도를 신실하게 섬길 수 있음을 증언할 기회가 되기도 한다.

백발은 종종 지혜의 상징으로 여겨진다. 한 젊은 여배우의 인터뷰가 기억에 남는다. 90세의 노장 감독의 영화에 출연하려는 이유를 묻자 그녀는 이렇게 대답했던 것 같다. "클린트 이스트우드의 주름이나 세월을 견뎌낸 얼굴은 인생에서 그가 얼마나 많은 것을 배웠는지 보여줍니다."

노화에 관한 연구들은 긍정적인 마음가짐을 가꾸는 것이 중요함을 강조한다. 물론 긍정적으로 사고한다고 해서 노년의 가난과 고통 혹은 신체적, 정신적 건강의 악화를 되돌릴 수는 없다. 많은 독자의 사랑을 받은 리차드 로어의 『위쪽으로 떨어지다(Falling Upward)』에 대해 내가 우려하는 바가 바로 이런 점이다. 노화를 다룬 로어의 재기 발랄한 자기 계발서는 낙관적인 사고방식이 성공적인 노화를 좌우한다고 말한다. 이것은 자신을 통제하려는 욕구를 부추긴다. "인생 후반부에서 당신을 지켜줄 사람은 오직 당신뿐이다. 용기와 인내심이 없거나, 상상력이 부족하지 않다면 누구도 두 번째 여행을 막을 수 없다. 이 두 번째 여정을 시작하든지 피하든지 오롯이 당신 몫이다."[23] 긍정적 사고의 신봉자였던 노먼 빈센트 필(Norman Vincent Peale)의 부활을 본 것 같았다.

70세이지만 25세의 몸과 두뇌를 지녔다는 거짓말을 자신에게 되뇌이며 노화에 따른 과제들을 받아들이지 않는다면, 노화 때문에 찾아온 모든 어려움이 마치 내 잘못이며 긍정적인 태도를 취하지 못한 탓이라고 자책할 것이다.

활기차고 상냥한 노인을 성공적인 노화의 모범으로 찬양하는 등 긍정적인 면만 묘사하는 경우가 있다. 우리는 이와 같이 노화에 관해 밝은 면만 부각하는 주장을 다음과 같은 사실을 인정함으로써 거부해야 한다. 즉, 복된 노년의 삶은 노인이 스스로 노력하여 얻지 못할 물질적이고 상황적인 요인으로 결정된다는 점과, 노년층 대다수가 이런 요인들을 누릴 수 없다는 사실을 인정해야 한다. 그리스도인이 인생을 지나치게 즐긴다면, 건강과 부를 누리는 축복을 받지 못한 사람들의 곤궁함에 무관심하다는 증거일 수 있다.[24]

비교적 도덕성에 덜 얽매이면서 현실적으로 인생의 '후반부 여정'을 시작하고자 하는 사람에게 추천하고 싶은 책이 있다. 바로 메이 사튼(May Sarton)의 우울하지만 짧고도 강력한 책 『지금 우리 모습대로』(*As We Are Now*)이다. 소설의 주인공인 76세 캐롤린 스펜서는 가족에 의해 집에 감금당한 채 리어 왕처럼 노인들을 위한 강제 수용소나 다름없는 곳에 갇혀 있다고 격분한다.[25] 캐롤린은 노화의 여정이 직접 당도해서야 이해할 수 있는 낯선 미지의 땅을 방문하는 것과 같다고 말한다.

로어는 인생 후반부 여정에서 어떤 길을 선택하든 모두 우리의 몫이라고 주장한다. 이런 메시지는 독립적이고 부유하며 통제를 즐기는 소위 특권층이 듣기 좋아한다. 우리는 순전히 자기 의지로 내 인생의 모든 장애물을 극복할 수 있는 존재라고 생각하고 싶어 한다. 하지만 주체적 삶과 독립성이 대부분 우리의 개인적 덕목이 아닌 경제적, 교육적, 사회적 특권으로 얻은 것임을 간과한다. 그리스도인의 현재 모습은 하나님이 주신 선물에서 나온 것이다. 우리는 하나님의 백성이다. 교회는 로어의 책과 다르게 접근해야 한다.

로어는 인생 후반기를 고요하고 평온한 시간을 누리며 장밋빛 미래가 펼쳐지는 시기로 그린다. 너그럽고 현명한 사람들 덕분에 각자 타고난 선량함이 발전할 수 있고, 잘못된 태도를 지닌 신랄한 노인들을 배제할 수 있다고 말한다. 그는 인생 후반기 (융에게서 차용한 용어)가 인생의 '절정에 해당하는' 시기이자, 빛나고 밝은 시선으로 모든 세상을 넉넉하고 따뜻하게 내려다볼 수 있는 정상에 선 것과 같다고 말한다. 전적으로 사회 보장 제도의 혜택에 의존해서 사는 신세가 아니라면, 노년기는 인생의 최절정기라고 생각하기 쉽다.

하지만 로어의 긍정적인 사고를 공정하게 평가해보자. 신체적, 재정적으로 무능하고 장애가 있는 사람들도 낙천적이고 긍정적인 기질을 함양함으로 도움을 받을 수 있다는 증거가 많다.

행복의 핵심 요소는 자기 인생에 대한 최소한의 통제력을 갖고, 자신이 독립적이고 주체적이라는 의식을 소유하는 것이다. 우리는 재정이나 건강을 완벽하게 통제할 수는 없지만, 태도는 조금이나마 조정할 수 있다. 로어는 사고방식과 일반적인 기질이 노화를 받아들이는 방식에 변화를 가져다줄 수 있다고 믿는다. 그의 생각이 옳다면 교회, 즉 우리의 상상력을 자극하고 지지하며, 우리의 성향과 욕망이 형성되고 개혁되며 고양되는 곳으로서 교회가 맡은 역할이 있을 것이다. 내가 속한 교회에서 로어의 책을 그렇게 열렬히 받아들이는 이유가 여기에 있을 것이다.

### 그랜트 연구

그랜트 연구(Grant Study)는 1947년에 1948년도 하버드 대학 졸업생을 연구하는 것으로 시작되었다. (당시는 남성만 하버드에 입학했다.) 연구원들은 거의 평생에 걸쳐 이 주제를 반복해서 연구했고, 그렇게 대학을 졸업한 남성들에 대한 가장 철저하고 중요한 종단 연구의 결과물을 얻게 되었다. 조지 베일런트(George Vaillant)는 활발하게 출판 활동을 하는 다트머스 대학의 정신과 의사로서, 연구 자료를 발굴하고 여전히 생존해 있는 그랜트 연구의 실험자들(당시 80대)을 인터뷰하여 남성의 성공적인 노화와 관련된 요인을 확인했다.[26]

베일런트는 성공적인 노화의 목표를 "죽음의 황폐함에도 인간적 고귀함을 잃지 않는 것"[27]이라고 정의한다. 베일런트가 지적하듯이 죽음을 눈앞에 둔 모든 이의 과제지만, 성공적인 노화는 유한한 인생이 마지막까지 훌륭하고 옳을 수 있음을 보여준다.

그랜트 연구는 인생 마지막 10년의 정서적 안녕에 안정적 결혼 생활이 긍정적으로 기여함을 보여준다. 베일런트는 결혼 생활을 통해 우리의 본능적 나르시시즘을 공감과 사랑으로 어느 정도 극복할 수 있으며, 우리의 방어 기제와 사회적 지능이 개선될 수 있다고 지적한다. 아마 이런 지적은 교회의 주장, 곧 서로 사랑하는 가장 좋은 방법이 '기쁠 때나 슬플 때나 부유할 때나 가난할 때나 아플 때나 건강할 때나' 젊어서나 늙어서나 한번 한 약속을 지키는 것이라는 주장을 뒷받침할 것이다.

그랜트 연구는 알코올 중독이 노화하는 신체에 해를 끼친다고 지적하며, 절제의 미덕이 생물학적으로 효과가 있음을 보여주었다.

또 그랜트 연구는 나이가 들면서 안정감의 변화뿐 아니라 성격이 놀라울 정도로 변화하는 것에 주목한다. 인생 과정이 자아를 형성하고, 자아는 인생 과정에 영향을 미친다. 상호 충돌하는 기제들은 노인이 긍정적인 방향으로 사고와 정서적 측면에서 적응 능력을 발휘하게 해준다. 오랜 습관과 사람들과 관계하는 방식은 바뀔 수 있다. 야심만만하고 고압적이었던 사람이 노년에 더 평온하고 사색적인 사람이 될 수 있다. 혼자 있기를 좋아하던 사람이 공동체와 어울리는 진취적인 성향으로 바뀌고, 다른 사람과 어울리는 시간을 낼 수 있다.

리어 왕을 보면 어떤 연령대의 사람이든 실제적인 인성의 변화가 드물다는 사실을 깨달을 수 있다. 하지만 그랜트 연구 참가자들은 일부 고령층이 변화된 환경에 잘 적응하기 위해 기질적으로 변화할 수 있음을 보여준다. 때로 노년층은 자신보다 젊은 집단의 기준에 계속 부응하고 싶다는 열망 때문에 변화하기도 한다. 자녀나 손자와 속을 터놓고 교류하고자 현대적 생활 방식에 맞게 스스로 그 방식을 수정하는 것이다. 베일런트는 젊은 집단과 소통하는 방식이 변하면 노인에게 큰 영향을 미칠 수 있다고 주장한다. 교회에 다니는 것이 좋은 또 다른 이유가 바로 이 때문이다. 교회는 많은 사람에게 전 세대가 상호 교류할 수 있는 귀중한 기회를 제공한다.

때로 노년의 시기에는 특정한 삶의 요구와 가족에 대한 책임감으로 억눌러왔거나 외면했던 성격의 일면을 표출할 자유가 생긴다. 늘 자녀에게 모범을 보이며 정돈된 모습을 보였던 어머니가 노년에 더 수용적이고 재미있게 살 수 있다. 늘 가족과 함께할 시간이 없이 바쁘게 살았던 아버지가 이제 더할 나위 없이 완벽한 초등학교 자원봉사자로 봉사할 시간을 낼 수 있다. 적응력, 유연성, 창의성은 인생의 마지막 4분의 1을 성공적으로 살아내는 데 필요할 뿐 아니라 살아 계신 하나님을 섬기고 예배하고자 열망하는 이들에게도 꼭 필요하다.

잘 모아놓은 자산도 성공적인 노화에 도움이 된다. 그랜트 연구에 따르면, 상대적으로 부유한 사람과 가난한 사람의 마지막 몇십 년이 두드러지게 다르다는 점을 알 수 있다. 부유한 사람은 가난한 사람보다 장수하며 매일의 염려에서 벗어날 수 있다. 엘리자베스 여왕이 장수한 이유는 그녀의 절제된 생활 방식 때문이라기보다 왕궁의 넉넉하고 풍족한 생활 덕분일 수 있다.

성공적인 노화는 지적 호기심, 성장과 연관이 있다. 루엘 하우(Ruel Howe)는 우리는 그저 늙어가는 것이 아니며 오히려 "성장하기를 멈출 때 늙는다"[28]라고 신랄하게 지적한다. 인생의 마지막 수십 년 동안 신체가 쇠약해지고 여러 능력을 상실한다. 하지만 더 활발히 사회적 교류를 할 수 있고 왕성한 지적 호기심을 기를 수 있으므로, 이를 과히 노화의 역설이라 할 수 있다. 로드 스콜라(Road Scholar, 평생 교육을 지향하는 비영리 단체)와 오셔 평생 교육 기관(OLLI, Osher Lifelong Learning Institute)에서 진행하는 프로그램을 보면, 노년층을 대상을 한 여행, 평생 학습이라는 시장이 커지고 있음을 알 수 있다. 역설적이지만 미래의 삶이 별로 남지 않은 우리 노년은 종종 성장과 연구에 더 많은 시간을 투자하고 더 긴박감을 느낀다. 아내 팻시는 70세가 되자 "오페라를 더 배우고 싶은데, 그러려면 지금 당장 시작해야 할 것 같아요"라고 말했다.

베일런트는 교육이 노화에 영향을 미치는 중요한 요인이라고 말한다. 배우는 내용 때문이 아니라 높은 교육 수준의 성취가 오래 참을 수 있는 태도와 목표 설정에 대한 능력이 탁월하다는 증거이기 때문이다. 특히 독서에 대한 관심과 능숙함은 잘 나이 들어가는 데 기여한다.29 높은 교육 수준은 긍정적인 자기 존중으로 이어질 수 있다.

베일런트는 정치적으로 자유주의자는 보수주의자보다 노화의 도전을 쉽게 수용한다고 주장한다. 자유주의자는 사상을 더 유연하게 수용하고, 청년 세대의 행동을 좀 더 허용하는 태도를 보이기 때문이다. 그랜트 연구에 따르면, 자유주의자는 교육 수준이 높은 어머니를 둔 경우가 많았고, 대학원에 진학할 확률도 더 높았다. 또 창의성을 발휘하고 승화를 방어 기제로 사용했다(섹스와 같은 본능적 행위를 교육처럼 고차원적이고 사회적으로 생산적인 활동으로 전환하는 것). 보수주의자는 새로운 것에 경계심을 보이기는 하지만, 더 많은 돈을 벌고 스포츠에 적극적이며, 자유주의자에 비해 종교에 심취하는 경우가 두 배 더 높았다. 이 모든 것은 노화에 도움이 된다.30

베일런트는 우리가 중요하다고 생각하는 요인이 큰 영향을 미치지 않는 것을 보고 상당히 충격을 받았다. 장수하는 조상을 둔 것이나 유전적 요인은 대중에게 널리 알려진 지혜("부모를 현명하게 선택하라")가 암시하는 것처럼 중요한 요인이 아니었다. 인생 초기의 심신성 장애(Psychosomatic distress)는 장수에 기여하지도 장수를 방해하지도 않았다.31 높은 콜레스테롤 수치도 중요하지 않은 것 같다. 베일런트에 따르면, 어두운 어린 시절도 성

공적인 노화에 영향을 미치는 중요한 요인은 아니었다.³²

건강한 노년을 예견할 수 있는 8가지 요인을 소개하면 다음과 같다. 젊은 시절에 흡연하지 않았거나 금연에 성공한 경우, 적응과 대처 능력이 뛰어남(가엾은 리어 왕), 성숙한 방어 기제, 알코올에 중독되지 않는 것, 적절한 몸무게 유지, 안정적 결혼 생활, 적절한 운동, 일정 기간 고등 교육을 받는 것이다. 베일런트는 또한 주체성을 강조한다. "노년까지 왕성하게 활동하며 살 수 있을지는 우리의 별이나 우리 유전자가 아니라 우리 자신에게 달려 있다." 마치 로어의 말을 듣는 듯하다.³³

그랜트 연구와 같은 조사에 자극을 받고 성공적 노화에 물리적 요인 못지않게 사회적 요인이 중요할 수 있다는 자각이 점점 높아지고 있다. 심리적, 사회적 환경으로 인한 자극은 노년층에 긍정적인 영향을 미친다. 젊은 집단과의 교류가 중요하다. 성공적 노화에 필요한 신체적, 지적, 사회적 연결 작업을 시작하기에 너무 빠르지도 늦지도 않았다.

### 통제 밖에 있는 노화

그랜트 연구를 바탕으로 쓴 베일런트의 글을 보면, 노화와 관련된 도전 중 하나가 우리 통제 밖에 있는 인생의 수많은 부분에 대처하는 것이라는 인식이 시종일관 드러난다. 우리가 아무리 열심히 노력하고, 신중하게 식습관을 살피며, 많이 공부해도, 우리 인생의 많은 부분은 유전적으로나 신체적으로 그리고 정서적으로 이미 결정되어 있다. 인생을 개인적인 프로젝트이자 스스로 구축하는 것으로 생각하기를 좋아하는 미국인들이 특별히 달가워하지 않을 진실이다.

그동안의 경험에 비추어볼 때, 노화에 따른 통제 상실이 더 큰 도전이 되는 경우는 1) 교인들의 애정과 우정을 아낌없이 받던 목회자였을 경우, 2) 권위와 능력을 스스로 획득한 것이 아니라 교단에서 부여받았을 경우, 3) 작업 일정을 자기 재량으로 결정하는 작가였을 경우, 4) 평생 신체와 정신 건강을 누려왔을 경우, 5) 필요하거나 원하는 것은 무엇이든 살 수 있는 경제적 여유가 있었던 경우다.

베일런트는 성공적인 노화와 관련해 종교의 역할을 크게 인정하지는 않았지만, 나는 인생의 통제력을 상실하고 있다고 느끼는 노년층에게 기독교 신앙이 긍정적 영향을 미친다고 인정한다. 그리스도인의 삶을 인생의 통제권을 내드리는 훈련이라고 생각해보라. 우리 인생은 우리 것이 아니다. 우리 자신의 의미를 스스로 만들어낼 필요가 없다. 우리의 현재 모습이나 우리가 이룰 소명이나 존재 의미는 개인적으로 성취해야 할 일이 아니라 하나님이 주시는 선물이다. '내가 그동안 살아온 인생이 무슨 의미가 있는가?'라는 질문에 '하나님만이 아신다'라고 대답할 수 있기에 자유를 누릴 수 있다.

노화에 따른 전형적인 상실, 통제력 상실감은 "돌이켜 어린 아이들과 같이 되지 아니하면"(마 18:3) 하나님의 나라에 들어갈 수 없다는 예수님의 독특한 말씀을 다시 곱씹을 기회가 된다. 많은 노년이 어린 시절처럼 취약하고 도움이 필요한 상태로 퇴행하는 것은 우리가 결정한 일이 아니라 우리에게 주어진 인생의 한 모습임을 알게 된다. 오래 살면 누구나 언젠가는 왜소해지고 취약해지며 통제권을 상실하게 된다. 분명히 기분 좋은 일은 아니다. 하지만 예수님의 말씀대로 우리의 이런 왜소함과 연약함 때문에 오히려 하나님 나라를 사모하게 된다.

일부 노인이 스스로 인생을 중단하려고 시도하거나 누군가에게 그 일을 부탁한다고 해서 새삼 놀랍지 않다.

교황 요한 바오로 2세는 노년에게 보내는 편지에서 안락사의 문제를 다루었다. 교황은 이렇게 탄식했다.

> 최근에 안락사에 대한 개념이 등장했습니다. 생명을 존중하는 사람이라면 당연히 충격받을 일이지만, 그런 사람이 그리 많지 않습니다. 분명히 위중한 병으로 견딜 수 없는 고통에 시달릴 때 절망하기 쉽고, 그들을 사랑하는 가족이나 돌볼 책임을 맡은 사람들이 잘못된 동정심으로 '안락한 죽음'을 합리적인 해결책이라고 느낄 수 있습니다. 여기서 우리는 도덕법은 '공격적인 의료 치료'[34]를 거부하는 것을 허용하며, 정상적인 치료 요건에 해당하는 치료 형태만 의무화하고 있음

을 꼭 명심해야 합니다. 불치병의 경우 주로 고통을 경감하려는 노력을 해야 합니다. 그러나 직접 죽음을 야기하는 안락사는 의도와 환경에 상관없이 항상 본질적으로 사악한 행위이며, 하나님의 율법에 대한 위반이고 인간의 존엄성에 대한 모독입니다.35

개인적으로는 안락사를 이렇게 가혹하게 비난해야 하는지 확신이 서지 않지만, 안락사 때문에 우리 생명을 자의적으로 사용해도 되는 우리 소유라는 거짓에 놀아나게 될 수 있다는 점도 사실이다. 물론 역설적으로, 당연히 죽음은 생명 못지않게 우리 통제 밖에 있다. 우리가 더는 살 가치가 없고, 생명을 이어가는 것이 남들에게 의미가 없어지는 시기를 우리가 스스로 판단해도 되는가? 우리 생명을 끝낼 방법을 결정할 권리가 우리에게 있는가? 수명 종료 지침이나 세밀한 장례식 사전 계획, 유산 분배도 마찬가지다. 이런 관행이 우리의 유한성과 직면하는 건강한 태도의 증거일 수 있다. 하지만 이것은 우리가 완전히 통제를 상실하는 정확한 시기를 스스로 정할 수 있다고 착각하게 하지는 않는가? 리어 왕을 기억하라!

그럼에도 토마스 무어(Thomas Moore)가 지적하듯이 "노화는 행위다. 우리에게 일어나는 어떤 일이 아니라 우리가 행동하는 어떤 것이다. 제대로 나이가 들면(능동사) 우리는 주도적으로 행동하게 된다. 더 나은 사람이 된다. 그런데 수동적으로 나이를 먹어간다면…시간과 무익한 싸움을 계속하기 때문에 불행해질 것이다."36

베일런트는 통제력을 상실하는 와중에도 우리 삶에서 주체성을 발휘할 수 있는 현명하고 창의적이며 성숙한 방어 기제를 발휘하는 방식을 소개한다. 이타적 태도, 기대, 유머, 승화, 부정적 감정을 제어하면 성공적인 노화에 긍정적이고 강력하게 작용할 수 있다. [베일런트는 대처 기제의 중요성에 대한 명저 『행복의 지도』(*The Wisdom of the Ego*)를 썼다.37] 이런 방어 기제들은 우리가 통제할 수 있다는 신화로 선동하지 않고, 인생의 과제를 받아들일 능력과 탄력성을 높이는 데 도움이 된다. 우리에게 찾아오는 시련을 통제할 수는 없지만, 노화로 생기는 싸움에 대한 반응은 선택할 수 있다.


### 후회

시인 T. S. 엘리엇(Eliot)은 노화의 세 가지 병을 말한다. 그것은 몸의 병, 세상의 병 그리고 "그동안 저지른 모든 잘못이나 다른 사람에게 끼친 해를 끊임없이 다시 떠올리며 찢어지는 고통"을 느끼는 과거라는 병이다.38

일부 노년층은 가보지 않은 인생길과 가지 말았어야 할 인생길, 단절된 관계, 후회막심한 인생의 선택들로 인해 회한에 사로

잡힌다. 후회를 다루려면 하지 말았어야 했던 일이나 꼭 해야 했지만 안 했던 일을 어떻게 받아들일지 결정해야 한다. 슬픔의 강도는 종종 우리 인생에 일어나기를 바라는 일과 실제로 일어난 일의 간극이 어느 정도인가에 달려 있다.

때로 후회에 대한 최선의 해결책은 일어나기를 바라는 일의 좋은 점과 나쁜 점을 찾아보는 것이다. 반드시 이루어야 한다고 생각했던 소중한 성취를 다른 관점으로 바라보고, 간절히 원하던 목표가 사실 그렇게 가치 있지는 않았다는 식으로 새롭게 판단을 내릴 수 있다. 이렇게 부정적인 면과 긍정적인 면을 대입해 보는 방식은 과거에서 헤어나지 못한 채 후회의 늪에 빠지지 않도록 지켜줄 수 있다.

그리스도인의 경우, 후회와 자책을 다루도록 하나님이 주신 선물은 우리가 저지른 실수에 대해 이렇게 상반되는 가치를 살펴보려 노력하는 수준을 넘어선다. 거의 매 주일 목사는 '전능하신 하나님께 우리 죄를 고백하라고' 우리를 초청한다. 주님의 제단 앞에 누구나 후회라는 무거운 짐을 내려놓으라고 초청한다. 예수님은 원수를 용서하라고 명령하셨다. 그런데 아무 실수나 실패 없이 완벽한 인생을 사는 것은 불가능하다. 이렇게 살고자 하는 욕망이 우리의 가장 큰 적이다.

## 하나님이 주신 인생을 사랑하는 법 배우기

성공적인 노화의 비결은 행복한 삶에 필요하다고 생각한 것을 하나님이 주시지 않았다는 원망과 후회에 맞서, 그분이 허락하신 삶을 긍정하는 법을 배우는 데 있다. 랍비 아브라함 헤셸(Abraham Heschel)이 말한 대로 노화는 "패배가 아니라 승리며 형벌이 아니라 특권이다."[39]

목표 지향적인 사람이라면 당장의 쾌락과 만족을 미래로 미루는 데 익숙할 것이다. 그러나 그러다가 어느 날 잠에서 깬 뒤 살아야 할 날이 줄어들고 있다는 사실을 발견한다. 살아야 할 날보다 산 날이 더 많은 것이다. 성공적인 노화를 위해서는 원하는 목표가 성취되었는지 혹은 소중한 관계가 유지되었는지 여부와 상관없이, 현재의 삶에 충실할 수 있는 비결을 발견해야 한다. 특정한 인생 과제에 과도하게 몰입하면 후회하기 쉽다. 그러므로 많은 사람은 목적을 이루기 위한 수단이 아닌 경험, 곧 목표에 얽매이지 않는 경험으로 기쁨을 누리는 법을 배워야 한다. 여행을 가거나 파티에 참석하거나 스포츠 경기로 땀을 흘리며 얻는 기쁨은 순수하고 자유롭게 오직 그 순간만을 즐길 뿐 다른 상위의 목표나 목적이 필요 없다.

노화는 목표 지향적인 사람들에게 관조하고 사색할 기회를 준다. 머리가 명석한 존 스튜어트 밀(John Stuart Mill)은 조숙한 아이였다(3세에 헬라어를 습득했다고 한다). 그런데 밀은 20대 후반에 신경 쇠약에 걸려 모든 야심을 포기할 수밖에 없었다. 그는 스스로 '내 야심대로 이루어진다고 행복할 수 있는가'라고 물었다. 그리고 원하는 목표를 이룬다고 꼭 만족하게 되는 것은 아님을 깨달았다. 밀은 야망으로 인생의 가치를 결정하는 시도를 중단하고, 순간을 누리며 자신에 주어진 삶을 향유하기 시작했다.[40]

우리는 인생 말년에 이르러서야 우리의 야심이 다 실현되지 못한다는 사실과 가장 즐기는 것을 일부라도 포기해야 한다는 것을 깨닫는다. 하지만 인생의 이 시기는 삶이 단순해지고 여러 제약을 받는 시기일 뿐 아니라 관심의 영역이 확대되고 이전에 즐길 수 없었던 기회를 누리는 시기이기도 하다. 본질적인 일에 집중함으로써 기본으로 돌아가거나 하나님이 우리에게 늘 원하셨던 모습으로 성장할 마음이 있는가? 은퇴로 주어진 자유를 이용해 어떤 이들은 버킷 리스트를 이루어나간다. T. S. 엘리엇이 말한 대로 "노인은 탐험가가 되어야 한다."[41]

단순성은 노인의 주요한 덕목이 될 수 있다. 야망을 좇고 재산을 모으며 축적하는 데 마음이 쏠려, 인생이 혼란스럽고 복잡해질 때가 적지 않다. 노년이 되면 복잡한 삶을 정리하고, 간편하고 기본적인 삶에 충실할 수 있으며, 자유롭게 본질적인 것을 회복하는 데 집중할 수 있다. 윌리엄 메이(William May)는 『환자의 시련』(The Patient's Ordeal)에서 예측할 수 있고 익숙한 것에 대한 사랑의 표현인 의식이나 의례가 노년의 삶을 특징짓는다고 말한다. "단순히 기억이 익숙하고 반복적인 틀 속으로 사라지기 때문이 아니라, 순례자가 마침내 가벼운 여행을 배우고 단순한 진리와 단순한 선물에 따라 살게 되었기 때문이다."42 미가 선지자는 기본에 충실한 사람을 다음과 같이 묘사한다.

> 사람아 주께서 선한 것이 무엇임을 네게 보이셨나니 여호와께서 네게 구하시는 것은 오직 정의를 행하며 인자를 사랑하며 겸손하게 네 하나님과 함께 행하는 것이 아니냐(미 6:8).

우리 교회에서 초청한 강사가 잉여 재산을 처분하고 더 단순하게 사는 삶의 기쁨을 강조하는 강의를 한 후 노년부의 한 성도는 이렇게 증언했다. "저는 성인이 된 이후로 재산을 모으고, 무엇인가를 수집하고 사고 보유하는 일에 대부분 시간을 허비했습니다. 그러던 중 주님은 그 모든 것을 제게서 거두어가시는 것이 필요하다고 생각하셨고, 제 인생은 극적으로 단순해졌습니다. 이제 양로원의 작은 방에서 자족하며 매일 충실하게 살다 보니 얼마나 행복한지 저 자신도 놀랍니다. 하나님은 그동안 제가 계속 이런 간소한 삶을 살기를 원하셨던 것이 아닌지 되돌아보게 되었습니다."

소포클레스는 성욕을 잃어버린 것을 되돌아보며 "악랄한 주인에게서 벗어난 노예와 같이 홀가분하다"43라고 말했다. 노화를 생리학적 쇠퇴가 아닌 다른 시각에서 본다면 특별한 자유를 만끽할 기회로 볼 수 있다. 우리 인생을 심각하게 괴롭히는 성욕은 나이가 들면서 잠잠해질 수 있다. 또한 명성에 대한 욕망과 더불어 출세의 욕망에서 자유로운 자신을 볼 수 있다. 사람들에게 아부하거나 이름을 알리고 싶은 욕망이 약해지는 것이다. 성인으로서 감당해야 했던 많은 책임의 부담에서 벗어나 이제 노화를 인생의 마지막 위대한 모험으로 바라보고, 삶을 최대한 즐기는 능력을 기를 수 있다. 놀이성(playfulness)의 장점에 대한 연구는 아직 그렇게 많지 않지만, 현재 있는 자료에 비춰볼 때 "인생 말년의 놀이성은 인지적, 정서적, 사회적, 심리학적 기능의 향상을 선사하며, 건강하게 늙어가게 한다."[44] 드디어 과도한 자기 관심이나 생산성을 높여야 할 필요에서 벗어나, 좋아하는 취미에 집중할 시간이 생긴다. 또 빨간 모자 협회(Red Hat Society, 50세 이상 여성을 대상으로 시작해 지금은 전 연령의 여성이 참여하는 사교 단체-역주)에 참석하거나 청년기 때 절제했던 것을 보상할 시간도 생긴다.

 80대 한 노부부가 결혼 예비 상담 모임에서 이렇게 털어놓았다. "첫 결혼에서는 사랑도 중요했지만 책임감도 중요했어요. 그런데 이제는 오직 사랑 때문에 결혼합니다."

 나는 그들에게 이렇게 말했다. "두 분의 관계는 10대에게서 볼 수 있는 무책임하고 무모한 사랑을 뛰어넘으시는군요. 놀랍습니다."

 영화 "대부"(The Godfather, 1부)는 말런 브랜도(Marlon Brando)

가 연기하는 잔인한 마피아 두목이 정원에서 어린 손자와 한가로이 게임을 하는 장면으로 마무리한다. 돈 콜레오네는 부도덕하게 산 악인이었지만 평온한 죽음을 맞이한다. 작가 톰 로빈슨(Tom Robbins)이 표현한 대로 "행복한 유년 시절로 돌아가기에 절대 늦지 않았다."45

12세기 중국 시인 루 위(Lu Yu)는 "유유자적함을 즐기며 쓰다"(Written in a carefree mood)라는 시에서 노년을 내면의 아이를 회복하는 시기라고 말한다. 그는 바로 자신이 그랬던 것처럼, 거의 70세가 된 노인이 어떻게 소년처럼 행동할 수 있는지 묘사한다. 그는 '다 찢어진 책'을 팔에 끼고 학교로 향하다가 "산 열매를 발견하고 기뻐서 탄성을 지른다."46

서머싯 몸(Somerset Maugham)은 자신의 회고록 『서밍업』(The Summing up, 64세에 지음)에서 노년은 혈기왕성한 시절에 우리를 괴롭혔던 욕망에서 벗어날 수 있는 시기라고 지적했다. "노년에는 그 자체의 기쁨을 누릴 수 있다. 젊은 시절의 기쁨과 차이는 있지만 절대 그에 못지 않은 기쁨이다."47 메리 파이퍼(Mary Pipher)는 "노년층은 말로나 몸으로 애정 표현하기를 좋아하지만, 젊은이와 달리 사랑이 필요 없다는 착각은 하지 않는다"48라고 말했다.

젊은 친구들이 특별히 기여하고 성장할 수 있는 위치에 설 때 우리도 흔쾌히 격려함으로써 기쁨을 누릴 수 있다. 그들을 여러 모로 도와주고 지원해왔고 이제 인생 후배들의 성취를 함께 기뻐할 수 있다. 염려와 무거운 책무의 짐에서 조금씩 벗어나 이제 드디어 길을 멈추고 장미꽃 향기를 맡을 여유가 생겼다. 더 의미 있고 중요한 문제에 집중할 시간과 세계를 얻게 되었으므로, 상대적으로 사소한 일을 사소한 것으로 볼 수 있게 되었다. 야심에서 벗어나서 타인의 성취를 함께 기뻐할 수 있다. 젊은 시절에는 별로 느끼지 못했던 감사의 마음이 우리 안에 싹트고, 시편 기자처럼 고백할 수 있다.

> 내게 줄로 재어 준 구역은 아름다운 곳에 있음이여 나의 기업이 실로 아름답도다(시 16:6).

공감할 수 있는 마음은 노년의 또 다른 보상이다. 과거를 뒤돌아보면 누구에게나 인생이 고되고 힘들 수 있음을 깨닫는다. 노인이 청년보다 종종 더 너그럽고, 남들을 쉽게 판단하지 않으며, 남을 시기하지 않고, 더 친절하며, 다른 사람에게 더 공감할 수 있는 이유가 이 때문이다. 나이가 들면 인생의 희로애락을 바라보는 시야가 더 넓어진다. 즉, 길게 내다보는 안목이 생긴다. 성장하고 결혼 생활이나 직장 생활에 안정을 찾기 위해 애썼던 과거를 뒤돌아보며, 우리는 고된 삶을 살아가는 젊은이들에게 더 공감하고, 그들을 동정할 수 있다. 건강의 혜택을 누려보았으므로, 병으로 고통당하는 젊은이들에 대해 특별히 민감하게 반응할 수 있다.

"청년 시절 막 사회에 발을 내디뎠을 때 거의 한 달 동안 제대로 먹지도 못하고 다녔습니다." 어느 주일 예배가 끝나고 한 나이 든 성도가 내게 말했다. "그래서 기회가 생기면 배고픈 사람들을 먹이기 위해 힘껏 노력하겠노라고 하나님께 맹세했습니다. 배가 고프다고 말하는 사람이 찾아오면, 절대 교회 문 앞에서 돌려보내서는 안 됩니다. 필요한 것을 주세요. 그 비용은 제가 기꺼이 감당하겠습니다."

이제 고인이 된 친구이자 작가인 레이놀즈 프라이스는 클린턴 대통령이 추문으로 탄핵당할 수 있다는 말을 듣자, 그를 위로하는 편지를 보냈다. "친애하는 대통령 각하, 저는 더한 짓도 했습니다. 레이놀즈."

인생 말년이 되자 다혈질인 맬컴 머거리지(Malcolm Muggeridge)는 이렇게 썼다. "배에 올랐을 때 창문이 있는 선실에 배정될 것인지 걱정이 되었다. 매력적인 승객들과 선장의 식탁에 함께하자는 요청을 받을 수 있을지 신경이 곤두섰다. 하지만 이제 곧 배에서 내려야 하는 마당에 그런 모든 걱정은 부질없는 일이 되었다. 이제 곧 하직하게 될 세상은 그 어느 때보다 더 아름다워 보인다. 사랑하는 사람들을 그 어느 때보다 더 사랑할 마음이 생긴다. 그들의 사랑 말고는 부탁할 일이 하나도 없다. 돈을 더 벌고 싶다는 욕망이나 주목받고 싶고 중요한 사람이 되어야 한다는 욕구도 더 누릴 수 없으니 아무런 의미가 없는 일이 분명하다."[49]

그리스도인은 인생의 마지막을 있는 그대로 받아들일 능력을 하나님께 받는다. 우리의 유한성을 자각하면 현재가 더 의미 있게 다가온다. 하버드 기념 교회 목사인 피터 고메즈(Peter Gomes)는 종종 매일 아침, 잠에서 깨어 스스로 "오늘 이렇게 또 다른 하루를 맞았구나. 어느 날이나 마찬가지지만 오늘이라는 예기치 못한 선물을 받았으니 오늘 하루도 행복하게 보내겠구나. 하나님께 감사드린다"라고 말하며 마음의 큰 기쁨을 맛보았다고 증언했다.

내 친구 피터가 "그 경계에서 어떤 여행자도 되돌아올 수 없는 미지의 나라"[50]로 떠났을 때, 그가 신앙 때문에 마지막 나날을 매일 놀라운 유산처럼 누릴 수 있었다는 사실에 나는 하나님께 감사드렸다.

우리의 유한성에 대해 솔직할 수 있는 이유는 아마 하나님의 영원성을 자각한 덕분일 것이다. 하나님이 시간에 내재하시면서 시간을 초월하시는 분이며 영원하신 분이지만, 일시성에 갇힌 우리에게 손을 내밀어주시는 분이라는 믿음이 노년에게 위로를 준다. 지난날을 돌아보고 지금 알고 있는 것을 옛날에 알았더라면 다르게 행동하고 다르게 처신해야 하는 부분이 무엇이었을지 깨닫는다. 이제 더는 후회해도 어쩔 수 없는 일이 수없이 많다. 하나님의 영원성에 위로받는 부분이 바로 이런 점이다. 우리는 영원을 기약할 수 있다. 성경에서 확인하는 하나님의 영원성은 많은 노년층이 신체적인 쇠락을 겪고, 개인적 관계의 폭이 좁아지는 시기에 영적, 지성적 능력이 오히려 성장한다고 느끼는 역설적 상황을 이해하게 해준다.

노년이 되자 내 장인(은퇴하자 캠핑용 차를 사서 여행을 떠났던 분)은 날씨에 관해 많이 물으셨다. 우리가 전화하면 "그곳 날씨는 어떤가?"라는 말로 안부 인사를 하셨다. 노인들이 그토록 날씨에 관해 많이 말하는 이유가 대화의 소재가 궁해서가 아니라 하루하루를 충실하게 사는 데 집중하며 현재를 즐기고, 맑든 궂든 하루의 날씨를 마음껏 누리며 순간을 만끽하고, 심지어 일상의 기상을 감사하며 살기 때문은 아닐까?

우리 가족은 아이들이 어렸을 때 어머니를 모시고 가족 여행을 많이 다녔다. 놀이공원에서 길게 늘어선 줄에 하염없이 기다려야 할 때나 차량 정체로 옴짝달싹도 하지 않고 도로에 갇혀 있을 때 단조롭기만 한 주변의 풍경을 세세한 부분까지 놓치지 않고 유쾌한 농을 건네는 어머니의 끝없는 능력에 감탄하지 않을 수 없었다.

로스앤젤레스의 고속도로에서 정체된 차에 갇혀 지겨워하고 있을 때 어머니는 "저 나무좀 보렴. 너무 신기하고 재미있구나"라고 말씀하셨다. "저렇게 곧고 당당하게 자라나는 야자수를 보기란 쉽지 않아." 세상에서 눈을 돌려 우리만의 세계를 즐기면 지루한 일상도 소중하고 의미 있게 다가온다.

하나님의 은혜로 우리는 평범하고 지루했을 일 앞에서도 감사할 수 있다. 식사 준비를 하느라 분주했던 사람이 이제 친구들을 위해 멋진 만찬을 차리며 오후 시간을 여유롭게 보낼 수 있다. 원기 왕성한 기업가로서 은퇴한 한 지인은 이렇게 말했다. "요즘 가장 큰 기쁨은 교회 관리 봉사자로 섬기는 것입니다. 늘 누구보다 앞장서야 했고 무거운 책임을 맡았던 제가 이제 이름 없이 제단 집기들을 닦고 꽃꽂이를 하는 일이 얼마나 소중한 일인지 새삼 배우고 있습니다. 성도들이 예배하도록 뒤에서 묵묵히 섬기는 일이 즐겁습니다."

요즘 계단을 만나면 기쁜 마음으로 계단을 올라간다. 이제 계단을 오를 수 없는 친구들을 생각한다. 아직 계단으로 갈 수 있다면, 그렇게 해야 할 도덕적 이유가 분명히 있다.

## 노년의 소명

그리스도인에게 노화와 함께 주어지는 가장 큰 자유는 맡은 소명에 더 충실하며, 세상에서 하나님의 끝나지 않는 사역에 그분과 동역하며 더 헌신할 수 있는 것이다. 자녀를 양육하고 가족을 부양하느라 최선을 다했던 우리는 이제 다른 사람의 자녀를 양육할 수 있고, 친가족의 범위를 넘어서 다른 사람들의 필요를 채워주는 일에 마음껏 헌신할 수 있다. 가족과 우리 자신의 경제적 안정을 위한 책임을 감당하며 힘겹게 노력했던 우리는, 이제 자유롭게 다른 사람을 섬기는 책임을 맡아 우리보다 더 절박한 상황에 있는 사람들을 위해 우리 소유를 사용할 수 있다.

그리스도인은 노인이 단순히 온갖 병으로 골골거리는 존재가 아니라 하나님이 주신 마음과 정신적 능력을 소유한 사람이며, 하나님에 대한 책임을 끝까지 지는 사람이라고 믿는다. 구원은 소명의 완성과 직결되어 있다.

예수 그리스도는 십자가와 부활로 '성공'과 '실패'에 대한 우리 개념을 재정립해주셨다. 그리스도 안에서 인생의 기본 소명은, 웨스트민스터 신앙 고백의 문구를 빌리자면 "하나님을 영화롭게 하고 영원토록 즐거워하는" 기쁨으로 감당하는 비실제적 소명을 말한다. 이런 다소 유희적인 비실제적 소명은 그리스도인에게 성공적인 노화란 어떤 일이 있어도 인생 마지막의 남은 시간에 하나님을 영화롭게 하고 즐거워하는 소명을 재발견하는 것과 관련 있음을 보여준다. 지금의 몸을 사랑하고, 우리의 친구들과 가족을 사랑하며, 인생의 이 순간을 감사하게 여기는 법을 배워야 하듯이, 인간 생명이 유한하다고 선포하신 하나님을 사랑하는 연습을 해야 한다.

## 남은 날을 계수하기

시편 기자는 이렇게 기도한다.

> 우리에게 우리 날 계수함을 가르치사 지혜로운 마음을 얻게 하소서(90:12).

　남은 날을 계수하라고 가르치는 교회는 여생을 지혜롭게 누리도록 도와주며, 사랑으로 주셨던 생명을 언젠가 사랑으로 거두어가실 하나님을 영화롭게 하고 즐거워하는 데 시간을 사용하도록 도와준다.
　우리에게 남은 날이 많지 않다는 사실을 아는 사람은 지혜롭다. 우리에게 주어진 시간이 짧다는 사실을 알면 나중으로 미루지 않고 당장 선을 행할 수 있다.
　그러나 죽음의 공포가 우리나 우리 이웃에게 부정적이고 파괴적인 행동을 조장할 수도 있다. 인간이 그토록 많은 전쟁을 벌이는 이유는 자기 자신이나 가족이 죽을 위험에 처할 수도 있다는 두려움 때문이다. 두려움에 사로잡힐 때 우리 생각은 더욱 편협해지고, 자기 일에만 골몰하게 되며, 남들을 불신하게 된다. 이런 인간의 모습은 많은 노인이 과도하게 자신에게만 관심을 쏟는 이유가 무엇인지 이해하는 데 도움이 된다.[51]
　만화 "더 뉴요커"(*The New Yorker*)에는 한 노부인이 방 안에 있는 이젤 앞에 서서 그림을 그리는 장면이 나온다. 그녀는 팔레트를 내려다보며, 안전하게 잠긴 방문의 작은 구멍으로 밖을 내다본다. 그녀 앞에 놓인 캔버스에 그려진 그림은 혼란 그 자체다. 강도, 도둑, 범죄자가 그녀를 향해 돌격하는 장면이다. 이 얼마나 끔찍한 세계관인가! 노인들은 자신이 강력 범죄의 희생양이 될까 봐 두려워하지만, 사실 이런 범죄의 희생양으로 노인이 가장 적은 비율을 차지한다.[52]

철학자 애덤 스미스(Adam Smith)는 한 자애로운 사람이 중국에서 큰 규모의 지진이 일어났다는 소식을 듣는 장면을 상상한다. 그는 즉각 지진 피해자를 위해 큰 성금을 내기로 한다. 그런데 그때 질병으로 자기 손가락을 잘라야 한다는 소식을 듣는다. 곧 남들을 돕고 싶은 생각은 완전히 사라지고, 자기 자신에 대해서만 걱정하게 된다. 두려움, 공포, 질병은 죽음을 암시하는 그림자로서 우리 자신에게만 몰두하도록 우리를 몰아간다.[53]

남은 날이 얼마 남지 않았을 때 우리 안에 최선의 면이 드러날지 최악의 면이 드러날지는 우리의 나날이 하나님의 선물이자 그분이 위탁하신 것이고, 우리가 감당해야 할 소명으로 보고 있는지에 달려 있다. 그 시각에 따라 지금 여기서 하나님을 영화롭게 함으로 언젠가 영원히 하나님을 영화롭게 하고 즐거워할 수 있을지가 결정된다.

"너희 [나이 든] 몸은 너희가 하나님께로부터 받은 바 너희 가운데 계신 성령의 전인 줄을 알지 못하느냐 너희는 너희 자신의 것이 아니라 값으로 산 것이 되었으니 그런즉 너희 [나이 든] 몸으로 하나님께 영광을 돌리라"(고전 6:19-20).

5장

인생 말년을 하나님과 함께

1839년, 미국인 예술가 토마스 콜(Thomas Cole)은 인생의 항해라는 연작물을 그렸다. 이 작품은 현재 워싱턴 DC 국립 미술관에 마련된 특별 전시관에 전시되어 있다. 첫 장면인 "유년"에서는 얼굴에 미소를 머금은 어린 아기가 가능성으로 충만한 에덴동산 같은 꽃이 만발한 풍경 속에 등장한다. "장년 습작"에서는 성인이 급류가 흐르는 강에서 배를 조종하고 있다. 강물이 소용돌이치듯이 흐르고, 하늘에는 시커먼 먹구름이 잔뜩 껴 있다. 사방이 위험으로 가득하지만, 근육질 남자는 손으로 배의 키를 잡고 눈은 강을 주시하며 결의에 찬 표정으로 힘차게 배를 젓는다.

"노년"은 허옇게 수염이 센 노인이 차가운 겨울밤에 구부정한 어깨로 넓은 바다로 이어지는 강을 지나고 있다. 살아 있는 것은 아무것도 보이지 않고, 검은 구름과 형체가 희미한 바다만 보일 뿐이다. 천사가 어머니처럼 노인을 내려다보며, 아득히 보이는 빛으로 가득한 황금성을 가리킨다. 유년과 청장년 시절에는 약속과 모험이 있었지만, 추위에 떨며 지친 노년에게는 아무것도 없다. 잠시 숨을 고르며 쉬다가 희미하고 아득한 영원함이 이어진다.

현대 교회의 주요한 과제는 노년에 관한 이런 광범위한 인식을 기독교적이고 성경적인 것으로 바꾸는 것이다. 콜의 연작에서 어린이, 청년, 장년, 노인은 때로 희망찬 미래가 보이는 듯하고, 종종 불길한 풍경 속에서 누구도 없이 늘 홀로 있다. 삶을 함께하는 사람은 한 명도 보이지 않으며, 하나님은 천사의 존재로 희미하게 암시될 뿐이다. 인생의 말년에 대한 콜의 묘사에서 기대할 수 있는 최고의 가능성은 희미하게 보이는 천사가 애틋한 눈빛으로 영묘하고 희미한 천상의 세계로 우리를 이끈다는 것이다.

그리스도인은 우리와 동행하시며 우리를 인도해주시는 하나님이 인생의 마지막 수십 년으로 떠밀려 들어가는 우리와 배 안에 함께 계신다고 믿는다. 예수님은 "이제부터는 너희를 종이라 하지 아니하리니…너희를 친구라 하였노니"(요 15:15)라고 말씀하셨다. 우리가 일생 함께한 친구들은 말년에 더욱 소중한 존재로 다가온다. 여기에는 우리를 친구라고 부르시는 하나님의 아들도 포함된다.

그러므로 "노화는 생물학적 여정이라기보다 영적 여정에 더 가깝다"라고 한 신학자 유진 비안키(Eugene Bianchi)의 주장은 진실을 담고 있다.[1]

## 사회적 관계의 중요성

노년의 많은 어려움이 신체와 관련이 있지만, 인체의 노화로 인한 변화 중 가장 어려운 것이 사회적, 관계적 변화다. 노화에 관한 최신 연구는 성공적인 노화에 긍정적으로 작용하는 요인으로서 사회적 관계망과 우정, 사회화가 중요함을 보여준다. 고독이 당뇨병보다 노인 건강에 더 위험할 수 있다. 흡연은 우리 건강에 나쁘지만, 사회적 고립은 그에 못지않게 해롭다. 조지 베일런트는 외로움으로 수명이 5년 단축될 수 있다는 연구 결과를 인용하기도 한다.[2]

작가인 댄 뷰트너(Dan Buettner)는 거주민들이 놀랄 정도로 장수하는 '장수 지역'을 방문했다. 그는 콩이 장수에 좋다고 말하는 연구 결과를 인용하며 콩 식품 섭취에 열을 올리게 되었다. 그러나 캘리포니아 로마린다의 제7일안식일 예수재림교 신자들과 일본 오키나와에 거주하는 주민을 연구한 뒤 뷰트너는 성공적인 노화에 더 중요한 요인은 식단보다는 지속적인 사회화라는 결론에 도달했다.

미국에서 우리는 삶을 직장 생활과 그 외 모든 것으로 분류한다. 뷰트너는 은퇴 개념이 실제로 존재하지 않는 사회, 즉 노인이 시의회 운영에 관해 조언하고, 노년의 여성이 아이들을 돌보고 요리를 도맡음으로써 가정의 안녕에 기여하는 사회에서는 사람들이 더 건강하게 늙는 것 같다고 지적한다.[3]

의사인 베일런트는 알코올 남용의 위험성을 우려하면서도, 때로 술이 사회화에 도움이 된다고 말한다. "친구들은 언제나 훌륭한 습관보다 더 좋고 재미있다! 가능하다면 50세 전후로 풍부한 사회적 관계망을 조성해야 한다. 그러면 인생이 더 풍요로울 수 있다."[4] 심지어 술을 어느 정도 마시더라도 그렇게 하라고 조언한다.

그리스도인은 존 웨슬리(John Wesley)의 금언을 충실하게 이행한다. "기독교는 사회적 종교다. 기독교가 고독한 종교 생활이 될 때 사실상 기독교를 무너뜨리게 된다."[5] 예수님은 일단의 제자들을 모으셨다. 그분의 소명은 혼자서 감당하는 고독한 소명이 아니었다. 그러므로 기독교는 항상 구원이 공동체적이고 사회적이며 집단적 경험이라고 주장해왔다. 기독교 예배는 본질적으로 사회화 기능을 감당한다. 식탁 교제를 하며 서로 사랑을 표현한다. 예수 그리스도를 예배하고 섬기고자 한다면 다른 사람들과 함께 그 일을 하며 하나님이 친구라고 하신 이들과 친구가 되어야 한다. 시몬 베유(Simone Weil)는 인생의 어느 시기든지 "하나님의 친구들과 나누는 우정"보다 그리스도인에게 더 유익한 것은 없다고 말한다.[6]

## 청년과 노인을 부르시는 하나님

어린 시절 나는 사무엘이 늙은 엘리를 섬기던 중에 부르심을 받은 이야기를 매우 좋아했다(삼상 3장). 하나님은 신학적으로 훈련된 전문 제사장의 잠을 깨우지 않으시고, 아무 경험이 없는 아이를 한밤중에 찾아오셔서 "사무엘아, 사무엘아"라고 부르시며 그를 깨우셨다. 51세가 되던 여름에 나는 이 이야기에 갑자기 화가 나기 시작했다. 왜 하나님은 고령의 제사장은 외면하시고 훈련되지 않은 아이에게 계시를 주셨는가?

사무엘상은 사무엘 선지자를 부르신 사건이 영적 가뭄이 심각할 때 일어난 일이라고 말한다. "아이 사무엘이 엘리 앞에서 여호와를 섬길 때에는 여호와의 말씀이 희귀하여 이상이 흔히 보이지 않았더라"(삼상 3:1). 마침내 하나님은 나타나셨고 계시를 주셨지만 "눈이 점점 어두워 가서 잘 보지 못하는"(2절) 늙은 엘리가 그 대상이 아니었다. 하나님은 나타나셨지만 늙은 엘리가 아니라 훈련받지 못하고 아무 자격도 없는 아이 사무엘에게 나타나셨다. 사무엘은 자기 이름을 부르는 소리를 들었다. 그는 엘리가 자기를 불렀다고 생각했다. 엘리는 소년에게 그를 부르지 않았으니 방으로 가서 누우라고 말한다. 엘리는 오랜 세월 주님과 동행하며 그분을 섬겼지만 어린 "사무엘[은] 아직 여호와를 알지 못[했다]"(7절). 사무엘은 두 번째, 세 번째까지 자기 이름 부르는 소리를 들었다. "엘리가 여호와께서 이 아이를 부르신 줄을 깨닫고"(8절). 그래서 하나님과 오랫동안 만난 경험이 있는 엘리는 사무엘에게 "가서 누웠다가 그가 너를 부르시거든 네가 말하기를 여호와여 말씀하옵소서 주의 종이 듣겠나이다"(9절)라고 말하라고 일렀다.

많이 늙었고, 시력 약화로 고생하고 있으며, 최근 많은 계시를 받지는 못했지만, 엘리 제사장이 하나님의 나타나심에 기여할 부분이 있었다. 그것은 바로 새로운 세대가 하나님과 사귀도록 도우며, 모호한 영적 경험을 하나님의 부르심으로 해석하도록 도와주는 것이었다.

이야기는 나이 들어 앞을 잘 보지 못하는 육중한 제사장에게 불길한 방향으로 전개된다. 하나님은 사무엘이 선지자이자 하나님의 대변자가 되도록 부르셨다. 사무엘이 전해야 할 메시지는 엘리의 가문에 절대 좋은 소식이 아니었다. "여호와께서 사무엘에게 이르시되 보라 내가 이스라엘 중에 한 일을 행하리니 그것을 듣는 자마다 두 귀가 울리리라 내가 엘리의 집에 대하여 말한 것을 처음부터 끝까지 그날에 그에게 다 이루리라 내가 그의 집을 영원토록 심판하겠다고 그에게 말한 것은 그가 아는 죄악 때문이니 이는 그가 자기의 아들들이 저주를 자청하되 금하지 아니하였음이니라 그러므로 내가 엘리의 집에 대하여 맹세하기를 엘리 집의 죄악은 제물로나 예물로나 영원히 속죄함을 받지 못하리라 하였노라 하셨더라"(삼상 3:11-14).

하나님은 엘리의 아들들이 신성을 모독한 죄를 물어 엘리를 심판하셨다. "부모는 가장 행복하지 않은 자녀만큼만 행복하다"(자녀의 행복처럼 통제하기 힘든 일이 있던가?). 엘리는 매우 불행한 노인이 되기 직전이었다.

가슴 아픈 장면 중 하나지만, 그다음 날 아침 엘리는 어린 사무엘에게 주님이 무슨 말씀을 하셨는지 확인한다. 사무엘은 대답하기가 너무 두려웠지만, 엘리는 그 환상에 대해 말해달라고 재촉한다. 엘리는 하나님의 진리를 기꺼이 들을 작정이었다. 결국 사무엘은 들은 말씀 그대로 다 알려준다. 우리는 그런 무서운 환상에 대해 엘리가 어떤 반응을 보였는지 확인할 수 없다. 어린 사무엘이 성장해 위대한 선지자로서 역할을 감당했다는 사실만 알 뿐이다. "그의 말이 하나도 땅에 떨어지지 않게 하시니"(삼상 3:19). 나는 다시 "하나님이 왜 어린 사무엘을 축복하시고 신실한 엘리를 축복하지 않으셨는가?"라고 묻고 싶다.

사무엘의 성인기 사역이 본격적으로 시작되기 전에 블레셋 족속은 일방적으로 일으킨 전쟁에서 이스라엘 백성 수천 명을 죽였다. 엘리의 행실이 나쁜 아들들, 홉니와 비느하스는 언약궤를 전쟁터로 가져가서 이스라엘을 보호해주는 부적 역할을 해주길 기대했다. 이어진 재앙에서 엘리의 아들들은 죽임당했고, 승리한 블레셋 족속은 거룩한 언약궤를 훔쳐 갔다. 불쌍한 엘리는 오래 살면서 그토록 아끼고 애써 지켰던 모든 것을 아들들이 상실한 것과 그에 대해 응당한 벌을 받는 것까지 봐야 했다.

한 사자가 실로로 파견되어 엘리에게 비보를 전했다. 엘리는

"길옆 자기의 의자에 앉아 기다리며"(삼상 4:13) 마음을 졸이고 있었다. 늙은 엘리는 사실상 현업에서 은퇴한 상태로 전쟁에 관여하지 않았기 때문에 "마음이 하나님의 궤로 말미암아 떨릴 즈음"(13절) 의자에 앉아 불안에 가득 차 기다리고 있었다. 우리도 나이 들고 늙는다. 전쟁터에서 물러나 길가 의자에 앉아 세상 돌아가는 모습을 지켜보며 모든 것이 헛수고가 되었다는 소식이 들려올까 봐 마음 졸이며 자녀에게 실망하고 그들에게 외면당하는 신세가 되어 있다.

"그때에 엘리의 나이가 구십팔 세라 그의 눈이 어두워서 보지 못하더라"(15절). 그는 무슨 일이 일어났는지 전해 듣는다. 아들들이 사망했다는 고통스러운 소식을 듣는 것도 힘들었지만, 하나님 언약궤의 운명에 대해 듣자 "엘리가 자기 의자에서 뒤로 넘어져 문 곁에서 목이 부러져 죽었으니 나이가 많고 비대한 까닭이라"(18절)고 본문은 말한다. 엘리가 40년 동안 해왔던 사역은 이렇게 비참한 최후를 맞았다.

왕성하게 사역에 매진했고 체중이 많이 나가며 나이 든 전 성직자로서, 또한 엘리의 하나님과 함께 살며 예배하고자 노력하는 연장자로서 나의 한 가지 질문은 이것이다. '이렇게 흥미진진하고 요구가 많으신 하나님과 노화 과정을 기꺼이 감당할 자세가 되어 있는가?'

성경의 대표적인 엘리 이야기는 어떤 훈계나 설명이나 후회하는 기색도 없이 담담하게 기술되어 있다. 이 이야기에서 많은 생각을 하게 하는 등장인물은 늙은 엘리를 슬프게 하지도, 심지어 앞날이 촉망되는 어린 사무엘을 슬프게 하지도 않는다. 가장 흥미로운 등장인물은 저자다. 엘리와 사무엘과 모두 대화하신 하나님이다. 인생 말년에 우리는 때로 심판받을 수도 있고 때로 축복받을 수도 있으며, 어떤 일은 잘 풀리고 어떤 일은 뜻대로 진척되지 않을 수도 있다. 자녀로 인해 행복을 맛보거나 고통당할 수도 있다. 그리고 그 모든 일을 통해 참되고 살아 계신 하나님은 우리 중에 자유로이 출입하시며, 주권자로서 계시하실 수도 있고 계시하지 않으실 수도 있으며, 하나님 구원의 행렬에 감당할 역할을 맡기시며 부를 자를 부르신다.

우리는 인생 말년에 소중한 친구들, 사회적 교류, 다른 사람들과의 교제가 어떤 의미를 지니는지 잘 알고 있다. 그러나 훨씬 더 중요한 것은 요구가 많으신 친구, 우리를 창조하시고 우리와 계속 동역하시며 노년에도 섬기도록 부르시는 분과의 관계라는 점을 교회는 확신한다.

무대에 올라 아기 예수를 맞이하는 역할을 감당한 시므온과 안나, 엘리사벳과 사가랴, 아브라함과 사라는 그들을 통해 말씀하시고 일하시는 하나님만큼 흥미로운 존재는 아니다. 극의 중심인물은 이스라엘의 하나님과 노년의 성도들을 흔쾌히 사역으로 부르는 교회다.

이 장의 남은 지면에서는 엘리, 아브라함, 사라, 사가랴, 엘리사벳처럼 하나님을 믿는 신앙으로 말년을 살아가는 기쁨과 고통, 유익과 도전을 살펴볼 것이다.

## 노년의 주체적 삶

철학자 마사 누스바움은 노화의 도전을 숙고하며 이렇게 말한다. "노인에 대한 모든 고정 관념 중 가장 해로운 것은 그들에게 어떤 주체성도 없으며 운명의 희생양일 뿐이라는 인식이다." 누스바움은 "노인들을 묘사할 때 주체성이 결여되고 선택할 능력이 없는 존재로 그리고, 특별히 모욕적인 방식으로 그들을 비인간화하고 객체화한다"[7]라고 경고한다.

그리스도인으로서 나는 인간의 주체성을 인간성의 증거라고 격찬하는 누스바움의 접근 방식이 다소 우려스럽다. 그리스도인은 하나님이 우리를 창조하셨고 사랑하시며 부르시고 품어주시기 때문에 자신이 가치 있는 존재라고 믿는다. 우리의 가치는 우리 자신이 아니라 우리를 향한 하나님의 사랑 때문에 생기는 것이다. 하지만 도덕성에 주체성이 내포되어 있다. 일반적으로 우리는 통제 밖에 있는 행동에 대해 누군가에게 책임을 묻지 않는다. 윤리는 '내가 무엇을 해야 하는가?'라고 질문할 수 있는 환경과 연관이 있다. 그러므로 변화를 이루어내고 우리 상황에 영향을 미치며 반응하고 주체성을 행사할 수 있는 능력은 인간성의 증거라고 할 수 있다. 그렇다면 우리 자신과 우리 세계에 변화를 일으킬 수 없고, 행동하지 못하는 무능력은 노화하는 모든 사람이 겪는 필연적인 상실인가?

하버드 대학교의 에릭 에릭슨(Erik Erikson)은 『정체성과 삶의 주기』(Identity and the Life Cycle)에서 많은 노인이 인생에서 이루고 싶었던 것과 그들이 실제로 이룬 성취의 간극 때문에 중대한 위기를 맞는다고 말한다. 사람들이 그 간극을 창조적으로 다룰 수 있다면, 높은 수준의 통합성을 이룰 수 있으며, 더 이상 위업을 성취하기 어려운 시기에도 평온을 누릴 수 있다고 말한다. 노인이 이런 갈등을 해결할 수 없다면 절망에 빠지게 된다. 하지만 후대의 연구자들은 사람들이 인생에서 달성하려 했던 일과 실제로 달성한 일의 간극을 인식하면, 그것이 인생 말년에 젊은 시절에 갖지 못했던 삶의 의미와 목적을 부여하는 동기로 작용할 수 있다고 강조했다. 이로써 그들은 에릭슨의 지나친 이분법을 수정했다.[8]

에릭슨은 우리의 열망이 오직 우리 내면과 개인적 야심에서만 비롯된다고 전제한다. 이런 방식은 기독교적 시각과는 거리가 멀다. 하나님은 평범한 성도들을 부르시고, 모으시며, 그분의 사역에 참여시키신다. 이로써 하나님의 신적 주체성이 인간에게 확장되고, 인간은 주체성을 부여받는다. 하나님의 사역에서 감당할 역할을 부여받으며, 그분을 위해 할 일을 담당하는 것이다. 하나님이 세상에서 무슨 일을 하기를 바라시든지, 그리스도 안에서 그분은 혼자 일하지 않는 편을 선택하셨다.

그리스도인들은 세례로 씻음받고 구원받아 하나님의 동역자로서 역할을 감당하도록 부르심을 받는다. 또 세례를 통해 제자로서 일생 주체적으로 감당할 역할을 부여받는다. 일이나 가정이나 가족을 돌봄으로써 삶의 의미와 존재 목적을 확인하던 시기가 지나가도, 제자라면 나이와 관계없이 하나님을 사랑하고 섬겨야 한다고 교회는 확신한다. 이는 우리 신앙의 위대한 선물 중 하나다.

노인을 돌볼 때 어려움 중 하나는 그들의 주체성을 그대로 존중하며 그들을 돌보는 것이다. 누스바움은 노인의 생활 지원에 관한 장단점을 논의하며 이렇게 말했다. "생활 지원 대상인 노인을 유아 취급하지 않고 가능한 한 개인이 의사 결정을 조절할 수 있도록 맡긴다면, 건강 관리 시스템이 더 좋아질 뿐 아니라 노인 개인에게도 바람직하다."[9]

목회자 훈련의 일환으로 나는 애틀랜타에 위치한 교회의 치료 및 회복 시설인 웨슬리 우즈(Wesley Woods)에서 임상 목회 교육을 받은 적이 있다. 그 시기에 웨슬리 우즈는 환자들이 스스로 자신을 돌볼 기회를 최대한 부여함으로 현실적인 감각을 유지하게 하는, 이른바 '현실 요법'을 시행했다. 실습하기 위해 병실에 들어가 환자를 만나서 처방에 따라 대화를 이어 나갔다. "셰퍼드 씨, 좋은 아침입니다. 저는 윌리몬 목사입니다. 오늘이 무슨 요일인지 아십니까? 지금 몇 시입니까?" 그런 다음 "지금 여기가 어디지요? 자녀의 이름을 말씀해보시겠어요?"와 같은 대화를 이어 나갔다.

심지어 "미국 대통령 이름이 무엇이지요?"와 같은 질문을 환자에게 하라는 교육을 받았다. 이런 질문을 하는 이유는 혼란에 빠지도록 부추기기 위해서가 아니라 노화 중인 뇌가 현실감을 유지하도록 돕기 위해서였다.

이런 현실 요법이 치매를 예방하는 데 효과가 있는지는 분명하지 않다. 한 남자는 내게 이렇게 짜증을 냈다. "빌어먹을. 대통령 이름을 기억하는 데 어려움이 있으면 메모를 하시오. 나는 당신 건망증에 책임이 없소."

들것에 실려 웨슬리 우즈로 온 노인들이 자제력을 잃어버리고, 혼자 식사할 수도 없어서 철저히 간호사에게 의존하는 것을 보았다. 그들을 사랑하는 가족은 이렇게 말했다. "엄마가 식사하실 때 항상 흘리셔서 저희가 먹여드려야 했어요." 그러나 웨슬리 우즈에서는 숟가락으로 떠먹여줌으로써 환자를 유아화하지 않고, 시간이 아무리 오래 걸리더라도 환자 스스로 먹을 수 있도록 격려한다.

몇 주가 지나지 않아, 많은 환자가 스스로 먹는 데 잘 적응했다. 그들의 가족은 환자에 대한 사랑이 지나쳐서 그의 주체성을 박탈함으로, 그를 수동적이고 무기력한 존재로 만들었다. 우리는 노인들이 가능한 한 스스로 할 수 있도록 격려하고, 아무리 제한적이라도 자기를 돌보는 단순한 기쁨을 빼앗지 않도록 주의했다. 무엇보다도 우리는 노인들을 돌볼 때 기독교 소명의 핵심이 무엇인지 끊임없이 확인해야 한다. 예수 그리스도는 평범한 사람을 제자로 부르셔서 그에게 주체성을 부여하신다. 그의 나이나 인생 주기는 문제가 되지 않는다.

## 책임을 지는 노년의 삶

주체성에는 책임이 뒤따른다. 노인들이 최대한 주체성을 보장받고 스스로 책임질 수 있게 해야 한다. 교회는 단지 나이가 들었다는 이유만으로 인종 차별이나 탐욕의 죄, 음란, 학대 행위에 대한 면죄부를 허용해서는 안 된다. 노인을 공경하라는 제4계명은 그들의 판단 실수나 타인 학대나 죄악을 용인하라는 의미가 아니다.

솔직히 말하자면, 우리는 성경보다는 북미의 문화적 관행과 영향력에 더 많이 영향받는다. 즉, 그리스도인에게 합당한 방식보다는 미국적 방식으로 노화를 받아들인다. 노년학 관련 문헌에서 노인들의 태도나 편견과 선입견에 대한 비판적 시선을 찾아보기 어렵다. 노인들은 도덕적인 측면에서 거의 예외적 조항을 적용받는다. 그러나 사람들에게 도덕적 평가와 책임을 면제한다는 것은 하나님이 주신 주체성을 박탈하는 것이나 마찬가지다. 더욱이 이런 방식은 노인들에게 하나님에 대해 자기 행실을 이실직고할 책임이 전혀 없다는 의미를 내포한다. 우리는 그리스도인으로서 일생 자신에 대해 비판적인 자세를 견지해야 한다. 내가 출석하는 교회는 대부분 주일에 나이와 상관없이 모든 사람이 죄를 고백하는 것으로 예배를 시작한다. 개인적으로, 또 공동체적으로 책임과 허물을 감당한다. 어떤 노인은 인종 차별적 시각을 버리지 않는다. 그런 경우, 단순히 수십 년간 그런 시각을 유지했다는 이유만으로 무시하고 넘어가서는 안 된다. 잔인한 행동이나 학대를 한 노인에게 "그 사람은 그냥 더러운 노인네일 뿐이다"라는 말로 면죄부를 줘서도 안 된다. 성경에 '어리석은 노인네'라는 경멸 섞인 말은 나오지 않는다.

"기후 변화는 가짜 뉴스다"라고 말하는 70세 상원 의원의 터무니없는 발언 직후에 20대 청년이 이렇게 질문했다. "무슨 권리로 우리 세대의 사회 보장 기금을 지원하는 세금을 깎으셨습니까?"

고령이 되었지만 우리는 여전히 제자로 부르심을 받고 있으며, 예수님의 이름으로 행하는 섬김에는 근본적인 개인적 개혁과 성화가 계속해서 일어나야 한다. 노인들은 자기 말과 행동에 책임을 져야 하며, 진실을 말하는 젊은이들의 말을 경청해야 한다. 하나님은 그들의 솔직함을 사용하셔서 우리가 더 신실하게 섬기도록 격려하신다. 수동적으로 신도석에 가만히 앉아 복음을 전하지도 전도하지도 않고, 교회 내 형제자매들의 책망과 질책을 거부하며, 그리스도의 선교에 동참하지 않는 태도는 노년 그리스도인의 선택지에 절대 있어서는 안 된다. 책임을 지지 않는 모습은 16세든 60세든 모두 추하다.

모든 노인이 돌봄을 받아야 하는 수동적이고 무력한 존재는 아니다. 많은 노인이 여전히 활발히 활동하며, 물질적 자원과 정신적 능력을 누리기도 하고, 시간과 돈을 들여 다른 사람들의 필요에 적극적으로 반응하며 그 필요를 채워주려고 한다. 목회자는 여러 활동(교회 출석 외)에 적극적으로 참여하는 노년이라면, 그들을 칩거 명단에 넣어서는 안 된다. 고정 수입이 있다고 해서 교회의 재정 지원 대상에서 제외해서도 안 된다. 설교자로서 우리는 그리스도인이 살아 숨 쉬는 동안, 관용과 용기, 이타성, 사랑을 가꾸기에 늦었을 때란 없다는 확신을 품고 설교해야 한다.

과거 60년대는 사회학자들이 이탈 이론으로 노화를 해석하는 경우가 일반적이었다. 이 이론은 사람들이 나이가 들어감에 따라 그들과 그들이 살고 있는 사회 모두 이전의 사회적 유대, 역할, 책임에서 점진적으로 물러나는 데 동의한다고 주장한다. 노인은 그들의 세계가 자신과 자기 필요로 한정됨에 따라 적극적인 활동을 멀리하고 거리를 두는 식으로 노화를 받아들였다. 목회 돌봄 관련 세미나의 교재에 노년기의 사람들이 주요하게 하는 경험이 단축이라고 나와 있던 것이 지금도 생생하게 기억난다. 즉, 노인들은 공동체에서 떠나 가정의 안전한 공간으로 물러나고, 그다음으로 요양 시설의 한 병실에 갇힌 삶을 살다가 병상 생활을 한 끝에 마침내 관으로 들어가는 것이다. 그렇게 해서 가족은 그들에게서 유리된 노인과 결별하게 된다.

분리 이론은 노인을 비하하는 이론이라고 비난받아 왔다. 노인의 실제적인 노년 생활에 관한 자료와 상충할 뿐 아니라 인간에 대한 기독교적 시각과도 배치된다. 마틴 루터는 죄를 "마음이 자아에 집중하는 것"[10]이라고 정의했다. 그리스도는 이웃에게 관심을 가지고 사랑을 베풀며, 주린 사람들을 먹이고, 세상으로 나아가서 가르치며 고쳐주고, 나이 제한을 두지 않고 증인이 되라고 제자들에게 가르치셨다.

앞에서 어떻게 지내느냐는 질문을 받을 때 고령자가 대부분 '내 나이에 비해' 잘 지내고 있다고 대답하는 것을 듣고 연구자들이 놀랐다는 점을 지적했다. 많은 사람이 심각한 건강상의 문제를 겪고 있는데도 자기 건강 상태가 양호하다고 말한다. 건강에 관한 자신감은 그들이 비현실적이라는 증거인가? 아니면 노화로 인한 건강상의 도전에도 주체성과 책임감을 적극적으로 감당해야 한다고 믿을 정도로 자기 인생에 대한 하나님의 뜻을 충분히 알고 있다는 의미인가?

"느끼는 것만큼 늙을 뿐이다"라는 오래된 속담은 일말의 진실을 담고 있다. 태도가 중요하다는 것이다. 철학자 크리스첸 밀러(Christian Miller)는 감사하는 태도에 매우 중요한 건강상의 이점이 있다는 연구 결과를 인용한다. 삶이 선물이라고 믿는 사람들은(과거를 돌아보면 모든 상황이 감사할 일밖에 없다고 믿는) 신체적이고 정신적으로 더 나은 안녕을 누리는 경향이 있다. 밀러는 감사하는 마음을 가꿈으로써 더 장수하고 더 나은 삶을 영위할 수 있다고 믿는다.[11] "범사에 감사하라"(살전 5:18)는 바울의 당부는 좋은 신학일 뿐 아니라 좋은 처방책이다. 50회 대학 동창회에서 나는 한 친구에게 60세의 늦은 나이에 어떻게 알코올 중독을 극복했는지 물어보았다. 그는 "행복하게 살려고 결심했을 뿐이야"라고 대답했다.

요양원에 있는 한 여성(성인인 아들은 끊임없이 불만과 원망을 토로하는 그녀를 외면하고 있었다)을 방문한 후 나는 그 아들에게 "당신 어머니는 우울증에 걸리신 듯합니다. 의사의 진단을 받아야 합니다"라고 말했다. 그녀는 기분을 바꾸어주는 약을 처방받았다. 아들은 나중에 이렇게 고백했다. "어머니와 보낸 마지막 몇 년은 어머니나 우리 가족에게 순수한 기쁨 그 자체였습니다."

그러나 우리는 원망하고 불평하며 화가 난 노인이 삶을 더 긍정적으로 받아들이도록 격려하기 위해 약을 처방하거나 훈계하려는 시도를 경계해야 한다. 노인 중 많은 사람이 우울함을 느끼는 합당한 이유가 있다. 어느 연령대 사람이나 마찬가지로 노인은 때로 인생의 회한과 후회를 긍정적으로 처리하는 데 어려움을 느낀다. 젊은 사람들이 헌신적으로 추구하는 일에 대해 고령의 가족이 분노를 표시하거나 낙담하는 말을 하면, 그들은 그 반응을 위협적으로 받아들인다. 이렇듯 노화는 쉽지 않은 일이다. 아무리 그것을 기쁘게 받아들이려 해도 그렇다.[12]

대중에게 많은 사랑을 받는 연예인, 딕 반 다이크(Dick Van

Dyke)는 『도전을 멈추지 말라』(*Keep Moving*, 90대 중반에 쓴 책)에서 고령자에게 가장 중요한 조언은 계속 움직이는 것이라고 했다.[13] 뇌는 노력이 필요 없는 익숙한 습관을 좋아하며, 변화하지 말고 익숙한 밭을 계속 갈라는 강력한 메시지를 보낸다. 반 다이크는 계속 움직이라는 말은 노인들에게 꼭 필요한 도덕적 명령이라고 주장했다. 움직일 수 있다면 움직여야 한다는 것이다. 우리는 자신이나 친구들에게 (그리고 하나님께) 하나님이 능력을 허락하시는 한 계속 움직여야 할 책임이 있다. "여기서는 내 욕구를 다 충족할 수 있고, 손가락 하나도 까닥할 필요가 없어"라고 자랑할 정도로 편안한 생활은 요양 시설 입소자의 안녕에 최선이 아닐 수도 있다.

미국인의 평균 수명은 이제 80세가량이 되었다. 그런데 최대 수명은 120년이다. 다른 동물과 비교할 때 평균 수명과 최대 수명 간 차이가 큰 편에 속한다. 생활 습관, 계속 활동하고자 하는 의욕, 식단, 다른 이들과 상호 교류하며 보내는 시간, 자신 외의 누군가를 위한 책임을 감당하려는 노력, 간단히 말해 인생 과정에서 우리가 하는 모든 선택은 때로 우리 말년에서야 본격적인 영향을 미친다. 즉, 뿌린 대로 거둔다는 뜻이다. 젊은 시절에 잘 억눌렀던 나쁜 습관이 우리의 인생 말년에 고스란히 다시 드러나서 수명을 줄이는 데 일조하기도 한다.

우리는 대부분 우리의 의학적 문제가 도덕성과 연관이 있다고 생각하지 않는다. 좋은 일이나 나쁜 일이 우리에게 일어나는 이유는 우리의 좋은 행동이나 태도 혹은 나쁜 행동이나 태도 때문이라는 개념은 폐기된 지 오래되었다. 하지만 의과 대학의 관리자가 듀크 의료 센터를 점검한 뒤 이렇게 말해주었다. "듀크 병원에 입원한 환자의 절반 이상이 생활 습관 때문에 생긴 병을 앓고 있습니다." 주체성에는 책임이 따르며, 현명하지 못한 생활 방식을 선택하면 65세 이후에 쓴 열매를 거두는 경우가 많다.

"계단 난간을 사용하지 않는 것은 무책임한 일이다." 내 친구가 해준 말이다.

건강상의 문제가 있더라도 노인은 대다수 여전히 혼자서 생활할 수 있다. 85세 이상의 고령자 중 3분의 1 이상이 독립적인 생활을 할 수 있으며, 그중 일부는 필요하면 최소한의 도움을 받는 것으로 충분하다고 한다.[14] 노화와 신체적 건강의 상관성에 대한 정해진 규칙은 존재하지 않는다. 고령자가 책임감 있게 자기 주체성을 행사하는 방식이 다르기 때문일 수 있다. 좀 더 기독교적으로 말하면, 하나님이 주신 은사를 활용하고 그리스도가 맡기신 사명을 수행하는 방식이 다르기 때문일 수도 있고, 그 외 여러 가변 요인이 있기 때문이다.

이제까지 지적했듯이, 노년은 점차 우리 통제를 벗어나는 인생을 받아들여야 하는 시기라고 할 수 있다. 통제 성향이 강한 사람들에게 통제 상실은 특별히 더 고통스러울 수 있다. 우리가 통제할 수 있는 요인들은 솔직히 인정하고, 통제할 수 없는 영역은 내려놓을 줄 알아야 하며, 그 차이를 아는 지혜를 갖추도록 노력해야 한다. 우리의 한계뿐 아니라 하나님이 주신 주체성과 노인으로서 맡은 책임을 충실히 이행하기 위한 지혜가 필요한가? 좋다. 철학자 헤겔(Hegel)은 이렇게 말했다. "미네르바의 부엉이(지혜의 여신)는 황혼 무렵에 날개를 편다."[15]

## 세대에서 세대로

그리스도인에게 노년은 인격의 시험장이자 증언의 시기다. 따라서 각기 선생이 되어 그동안 배운 것을 또 다른 세대로 계승하도록 초청받는 시기이기도 하다. 살아갈 날이 얼마 남지 않았지만 대부분 말년에서야 베풀 시간이 더 많아졌음을 깨닫는다. 방과 후 교실에서 고령자에게 수업을 받은 아이들은 눈에 띌 정도로 발전하는 모습을 보일 뿐 아니라(노인 특유의 인내력과 집중적 관심과 넉넉한 시간으로 인한 여유 덕분이 아닐까?) 고령의 교사들 역시 신체적, 정서적으로 안정되는 긍정적 변화를 보여주었다. 우리는 누군가가 말한 대로 베풂으로 받는다(눅 6:38).

노인이 젊은이에게 가르칠 수 있는 교훈을 열거하자면 다음과 같다. 용서의 기쁨, 그리스도인으로서 이웃을 섬김으로 얻는 만족감, 치매에 걸렸더라도 사람이 지닌 가치, 재물의 한계, 오랫동안 하나님과 함께한 이야기를 듣는 데서 느끼는 기쁨 등이다. 특히 노인은 교회의 지체들에게 삶을 잘 마무리하는 법을 보여줄 수 있다.

젊은이들은 노인들과 교류하며 유익을 얻지만, 때로 그들도 노인들을 책임져줄 수 있다. 나는 목사가 세례를 받고 싶어 하는 사람을 앞으로 불러내는 작은 교회 예배에 참석한 적이 있다. 한 노인이 비틀거리며 겨우 앞으로 나왔다. 목사님은 그를 안아 주며 흥분한 목소리로 이렇게 말했다. "우리 교회 청년들은 그동안 우리 도시의 거리에서 생활하는 노숙자분들과 만나왔습니다. 지난달만 해도 여기 계신 조지 할아버지는 엘름가 철로 밑에서 사셨습니다. 어르신은 이제 간 질환 때문에 살날이 2주밖에 남지 않으셨다고 합니다. 그런데 어르신이 남은 시간을 어디서 보내려고 하시는지 맞혀보시겠어요? 바로 여기, 우리와 함께 보내시겠답니다!"

교인들은 모두 박수갈채를 보냈다.

"어르신, 왜 세례를 받고 싶으신지 교인들에게 말씀해주시겠어요?"

조지 할아버지는 자신을 돌봐주어 고맙다고 말하며, 교인들 덕분에 죽을 때 예수님과 함께하고 싶다는 생각이 들었다고 했다. 할아버지는 치료를 받도록 주선해준 청년 서너 명 덕분에 교회를 알게 되었다. 누군가가 남은 마지막 날을 함께 보내기를 원했다는 것은 이 교인들에게 얼마나 영예로운 일인가! "대대로 주께서 행하시는 일을 크게 찬양하며 주의 능한 일을 선포하리로다"(시 145:4).

## 기억하기

가장 선지자적인 일이자 믿음을 독려하는 데 도움이 되는 교회의 행위는 기억하는 것이다. 노인의 머릿속은 추억할 일로 가득하지만, 슬프게도 기억 상실, 특히 단기 기억 상실에 시달린다. 노인들은 현재의 일은 기억하기 어려워하는 반면, 과거의 일은 쉽게 떠올릴 수 있다. 60세 이상 사람들 중 10퍼센트가 치매를 앓는다. 84세 이상이 치매를 앓을 확률은 32퍼센트로 높아진다.[16] 나는 처음으로 교인 중 한 명이 알츠하이머 진단을 받았다는 소식을 들었던 날을 지금도 생생히 기억한다. 목회자의 역할은 대부분 말하고 듣고 생각하는 데 치중되어 있기에, 기억력 상실로 사랑스러운 성품을 잃어가는 모습을 보고 충격받았고, 그를 도울 길이 없어서 무척 고통스러웠다.

제임스 우드워드는 치매를 앓는 사람들을 방문할 때 참고해야 할 몇 가지 지침을 알려준다. 방문을 서두르지 말라. 만날 때마다 자신을 소개하고 자신에 대한 정보를 주라. 대화하는 사람과 눈높이를 맞춰 앉으라. 천천히 간단하게 말하되 가르치려 들거나 어린아이 취급하지 말라. 대답할 시간을 주라. 침묵이 길어지더라도 두려워하지 말라. 한 번에 하나씩만 질문하라. 피곤해하지 않는 이른 시간에 방문하라. 필요하다면 접촉하는 방법을 사용하라.[17]

노인에게 과거를 기억하고 회상하며 추억하고, 과거에 수행했던 일과 질문들을 떠올리는 것은 즐거운 일이다. 엘리사벳, 사가랴, 시므온, 안나의 이야기를 들으면, 과거보다는 살아 계신 하나님과 함께할 미래가 있음을 기억하게 된다. 우리 삶이 얼마 남지 않았더라도 하나님은 우리로 하여금 그분이 영원히 새롭게 시작하시고 창조하시며 도전하신다는 기대와 소망을 품고 미래를 향해 나아가도록 붙잡아주신다. 삶에서 하나님을 과거 속에 두지 않고, 멀리서 기억해야 할 유물이 아닌 현재 부활하신 주님으로 늘 기억하는 것은 우리에게 큰 도전이다. 예수님이 말씀하신 대로 하나님은 죽은 자의 하나님이 아니라 산 자의 하나님이시다(막 12:27).

역사는 어디에도 예속될 필요가 없다. 우리는 기쁨으로 과거를 마음껏 추억할 수 있지만, 미화해서는 안 된다. 좋은 옛 시절을 보내보지 못한 사람도 많다. 과거에 겪었던 고통을 잘 기억하지 못하는 것은 망각이 우리에게 은혜라는 증거다. 때로 과거를 회상하는 방식에서 우리의 자기기만이 드러난다.

매 주일 예배 때 성경을 읽고 믿음의 선조들의 지혜를 따를 때, 우리는 그리스도인의 삶에서 기억의 중심이 무엇인지를 보여준다. 성경은 하나님에 대한 가장 위대한 진리와 하나님과 함께한 최고의 모험을 담아두어 우리가 모든 것을 기억할 필요가 없도록 해준다. 교회 생활의 많은 부분이 예수님의 "나를 기념하여 이것을 행하라"는 말씀에 대한 반응이다. 그러나 세상을 구속하시려고 종말론적으로 역사하시는 살아 계신 하나님과 함께

한다면, 어제보다 내일이 더 나은 날이 될 것이다. 기독교적 용서를 실천할 때 한 가지 유익은 과거에 얽매이지 않고 다시 시작할 수 있다는 점이다.

과거를 들춰내고 추억하는 데만 중점을 두고 대화하는 노인을 보면 짜증이 날 수 있다. 고령의 그리스도인은 '추억하기 위한 시간'을 따로 마련해야 할지도 모르겠다. 과거 일을 돌아보는 시간을 한정하고, 현재와 미래를 더 풍요롭게 해줄 일에 더 온전히 집중하는 것이다. 이는 우리에게 현재와 미래의 시간이 점점 줄어들고 있기 때문이기도 하지만, 하나님이 현재와 미래에 우리와 가장 역동적으로 함께해주시기 때문이기도 하다. 그러므로 과거를 회상할 때는 자기 훈련이 필요하다. 사람들이 우리를 찾아와 친절하게 배려해줄 때 우리가 대화를 주도하며 과거 일을 반복해서 이야기하거나 우리의 상처와 고통을 구구절절 읊조린다면, 그들이 다시 우리를 찾지 않을 가능성이 크다.

## 고난

많은 노인이 만성 질병에 시달린다. 기독교의 십자가 신앙 중 이해하기 힘든 한 가지 주장을 꼽는다면 고난이 구원이 될 수 있다는 것이다. 어떤 면에서 그리스도의 고난은 그리스도의 속죄 사역의 신비와 관련이 있고, 우리 고통은 그리스도의 속죄 사역의 일부다. 바울은 자신의 고통스러운 '육신의 가시'를 토로했지만, 복음을 선포하는 일을 포기하지 않았다(고후 12:7). 그리스도는 자신을 따르면 고난에서 해방된다고 말씀하신 적이 없다. 실제로 우리 각자에게 매일 자기 십자가를 지고 그분을 따르라고 명령하셨다(마 16:24-26). 우리 중에는 노년의 시기를 통해 찬송을 부르며 하나님께 구했던 대로 받을 사람이 있을 것이다. "내가 매일 십자가 앞에 더 가까이 가오니 구세주의 흘린 보배 피로써 나를 정케 하소서."[18]

십자가를 지고 제자도를 감당하다 보면 고난을 겪기 마련이지만, 노년기의 고통은 자연스러운 노화 과정으로 인한 육체적 고통일 경우가 많다. 하지만 기독교 신앙은 모든 고통에서 구원받으리라고 장담하지도 않고, 그 구원을 부정하지도 않는다. 바울은 "우리가 환난 중에도 즐거워하나니 이는 환난은 인내를, 인내는 연단을, 연단은 소망을 이루는 줄 앎이로다 소망이 우리를 부끄럽게 하지 아니함은 우리에게 주신 성령으로 말미암아 하나님의 사랑이 우리 마음에 부은 바 됨이니"(롬 5:3-5)라고 말한다. 바울의 자랑은 모든 고난이 가치 있다거나 고통이 긍정적인 효과가 있다는 일반적인 확신에 근거한 것이 아니다. 그가 자랑한 것은 "우리에게 주신 성령"으로 구속하시는 하나님께 고난마저 사용될 수 있음을 기대했기 때문이다.

바울은 그런 기대를 내비친 뒤 미래에 대한 하나님의 약속을 소망하며 고난을 견디라고 촉구한다.

생각하건대 현재의 고난은 장차 우리에게 나타날 영광과 비교할 수 없도다 피조물이 고대하는 바는 하나님의 아들들이 나타나는 것이니 피조물이 허무한 데 굴복하는 것은 자기 뜻이 아니요 오직 굴복하게 하시는 이로 말미암음이라 그 바라는 것은 피조물도 썩어짐의 종노릇 한 데서 해방되어 하나님의 자녀들의 영광의 자유에 이르는 것이니라 피조물이 다 이제까지 함께 탄식하며 함께 고통을 겪고 있는 것을 우리가 아느니라 그뿐 아니라 또한 우리 곧 성령의 처음 익은 열매를 받은 우리까지도 속으로 탄식하여 양자 될 것 곧 우리 몸의 속량을 기다리느니라 우리가 소망으로 구원을 얻었으매 보이는 소망이 소망이 아니니 보는 것을 누가 바라리요 만일 우리가 보지 못하는 것을 바라면 참음으로 기다릴지니라(롬 8:18-25).

이 구절이 "장차 우리에게 나타날 영광" 때문에 고난에서 장차 구원받으리라는 종말론적 소망을 이야기하기는 하지만, 또한 "현재의 고난"을 솔직하게 인정한다(18절). 노화하는 육신은 때로 "탄식"을 낳는 "썩어짐의 종노릇"을 경험한다(21-22절). 과거의 일 때문에나 아무것도 이루지 못한 우리 모습을 보고 후회할 때 고난은 고통과 비애를 동반한다. 인생을 긍정하는 그리스도의 복음은 '인생은 고통'이라는 불교의 금언과 맞지 않는다. 하지만 우리는 육신을 입었기에 고난을 겪으며, 어떤 고난은 세상이 그리스도와 그분의 제자들을 미워하기 때문에 오기도 한다(마 5:11).

안타깝게도 우리의 치료 문화에서 우리는 육체적 고통이나 정신적 고뇌의 고통을 덜어주려는 고귀한 시도를 넘어, 모든 고통은 불필요하고 무의미하며 피할 수 있다는 신화를 믿게 되었다.[19]

작은 교회에서 열린 기도회에서 한 사람이 기도 요청을 하며, "어머니를 위해 기도해주세요. 많이 힘들어하십니다. 이렇게 훌륭한 분이 왜 이런 일을 겪어야 하는지 도무지 모르겠습니다"라고 말했다.

그러나 기도회를 주관하던 목사가 옆에 있던 내게 나직이 귀띔해주었다. "사실 그 어머님은 우리 교회에서 가장 연세가 많으신 분이에요. 96세입니다."

누군가의 고통이 경감되도록 기도해야 마땅하다. 하지만 대폭 늘어난 인생에서 절대 허용해서는 안 될 침입자처럼 고통을 인식하는 태도에 신학적 위험성은 없는가? 96세라는 인생 말년에 있는 사람에게 고통은 허용할 수 없는 부당한 것인가? 그 여성은 또래 교인보다 20년이나 더 긴 삶을 '받을' 자격이 있었을까? 아마도 인생 말년에 이런 고통을 '받아도 될 정도로' 그분이 어떤 일을 한 건 아니었을 것이다.

모든 고난이 무의미하며 죽음은 본질적으로 상상하기 어려운 무시무시한 비극이라는 편견이 널리 퍼져 있다. 그러므로 그리스도인은 삶의 한 측면인 고난과 죽음을 부정하지 않고 제대로 살길을 찾아야 한다. 오직 하나님만이 영원하시다. 인생의 모든 단계에서 우리는 자기 노력이 아니라 하나님의 은혜에 의지한다. 예수님의 고난은 "그리스도와 그 부활의 권능과 그 고난에 참여함을 알고자 하여 그의 죽으심을 본받아"(빌 3:10) 우리 고난을 구속한다. 예수님은 우리보다 더 심각한 고난과 고통을 겪으셨을 뿐 아니라 고난당하는 자들을 깊이 동정하신 분이다. 고난이 있는 곳에 그리스도가 함께하신다.

그런데 주의할 점이 있다. 구속적 고난의 신학이 우리 고통과 고뇌에 도움이 될 수는 있지만, 그것을 절대 타인의 고통에 적용해서는 안 된다. 고통당하는 사람에게 "기뻐하십시오. 당신의 고난은 하나님께 더 가까이 나아가도록 그분이 주시는 선물입니다"라고 말하는 것은 내 몫이 아니다(설령 바울은 그렇게 말했더라도). 하지만 고통당하고 있는 친구에게 겸허한 마음으로 고난 중에 하나님이 함께하신다는 소망의 확신을 심어줄 수는 있다.

노년의 건강 문제와 관련해 많은 연구가 진행되고 있다. 이런 시도는 의료 복지의 차원인가? 아니면 불멸에 대한 환상 때문인가? 병원에서 고통 완화 치료의 목표는 '삶의 질을 개선하기 위한 것'으로 긍정적으로 명시되어 있다. 그런데 이런 치료는 상당 부분 약물을 통해 인간의 고통을 추방하려 한다는 의심을 받기도 한다.

최근 나의 담당 주치의는 이렇게 말했다. "미국의 오피오이드

사태(마약성 진통제 남용 사건) 때문에 우리 병원은 지금 이렇게 안내해드리고 있습니다. '수술에서 회복되는 과정에 통증이 따를 것이며, 자연스러운 치유 과정의 일부로 나타나는 고통을 관리해드릴 것을 약속합니다. 하지만 통증 없는 회복은 불가능합니다.'"

바울은 어떻게 "너희를 위해 기쁘게 고난당한다"라고 선포할 수 있었을까? 바울은 "그리스도의 남은 고난을 그의 몸 된 교회를 위하여 내 육체에 채우[고]"(골 1:24) 있기 때문에 고난을 기뻐하며 자랑할 수 있었다.

그리스도의 고난과 그리스도인의 고난에는 동등한 상관관계가 없으며, 그리스도의 십자가가 모든 고통을 설명해주거나 해결해주지는 않는다. 하지만 고난을 감수하는 예수님의 섬김 방식은 우리 그리스도인이 고난을 이해할 수 있게 하고, 더 나아가 우리 고난을 제자도의 표현으로 보고, 모든 고난이 무의미하다고 생각하는 세상에 복음을 증언할 기회를 준다. 고난당하는 당사자나 다른 누군가에게 고난은 좀처럼 하나님의 선물로 느껴지지 않는다. 하지만 고난에 대처하는 우리 태도는 고통 속에서도 인생을 살아낼 수 있다는 증언이 될 수 있고 다른 이들에게 선물이 될 수도 있다.

고난은 절대 환영할 일이 아니지만, 어떤 대가를 치르더라도 피해야 할 일은 아니다. 우리는 우리를 위해 기꺼이 고난당하신 하나님을 "간고를 많이 겪었으며 질고를 아는 자"(사 53:3)로 섬긴다. 노화는 교회에 교회의 삶과 그리스도의 몸의 일부인 성도들의 삶을 재고하고 개혁할 좋은 기회를 제공한다. 나이가 들었을 때 더 잘 늙기 위해 준비해도 늦지 않지만, 교회가 평소 고통과 노화, 피할 수 없는 죽음을 준비해왔다면 성도들이 노화라는 인생의 큰 변화를 더 쉽게 받아들이고 그 시기를 잘 통과할 것이다.

교회는 고난당하는 사람들을 고립시키고 임종을 앞둔 사람들을 보이지 않게 숨기기보다 다른 사람들의 고통을 함께 나누라고 우리를 촉구한다. 그리스도 자신이 '고난당하는 사람'이셨고 고난의 사랑을 실현하신 것처럼, 고난이 있는 곳에 그리스도가 있고 그리스도가 계신 곳에 우리도 있기를 원한다.

인생의 모든 단계에서 우리는 고통을 겪을 때나 최악의 시간을 맞이했을 때도 일하시며 특별히 함께해주실 그리스도께 우리 마음의 공간을 내드려야 한다. 우리 자신이든, 타인이든, 인간으로서 고통을 피할 길은 없다. 더 중요한 것은 그리스도인들이 그리스도와 함께 십자가의 길을 걷고 있다는 것이다. 고난당할 때 우리는 그리스도가 함께하심을 알고 두려워하지 않을 수 있다. 또한 우리가 고통당할 때 그분과 함께할 수 있다는 사실을 알고 평안을 누릴 수 있다.

목회자로서 나는 사랑하는 많은 이가 고통을 겪고 임종하는 모습을 곁에서 지켜볼 특권을 누렸다. 특권을 누렸다고 말하는 이유는, 내 차례가 되었을 때 내가 배운 대로 보여주기를 바라기 때문이다. "제가 이런 일을 당할 정도로 나쁜 죄를 지었다는 말입니까?"라고 원망하지 않고, 오히려 "이제 하나님이 은혜로 제게 위탁하셨던 삶을 돌려드릴 차례입니다"라고 말할 수 있기를 바란다.

## 의존성

기독교는 의존성을 훈련하는 종교다. 우리가 타인의 은사에 기대어 살아가는 존재이고, 우리 구원이 전적으로 우리 스스로 할 수 없는 일을 우리 대신해주시는 하나님께 달려 있음을 인정하는 것이다. 교회에서 실행하는 가장 근본적이고 선지자적 행위를 하나 꼽는다면, 성찬에 참여하러 앞으로 나와 손을 펴고 예수님의 살과 피를 받는 행위다. 손을 펴 우리가 손에 아무것도 쥔 것이 없는 도움이 필요한 의존적 존재임을 알리는 몸짓은 분명 반문화적이다.

메리 파이퍼는 『또 다른 나라』(*Another Country*)라는 책의 서두에서 "미국의 노년은 필요 이상으로 힘들다"[20]라고 말한다. 자율성에 집착하는 문화에서 노화를 인정하기란 쉽지 않다. (놀랄 것도 없이 우리는 고립과 고독이 만연한 사회에 살고 있다.) 노화나 불치병을 겪으며 의존적으로 살게 되는 것은 하나님이 그리스도인으로서 늘 우리에게 원하시는 상호 의존성의 증거일 수 있다. 노인들은 독립성을 계속 유지할 수 있다는 환상을 품고 있다. 그러나 상호 의존적인 네트워크(지역 교회들처럼)는 인간의 유용성과 존재 의미를 유지하게 해준다.

나는 우리 노년층이 의료 시설에서 일없이 인생을 허비하며 살 필요가 없음을 강조했다. 우리는 적극적 주체가 될 수 있다. 내가 주체성과 주도성을 강조하는 것이 오히려 자율성과 독립성에 대한 비기독교적 입장을 더 받아들인 것은 아닌가? 각자 자신의 노년을 책임지고 인생 후반기를 합리적으로 접근하라는 호소가 노화의 문제를 해결하기보다 오히려 더 악화할 가능성은 없는가? 신체 기능의 약화나 치매로 주체성이 심각하게 훼손되었을 때는 어떻게 해야 하는가? 개인의 자율성을 숭배하는 문화에서 노인의 의존성과 결핍은 인간의 자급자족 능력이 거짓임을 보여준다. 그리스도인은 예수 그리스도가 모든 인간을 서로 의존하는 존재로 만드셨음을 선지자로서 선포하도록 부르심을 받았다.

> 그때에 임금이 그 오른편에 있는 자들에게 이르시되 내 아버지께 복 받을 자들이여 나아와 창세로부터 너희를 위하여 예비된 나라를 상속받으라 내가 주릴 때에 너희가 먹을 것을 주었고 목마를 때에 마시게 하였고 나그네 되었을 때에 영접하였고 헐벗었을 때에 옷을 입혔고 병들었을 때에 돌보았고 옥에 갇혔을 때에 와서 보았느니라(마 25:34-36).

노인만 독립성을 상실할 뿐 아니라 환자와 노인을 돌보고 간호하는 사람 역시 마찬가지다. 자율성이 잘 사는 삶의 증거라면 아픈 사람과 노인 곁을 사랑으로 지키고 돌보며 다른 이의 인생에 매여 있는 사람은 대폭 줄어들 것이다. 그리스도인은 사람들이 고독한 영웅이나 자급자족하는 은둔자와 반대되는 풍성한 삶의 관계적 특성을 회복하도록 도울 수 있다. 우리는 단순히 '상호 의존적'인 것이 아니다. 특별히 기독교적 관점에서 그리스도는 우리가 '서로 의지하며 살도록' 만드셨다. 우리는 생존의 필요를 충족하기 위해 하나님께 복종해야 한다. 뿐만 아니라 하나님은 우리가 그리스도의 몸을 이루는 형제자매들 앞에 설 때 빈손으로 서로와 연결되며 서로 의지하도록 창조하셨다. 바울은 "그뿐 아니라 더 약하게 보이는 몸의 지체가 도리어 요긴하고"(고전 12:22)라고 가르친다.

때로 하나님은 우리가 상실의 고통을 경험할 때 친구와 동료라는 선물에 감사하도록 이끌어가신다. 우리의 상실이 우상을 우리 손에서 제거함으로 더 온전히 하나님을 섬기고 그분께 헌신하게 하기 위한 하나님의 방법일 가능성은 없는가? 인생과 사랑의 고통스러운 일부인 상실은, 구원의 하나님이 우리의 상호의존성과 상호 연결성에 대해 더 감사하고 더 충실하게 해주실 기회일 수 있다. "내가 모태에서 알몸으로 나왔사온즉 또한 알몸이 그리로 돌아가올지라"(욥 1:21).

## 고독감

고독감은 갈망하는 상태이며 공허함을 느끼는 것이다. 특히 개별성과 자율성이라는 우상을 숭배하는 문화 속에서 늙어가는 노인에게는 더욱 그렇다.

고독감은 하나님이 우리 안에 타인과 상호 작용하고자 하는 갈망, 사랑의 소통을 하고자 하는 갈망을 심어놓으셨다는 증거다.[21] 때로 외로움은 한 개인이 겪는 상실의 정도에 비례한다. 어떤 사람들에게 외로움은 자기 소외, 낙심, 자기 거부를 동반한다. 늙고 혼자라고 해서 반드시 고독한 것은 아니다. 때로 고독은 은혜로 충만한 외로움이자 선물이자 특권일 수 있다. 노인들은 고독감을 넉넉하고 충일한 고독으로 승화하도록 훈련할 수 있다. 그러므로 리처드 로어는 성공적인 노화를 위한 과제 중 하나는 "행복하게 홀로 있는 법"을 배우는 것이며, 고독감의 치료제는 "홀로 있는 훈련"이라고 말한다.[22]

저명한 목사로서 늘 대중에게 노출되는 삶을 살아야 했던 한 사람을 알고 있다. 그가 은퇴한 뒤 고립감에 시달리는지는 확실하지 않다. 그는 고독을 즐기고 사람들의 시선에서 물러나 혼자만의 시간을 누리는 법을 꾸준히 훈련했다.

노화에 관한 한 가지 오해는 노인에게 성욕이 없다는 것이다.[23] 노인에게 성과 낭만적 사랑은 실재한다. 하지만 노인 간의 사랑은 복합적일 수 있다. 그들이 지고 있는 짐이 관계에 영향을 미친다. 종종 전 배우자와 자녀와 얽힌 과거가 현재에 영향을 미치기도 한다. 부모나 조부모의 재혼에 대한 자녀의 의견이 그 관계를 어렵게 할 수 있다. 때로 의붓자식은 늙은 부모의 새로운 배우자를 가족으로 받아들이는 데 어려움을 느끼기도 한다.

넷플릭스 시리즈물인 "코민스키 메소드"(Kominsky Method)는 노인의 현실에 대처하는 두 남자를 재미있고 통찰력 있는 시선으로 그려낸다(어떤 비평가는 "서글프다"고 말했다). 결혼에 세 번 실패한 후 샌디 코민스키는 젊은 여성들과 좌충우돌 관계를 시도하는 꼴불견을 보이며 시간을 보낸다. 그의 친구이자 에이전트인 노먼 뉴랜드는 아내와 사별하여 깊은 슬픔에 젖어 있으며, 유대교 신앙 덕분에 그래도 말년을 안정적으로 보낸다. 뉴랜더가 반복해서 지적하듯이, 코민스키의 엉망진창 이성 관계는 성이 노년을 잘 보내는 데 꼭 필요한 일에 대한 절망을 해결해주지 못함을 보여준다.

하지만 노년기의 낭만적 사랑과 성관계는 하나님이 공동체, 교제, 파트너십을 나누는 존재로 우리를 창조하셨고, 65세가 되어도 식지 않는 욕망을 주셨다는 증거일 수 있다.

내가 섬겼던 여러 교회에서 65세 이후 부부의 높은 이혼율을 보고 적지 않게 놀란 적이 있다. 때로 "이제 결혼에서 은퇴하려고요. 그렇게 오랫동안 불행했던 결혼 관계를 계속 이어갈 이유가 어디 있나요?"라고 말하며 이혼하는 사람도 있었다. 어떤 사람은 이렇게 말했다. "일주일 대부분을 밖에서 일하고 있을 때는 그와 부부로 사는 것이 좋았어요. 하지만 집에 틀어박혀 내 어깨너머로 계속 나를 지켜보는 남편을 감당할 수가 없어요."

반대로 이혼했다가 노년이 돼서 재결합하고, 서로 돌보는 세 쌍의 부부도 알고 있다. 그들은 따로 살지 않고 함께 노년을 보내기로 했다.

배우자와 사별한 후 재혼하지 않는 사람이 많다는 것은, 죽음으로 결혼 관계가 끝났을 때 남은 배우자가 피할 수 없는 외로움에 처해 있다고 느끼지 않고 오히려 다른 삶을 살 수 있다는 증거일 수 있다. 남편과 사별한 한 노부인은 내게 이렇게 말했다. "톰과의 결혼 생활은 참 좋았어요. 하지만 이제 톰이 하나님께 갔으니 더는 누구와도 결혼할 생각이 없어요. 이 생활에 만족해요."

풍성한 결혼 생활을 해본 사람은 여전히 사회적으로 왕성한 활동을 하며 때로 낭만적인 관계를 누리려고 노력한다. 남편을 떠나보낸 또 다른 노부인은 이렇게 말하기도 했다. "결혼 생활을 30년간 하고 저 자신에 대해 깨달은 점이 있어요. 전 남자가 좋아요. 혼자 사는 건 싫어요. 목사님, 결혼 예비 상담을 할 준비를 하셔야겠어요."

## 사별로 인한 슬픔

슬픔은 지극히 개인적인 경험이다. 목사로서 나는 슬퍼하는 사람들에게 "애도해야 한다는 사람들의 말을 듣지 말고 애도하고 싶을 때 애도하세요"라고 조언한다.

인생의 어느 시기에나 마찬가지로, 노년기에도 슬픔 앞에서 동일한 경험을 하며, 위로를 받아 아픔을 달래기도 한다. 그런데 대체로 노인은 살아오며 많은 상실을 경험했기에 슬픔을 극복할 수 있는 자원도 많다.

디모데전서 5장 3절은 남편과 사별한(혹은 남편이 순교를 당한) 여성, 즉 과부를 돌아보는 것이 교회의 중요한 일이라고 주장한다. 대부분의 고령 남성에게 결혼은 당연하지만, 65세 생일이 지난 여성은 거의 절반이 남편 없이 홀로 살아간다. 통계적으로 여성 고령자는 재혼하지 않는 경향이 있다. 사별한 모든 여성이 다 외롭고 불행한 것은 아니라는 의미거나, 인생 말년에 낭만적 관계를 시작하고 결혼하기가 쉬운 일은 아니라는 의미일 수 있다.[24] 역시 사람들이 사별을 대하는 방식을 일반화하는 것은 도움이 되지 않는다.

배우자와 사별하면 "이제 아내나 남편의 역할을 할 필요가 없다면 나는 누구인가?"라는 질문을 해야 한다.[25] 때로 배우자와 사별하면 생활 방식을 새롭게 정립하거나 우정을 재조정해야 한다. 배우자를 잃고 슬픔에 빠져 힘들어한다고 병리학적으로 접근해서는 안 된다. 슬픔이 깊다면 그만큼 사랑했다는 뜻이고, 그 슬픔은 배우자를 잃고 회복과 재조정을 위해 반드시 거쳐야 하는 과정이다.

젊었을 때 목회자로서 남편이 갑작스럽게 사망한 노부인을 돌보고 목회하던 나는 사별한 다른 노부인들이 그 부인을 위로하는 모습을 보게 되었다.

"당연히 큰 충격을 받았을 거예요. 받아들이기 힘들지요." 한 여성은 이렇게 말했다. "하지만 그래도 이 모든 일에서 밝은 면을 보게 될 거예요." 뭐라고요?

또 한 분은 이렇게 말했다. "우리는 1년에 세 번 애틀랜타로 쇼핑하러 가고, 해마다 봄이 되면 크루즈 여행을 가요. 조지가 세상을 떠나서 슬퍼요. 하지만 우리 클럽의 일원이 된 걸 환영해요!"

(그들의 위로가 마음을 안심하게 해주었을지는 모르지만, 목회자로서 나는 이 결혼 졸업 클럽에 쇼핑보다 더 중요한 목표를 심어주는 일에 즉각 착수했다.)

## 성별에 따른 차이점

여성이 남성보다 더 오래 산다. 사망률의 성별 격차는 생물학적 요인뿐 아니라 사회적 요인이 작용하는 것으로 보인다. 우리 문화에서 남성은 특유의 경쟁심, 위험도가 높은 활동, 마약과 알코올 남용으로 질병과 사고를 당할 가능성이 더 크다. 여성은 남성보다 노화에 더 유연하고 탄력적으로 대처하는 것으로 보인다. 아마 여성은 더 많은 경제적 기회가 부여되는 것에 따라(더 많은 스트레스와 긴장을 동반하는), 남성은 더 폭넓은 역할에서 기능하는 법을 배우는 정도에 따라 달라질 수 있을 것이다.

노인 빈곤층의 거의 4분의 3은 여성이 차지한다. 이런 불균형은 사회 보장 제도의 조직 방식이나 여성과 남성 간 임금 격차, 혹은 이혼이 여성에게 더 불리하게 작용하는 사회 구조적 측면에 원인이 있을 수 있다. 경제적으로 불공정한 이혼 조정은 때로 노년이 되어서야 그 쓰라린 열매를 맺는다. 배우자 없이 빈곤한 노년을 보내며 홀로 사는 사람들의 부정적인 짐은 대부분 남성보다는 여성에게 더 특징적으로 나타난다.[26]

고령의 남성은 노화 과정에서 종종 강한 양가감정을 경험하며, 더는 의미 있는 활동을 못 하고 인간으로서 존재 의미를 상실했다고 생각하기가 쉽다. 남성은 세상에서 일할 때 사회적 지지를 충분히 받지 못한다. 그러므로 교회가 그들을 지지해준다면 노화 문제를 극복하는 데 큰 역할을 할 수 있다. 여성은 남성에 비해 권력, 명성 등의 세속적 자원에 접근할 가능성이 더 낮다. 따라서 교회에서 주어지는 권력과 영향력, 리더십을 더 소중히 여길 수 있다(혹은 교회에서 그런 기회를 주지 않았을 때 더 분노할 수도 있다).

노년 남성에 비해 노년 여성이 교회 출석률이 높고, 더 열심히 기도하며, 종교가 중요하다고 응답하는 비율이 높은 까닭이 바로 이 때문이다. 일부 연구에서는 인생 말년에 남성과 여성이 고정적 역할에서 탈피해 인생의 총체성과 통합성을 발견하는 데 더 집중한다는 것을 보여준다. 심지어 노년기에는 성 역할에 대해 심리적으로 초월하게 된다고 주장하는 연구 결과도 있다.[27] 노년기에 남성은 돌봄과 간호를 즐기고, 여성은 재정 관리에 더 많은 권한을 가지며, 교회와 사회에서 더 많은 리더십을 감당하기 때문에 성 역할의 사회적 구조가 사람들에게 부과한 제약을 어느 정도 극복할 수 있다는 것이다.

### 교회 생활의 유익

미국에는 35만 개가 넘는 가톨릭과 개신교 교회가 있다. 미국인의 약 70퍼센트가 스스로 특정 종교 교단의 일원이라고 생각한다. 그리고 노년층의 거의 40퍼센트가 매주 예배에 참석한다고 주장한다. 65세 이하의 성인 중 90퍼센트가 특정 종교에 속해 있다고 한다. 50세에서 64세의 성인 중 84퍼센트가 종교가 있다. 아프리카계 미국인과 라틴계 미국 성인의 경우 그 비율이 약 5퍼센트 더 높다.[28]

기독교 여론 조사 기관인 바나 그룹(Barna Group)이 2002년에 발표한 자료에 따르면, 노년층의 약 89퍼센트가 기도를 드리고,

절반 정도가 기도 드리는 그 주간에 성경도 읽는다고 한다. 그리고 55퍼센트가 지난 7일 동안 종교 예배에 참석한 적이 있다고 답했다.[29] 노년층이 인생의 많은 영역에서 활동이 축소되어 힘들어하는 반면, 이들은 미국에서 종교적으로 가장 왕성하게 활동하는 연령 집단이기도 하다.

한 목회자는 교인들에게 이렇게 말했다. "교회의 출석률이 낮아지는 중이지만 65세 이상이신 여러분이 출석률을 높여주시리라고 기대합니다. 기도와 찬양 시간에 함께해주시기를 바랍니다. 그 어느 때보다 더 열심히 해주십시오. 주중에 음식 나눔 봉사 준비를 도와주실 수는 없겠지만, 적어도 예배 시간에는 참석하실 수 있습니다!"

「종교 노년학 저널」(*Journal of Religious Gerontology*)은 노년층이 종교에 심취한다는 정기적인 연구 결과를 발표했다. 1999년도 연구에 따르면, 65세에서 74세에 해당하는 사람들의 79퍼센트가 종교가 "매우 중요하다"고 응답했다. 어떤 연구는 나이가 들수록 사람들이 더 종교적이 된다는 사실을 보여주었다. 물론 젊었을 때와 마찬가지로 노년기에도 종교 활동에 참여하는 양상이 다양했다.[30]

종교가 노인 건강에 미치는 긍정적 효과를 어떻게 평가해야 할지 한마디로 단정할 수는 없다. 무엇보다 개인의 종교적 습관 외의 요인들을 통제하기가 어렵다. 55세의 적극적인 모르몬교 신자는 일생 술을 입에 대지 않았으므로 장수할 가능성이 크다.

그러나 그의 종교적 신념과 금욕적 삶을 어떻게 분리할 수 있겠는가?

몇몇 연구는 연령이 높아질수록 종교에 대한 관심이 증가함을 보여준다. 하지만 그 이유는 무엇인가? 조지 베일런트는 그랜트 연구로 연구 대상자들의 종교적 참여가 증가하는 것을 확인했지만, 종교 활동에 적극적인 사람들이 "9배 이상 우울 증상을 보였고, 장애를 겪거나 80세 이전에 사망한 수가 3배 이상"이라고 지적했다. 베일런트는 종교가 정신 건강에 부정적인 영향을 미쳐서가 아니라, 우울하고 불안 증세가 높은 사람들이 종교적 위안을 찾을 가능성이 더 크기 때문이라고 주장한다.[31]

베일런트는 신체 건강과 종교 활동 참여의 상관관계가 별로 없음을 발견했다. 또한 종교적 성향이 강한 사람들의 사망률에 차이가 전혀 없고, 흡연율이나 알코올 남용의 차이가 전혀 없음을 발견했다. 모르몬교, 제7일안식일 예수재림교, 복음주의 그리스도인은 무신론자 이웃들보다 더 장수하고, 담배도 더 적게 피며, 술도 덜 마신다. 베일런트가 보기에 "종교적 헌신 자체보다 술과 담배를 절제하는 생활 방식이 장수와 더 관련 있다."[32] 하지만 "엄격히 의료적인 시각보다 심리 사회적인 시각에서 볼 때 종교적 신앙은 여전히 인간에게 중요한 위로의 원천으로 기능하고, 많은 이에게 (과도한) 술과 담배를 대체하는 역할을 한다."[33]

특히 베일런트는 종교 활동이 사회적 지지를 강화해줄 것으로 추정했지만, 그랜트 연구 대상자들에게서 유효한 증거를 찾아내지 못했다. 하지만 베일런트는 종교 활동에 참여하는 것이 외로운 이들에게 위안을 줄 수 있다고 생각한다. 하나님은 사람들이 우리를 사랑하지 않을 때도 우리를 사랑하신다.

베일런트는 "인상적인 한 연구 결과에 따르면 종교 집회 참석이 조기 사망을 예방한다고 제안한다"라고 말한다. 하지만 종교 집회 참석과 조기 사망 예방의 직접적인 인과 관계는 발견하지 못했다. 담배와 술은 중요한 요인이지만, 종교적 훈련과 신체적 건강을 연결하려는 연구에서 종종 보고될 뿐이다. 베일런트는 이런 연구들이 하나님을 믿지 않는 소위 불가지론자들을 '사회적 주변인'으로 취급하기 쉬운 바이블 벨트(Bilbe Belt, 기독교 성향이 강한 미국 남부 지역-역주)에서 주로 이루어지는 것은 아닌지 의심한다. "종교 활동에 참여한 것이 분명하며 건강하게 사회에 적응한 집단을 보면, 종교 활동 참여는 따뜻한 인간관계, 사회적 지지, 양호한 신체적 건강과 관련 있을 가능성이 크다. 그러나 그런 관련성의 증거가 종교적 참여와 건강의 직접적인 인과 관계를 반영하지는 않는다."[34]

1998년 나의 동료인 해롤드 코닉(Harold Koenig)은 '듀크 대학 영성, 신학, 건강 연구 센터'를 설립했다. (목회자와 교회 지도자는 센터에서 정기적으로 발행되는 연구 결과에 대한 보고서와 정기 뉴스 레터와 해석 내용을 https://spiritualityandhealth.duke.edu에서 확인할 수 있다.) 코닉과 그의 동료 더글러스 로슨(Douglas Lawson)

은 노년층의 종교 활동 참여와 양호한 신체 건강 사이에 신뢰할 만한 관련성이 있다고 주장한다. "꾸준히 증가하는 과학적 증거는, 종교 활동 참여가 더 양호한 신체 건강, 안녕감의 증가, 우울감 저하 그리고 병원 입원을 비롯한 의료 서비스 이용 감소와 연관이 있음을 보여준다. 주요 기관에서 실시한 수백 건의 조사 연구는 종교적 신념과 실천이 모든 연령대의 사람들에게 스트레스를 관리하는 데 도움이 되고, 유익한 사회적 지지 네트워크와 접촉을 높여주며, 건강에 부정적 영향을 미치는 활동, 가령 마약과 알코올 남용, 흡연, 위험한 성적 행위, 질병과 장애의 원인이 되는 모든 활동을 멀리하는 데 도움이 된다는 점을 시사한다."[35]

코닉은 "종교성이 책임감, 몰입, 타인에 대한 관심과 관대함을 함양하는 데 도움이 된다"고 믿는다. 종교적 신앙과 행위는 노년층이 비의료적 "건강 서비스를 제공하고 누군가를 정서적으로 지원하고자 하는" 적극성과 능력을 강화한다. 코닉은 노년의 간병 자원봉사자들이 "향후 수십 년간 의료 보장 제도가 완전히 퇴보하는 것을 막는 핵심 요인"으로 기여할 수 있다고 생각한다.[36] 자원봉사는 많은 사람이 의미 있는 은퇴 생활을 하는 데 기여할 주요 요소이고, 지금까지 지적했듯이 상호 이익이 발생한다. 노년층은 대부분 출석하는 교회를 통해 자원해서 섬기는데, 기독교 노인학자인 닐 크라우스(Neal Krause)는 "영성은 고령의 자원봉사자들이 자발적으로 봉사하는 가장 중요한 동기로 작용한다"[37]라고 말했다.

노화와 종교에 관한 연구는 성공적인 노화가 아니라 종교를 정의하는 일에서 가장 큰 난항을 겪었다. 종교와 영성, 혹은 종교와 일반적인 인생 철학을 어떻게 구분할 수 있는가? 또한 연구자들은 교회 생활에 참여하는 것과 다른 이타적 시민 단체 참여를 구분하는 일에서도 어려움을 겪었다. 젊은이보다 종교에 더 적극적인 노년층이 단순히 시간적으로 더 여유가 있어서 더 적극적인지 어떻게 알 수 있는가?

일반적으로 연구자들은 종교의 연령별 차이를 평가할 때 종교 활동 참여도를 비교하고 대조하는 방식을 사용한다. 한 개인이 종교적이라는 것을 어떻게 평가할 수 있는가? 연구 결과에 따르면 노년층이 젊은 층보다 더 종교적임을, 다시 말해 종교 기관에 더 종교적인 동기를 가지고 참여하는 것을 알 수 있다.[38] 그러나 모든 종교 지도자는 단순히 충실한 교회 출석이 신실하다는 증거라고 자신 있게 말하지 못할 것이다.

크라우스는 노화와 종교를 연구하면서 단순히 교회 출석률이나 기도 횟수와 같은 지표들뿐 아니라 교회를 기반으로 한 사회적 관계들도 살펴보았다. 그는 노인들이 교회에서 매우 높은 수준의 관계를 맺는 것을 발견했다. 평생 사람들이 종교 활동에 참여하는 궤적이 다양하므로, 연령에 따른 사람들의 종교적 참여 정도를 일반화하기란 어렵다고 인정한다.[39]

하나님에게서 기인한 종교 활동 참여 효과와 기독교 공동체

안의 관계에 대한 개인의 갈망에 기인한 종교 참여의 효과를 구분하기란 쉽지 않다. 어쩌면 이런 두 요인을 굳이 구분할 필요가 없을지 모른다. 기독교는 공동체적이고, 사회적이며, 성육신적 신앙이다. 크라우스와 코닉은 교회 안의 사회적 관계가 중요함을 강조하고, 건강과 긍정적인 관련성이 있다는 것을 이 관계들에서 찾는다.

노인의 인종별 차이에 관한 연구는 아프리카계 미국인 노년층이 백인 노년층보다 종교에 더 적극적으로 참여한다는 것과, 건강과 웰빙에 대한 종교의 긍정적 효과가 백인 노년층보다 흑인 노년층에서 더 명백하게 드러난다는 결과를 보여준다.[40] 기독교 신앙은 인종 차별이라는 악에 맞서는 흑인 신자들을 지지했고, 아프리카계 미국인 사회에서 교회가 백인 문화와 다른 방향으로 여전히 핵심적 요소를 차지하는 이유를 설명한다. 일부 연구자는 아프리카계 미국인의 교회는 비아프리카계 미국인 교회보다 노년층을 지지하는 경향이 강하다고 본다. 많은 흑인은 조상들이 노예제의 악습을 해결하는 데 종교의 도움을 받은 것을 자랑스럽게 생각하고, 그들의 교회가 미국에서 종교 차별을 해체하는 데 앞장섰다는 자부심을 가지고 있다. 그래서 교회에서 노인들이 존경을 받는다.

종교가 우리 건강에 긍정적인 영향을 미친다는 자료를 지나치게 강조하는 것이 마음에 썩 내키지는 않는다. 우리 신앙을 실용적이거나 도구적인 차원에서 평가하고 싶은 사람이 누가 있겠는가? 예수 그리스도를 예배하는 것이 우리의 혈압 관리에 도움이 되는지 아닌지를 떠나 그리스도는 무엇보다 우리 주가 되신다. 조사 자료로 인과 관계를 단정해서는 안 되지만, 코닉의 연구는 많은 신자가 종교 참여의 긍정적인 부수 효과를 경험했음을 확인해주는 것 같다. 즉, 종교와 교회 활동 참여는 노화의 여러 과제를 비롯해, 인생의 과도기에 순응하고 수용하는 데 도움이 된다는 것이다.

## 경제 여건

허리케인 카트리나가 뉴올리언스를 강타했을 때 천 명이 넘는 사망자가 발생했다. 사망자의 대다수는 경제적으로 취약한 사람들이었다. 더욱이 사망자의 74퍼센트가 60세 이상의 고령자였고, 50퍼센트는 75세 이상이었다. 하지만 뉴올리언스의 인구 중 노년층의 비율은 불과 11.7퍼센트에 불과했다.[41] 우리가 노인들을 억압하는 경제 체제에 맞서지 않는다면 노인을 공경한다고 할 수 없을 것이다.

유색 인종에게 노화는 경제적 불이익이 누적되는 것으로 나타난다. 의료 시설과 직업, 교육에 대한 접근성이 제한된 것은 노인이 신체적으로 부정적인 경험을 하는 데서 드러난다. 미국에서 고령 여성의 3분의 1이 빈곤선 아래서 생활하고 있지만, 유

색 인종 여성의 경우 그 수치는 50퍼센트가 넘는다.[42]

백인으로서 특권을 누리며 풍요로운 나라에서 살고 있는 사람은 온갖 종류의 값비싼 치료 혜택을 누리고 있다. 또한 비싼 의료 서비스를 받아 삶의 질을 개선하는 것보다는 자신의 부유함 때문에 발생하는 의료적 딜레마를 염려한다. 슬프게도 건강에 투자하는 많은 돈이 부유한 사람들을 위한 미용 목적의 시술에 집중되고 있는 반면, 평생 기본 의료 혜택, 예방 접종, 안전한 식수에 접근조차 쉽지 않은 노인이 적지 않다. 미국의 의료 보장 제도의 경우, 부유할수록 노년의 삶의 방식을 선택할 수 있는 더 많은 기회를 보장받는다.

병원에 입원한 80대 교인을 방문한 나는 그를 위해 어떻게 기도해주기를 바라냐고 물어보았다.

"젊은 담당 의사가 그냥 날 내버려두게 해달라고 기도해주세요. 그 바보 같은 인간은 수명을 2년 더 늘려줄 치료를 억지로 받게 하려고 해요. 내가 스무 살이라면 그 제안을 받아들이겠지요. 더 젊은 사람들에게 사용해도 되는 아까운 자원을 왜 허비하는 걸까요? 그건 '건강 관리'가 아니라 죽음을 부정하는 겁니다. 저는 사양하겠어요. 이 정도도 충분합니다."

여러 경제 문제는 자원 분배의 공정성에 관한 문제들을 제기할 뿐 아니라, 재물의 위험성에 대한 예수님의 경고를 기억하게 해준다. 예수님은 재물이 불평등하게 분배되기 쉽고, 부자들에게 특권 의식을 심어줄 뿐 아니라, 우상 숭배를 부추기고, 인격적 타락을 야기할 수 있기 때문에 문제가 된다고 가르치셨다. 게다가 재물은 건강 관리에 절대적 가치를 부여해서 우상으로 섬기게 할 위험성도 있다. 재물이 하나님보다 죽음을 더 두려워하게 만들어서 우리 마음이 그 두려움에 장악될 수 있기 때문이다. 우리는 인생의 대부분을 일하는 데 쓰느라 다른 사람을 돌볼 시간을 거의 낼 수 없는 세상에서 살아가고 있다. 이런 사회에서 아픈 사람들을 찾아가고 임종을 앞둔 사람들을 돌보는 일은 쉽지 않다. 사랑하는 사람을 직접 간호하기보다 간병 비용을 지불하기 위해 돈을 버는 편을 선택할 것이다. 노인이 부담을 주는 존재가 된 것은 우리 주변에 도움이 필요한 노인이 많아서가 아니다. 다른 사람들의 필요에 반응할 시간이 거의 없이 자기중심적 삶을 사는 데 치중하기 때문이다. 노인 돌봄의 위기는 교회가 어떤 방향으로 나가야 할지 가르침을 준다. 교회는 성도가 노인들에게 관심을 갖도록 도와야 하고, 하나님이 아닌 맘몬을 의지하며 살아온 부적절한 삶을 돌아보도록 깨우쳐줘야 한다.

16살이든 60살이든 탐욕은 추하다. 예수님은 "여러 해 쓸 물건을 많이 쌓아 두었으니 평안히 쉬고 먹고 마시고 즐거워하자 하리라"(눅 12:19)고 헛되이 말하는 이들에게 경고하셨다. 우리는 신중하게 은퇴를 계획하고 자신을 위해 보물을 쌓는 사람들을 현명하다고 생각할 수 있다. 하지만 예수님은 이 비유에서 그런 사람을 "어리석은 자"(20절)라고 부르신다. 교회는 우리를 어리석은 생활에서 구해줄 수 있다.

### 정치와 사회 정책

노년기의 과제는 전적으로 개인적이지도 않고, 교회에서 교제하고 소통하는 문제에만 국한되지도 않는다. 많은 사람이 노년기를 힘들게 보내는 것은 구조적이고 정치적인 이유 때문이고, 사회 정책과 관련이 있다. 돌봄이 필요한 사람들과 간병을 제공하는 사람들이 독립성과 선택권과 존엄성과 돌봄에 대한 통제권을 더 많이 갖게 해주어야 한다. 돌봄과 질병 예방 서비스에 대해 공평하게 접근할 수 있어야 한다. 의료 서비스는 성과, 품질, 효율성을 기준으로 평가되어야 한다. 치매를 앓는 사람들을 돌보기 위한 자원들을 개발하되, 이것이 의료 시스템에 과도한 부담이 돼서는 안 된다. 또한 노인들이 좋은 생활 습관을 기르게 하고 운동 프로그램을 제공하는 등 삶을 건강하게 관리하도록 격려해야 한다.

한 사회가 모든 시민에게 기본 수준의 인권과 역량을 보장하지 못하면 최소한의 공정함마저 갖추지 못할 수 있다. 제약 회사는 이윤을 연구에 재투자하고 있음을 보여주어야 한다. 의료 복지 종사자는 노동에 대해 정당하게 보상받아야 한다. 노년기의 건강 관리는 질병에 대한 치료 문제를 다뤄야 할 뿐만 아니라 영양, 레크리에이션, 운동, 부상에 관한 부분도 다뤄야 한다. 노인은 공원과 레크리에이션 시설을 이용할 수 있어야 한다. 대중교통은 노인의 삶의 질을 좌지우지한다. 교통 체계가 자가용 위주로 편성되어 있고, 안전한 자전거 도로와 보행자 도로가 부족한 현실은 노인에게는 심대한 도전이고, 사회 정책이 빈약하다는 증거이기도 하다.

### 부담이 되는 존재

그리스도인으로서 노화를 생각한다면, 교회는 누군가에게 무거운 책임을 지우거나 짐이 되지 않고 살 수 있다는 신화에 맞설 수 있다. 그리스도인들은 그리스도를 따르라는 요청에 부응하여 그분의 멍에를 지며, 피곤하고 무거운 짐 진 모든 사람에게 쉼을 얻으라고 부르시는 초청에 응하는 사람들이다(마 11:28). 예수님은 자신의 멍에는 쉽고 짐이 가벼우니 그분의 멍에를 지고 그분의 짐을 지라고 부르시며 안식을 약속하셨다. 이것은 이해하기가 쉽지 않다(29-30절). 그리스도는 모든 짐을 완전히 벗어버리라고 부르지 않으신다. 그분의 멍에와 짐을 지기 위해 세상이 우리 등에 지어준 짐을 벗어버리라고 요청하신다. 모든 짐에서 해방되게 해주시는 것이 아니라 질 가치가 있는 짐을 지게 해주신다는 말이다. 바울은 짐을 지는 것이 "그리스도의 법"이라고 규정한다. "너희가 짐을 서로 지라 그리하여 그리스도의 법을 성취하라"(갈 6:2). 세상은 우리 짐이 아니라고 말하지만 그리스도는 그분을 섬기는 수단이라고 말씀하시는 짐을 지는 훈련의 종교가 기독교라고 생각하라.

그리스도의 멍에를 진다는 것은 그분의 몸인 교회에 매인다는 뜻이다. 우리는 다른 사람들에 대해 책임을 져야 하고, 또한 다른 이들의 짐이 되는 법을 배워야 한다. 도움을 받는 것과 도움을 베푸는 것 중 무엇이 더 어려운가? 우리 문화권에서 누군가에게 "당신의 도움이 필요하다"라고 말하며 누군가에게 "짐을 서로 지라"는 그리스도의 명령을 순종할 기회를 주는 것은 하나님의 은혜 덕분이다. 기독교는 우리에게 세례 말고는 어떤 연관성도 없는 이들에게 기꺼이 짐이 되는 법을 가르친다.

어떤 교인에게 "어머니를 당신 아파트로 모셔서, 당신 혼자 어머니를 책임지는 것이 공평하다고 생각합니까?"라고 물어보았다.

"제 어머니가 필요했을 때 어머니는 제 곁에 있어 주셨습니다. 나를 이 세상에 나오게 해주시고 나를 돌봐주신 어머니를 돌봐드리게 되어 하나님께 감사합니다." 그리스도의 짐을 진 사람들은 바로 이런 식으로 생각한다.

가족이 먼 곳에 있는 우리 교회 출신의 한 노인을 돌보기 위해 매일 양로원을 방문하는 한 여성도를 칭찬하자 그녀는 이렇게 말했다. "바로 오늘 아침 이렇게 사랑을 실천할 수 있게 해주어서 조에게 감사하다고 말했어요. 저는 늘 신실한 그리스도인으로 살지 못하고 실패하기만 했어요. 하지만 조가 이렇게 도움이 필요할 때 제가 도울 수 있게 해주어서 더 보람찬 삶을 살게 되었어요. 저 혼자였다면 절대 가능하지 않았겠죠."

우리 중 그리스도 안에서 "혼자 힘으로 다 할 수 있다"라고 말할 수 있는 사람은 아무도 없다. 사랑의 하나님께 짐이 된 우리는 다른 사람들의 짐을 지고, 우리 또한 그들에게 짐이 되라는 그리스도의 부르심을 받았다. 교회는 노화에 대비하는 일환으로서 성도들이 이렇게 서로 짐을 지는 경험을 할 수 있는 환경을 만들어주어야 한다. 자녀와 손자 손녀들이 간병하도록 훈련하고, 그들이 노인들과 함께하는 경험을 늘려나가도록 격려해야 한다. 돌보고 돌봄을 받는 것은 상호 의존성보다 독립성을 더 중시하는 사회에서 선지자의 역할을 감당하는 행동이다.

우리 사회에는 늙는 것에 대한 공포심 때문에 세월이라는 선물을 거부하는 정서가 널리 퍼져 있다. 물론 이 정서를 거부하는 이들도 있다. 자살률, 특별히 남성 노년층의 자살률이 높다. 이렇게 노인 자살률이 높은 이유는 의존적 상황이나 남의 고통과 죽음에 아무 관여도 하지 않는 풍토 때문이다. 그러나 세례를 받은 우리 삶은 하나님의 소유가 되고, 우리 몸은 하나님과 세상을 섬기는 선물이 되었다. "내가 그리스도와 함께 십자가에 못 박혔나니 그런즉 이제는 내가 사는 것이 아니요"(갈 2:20). 생명의 신성함을 호소하려는 것이 아니다. 인생은 무슨 대가를 치러서라도 보존해야 하거나 우리가 원하는 대로 소비해야 할 우리 소유물이 아니다. '삶의 질'에 대한 논쟁도 큰 도움이 되지 않는다. 여러 번 말했지만, 의사의 조력을 받는 자살을 찬성하는 주장은 우리 고통이 자신이나 타인에게 아무 의미가 없다고 암시하는 것이다. 이런 윤리적 논쟁들은 먼저 '하나님은 어떤 존재로 우리를 창조하셨는가?'와 '인간의 존재 목적은 무엇인가?'와 같은 신학적 질문으로 접근하고 해결해야 한다.

몇 년 전에 교인들이 이 문제를 고민해보도록 돕기 위해 했던 설교를 소개해보겠다.

### 누군가의 짐이 되는 축복[43]

"우리가 우리 하나님 앞에서 너희로 말미암아 모든 기쁨으로 기뻐하니 너희를 위하여 능히 어떠한 감사로 하나님께 보답할까…"(살전 3:9-13).

인생의 말년을 보내는 분들을 목회하면서 한 가지 깨달은 것이 있습니다. 건강 악화나 육신의 연약함의 문제를 겪을 때, 사람들이 두려워하는 것은 죽음 자체가 아니라 죽어가는 과정이라는 것입니다. 그들은 오랫동안 병석에 누워 생활하다가 죽음을 맞을까 봐 두려워합니다. 매우 특이한 것은 '가족의 짐이 되는 것'을 두려워한다는 것입니다. 우리는 다른 사람들에게 짐이 되지 않고 세상을 떠나게 해달라고 기도합니다.

제게는 두 명의 자녀가 있습니다. 제가 늙어서 그들에게 짐이 되고 싶겠습니까?

그런데 말입니다. 짐이 되면 안 되는 이유는 무엇입니까? 그들은 지금까지 제게 짐이 되었습니다. 사실 그들에게 생명을 준 사람은 제가 아닙니다. 그들이 태어날 때 제가 그냥 그곳에 있었고 그에 대한 대가를 치렀을 뿐입니다. 제가 많이 해주진 않았지만, 저는 우리 아이들의 기저귀를 갈아주어야 했습니다. 또 수영 대회에서 뜨거운 햇볕 아래 땀을 흘리며 앉아 있어야 했습니다. 그러다가 학부모 모임에 참석해야 했습니다! 그 모임에 참석하느라 제 일정을 몇 번이나 조정했는지 모릅니다. 아이들은 거의 20년 동안 매일 제게 짐이었습니다. 집에서 독립한 뒤에도 여전히 저는 자녀들을 걱정합니다. 그런데 죽기 전 불과 몇 년간 그들에게 짐이 된다고 괴로워해야 할 이유가 어디 있습니까?

가족이 된다는 것은 서로에게 짐이 된다는 뜻입니다. 사랑하고 사랑받기 위해 우리가 치러야 할 대가의 일부입니다.

우리는 존 로크(John Locke)와 토머스 제퍼슨(Thomas Jefferson) 같은 사람들이 주장하는 실수에 가까운 가르침을 맹종하여, 자율적인 개인들이 자기 욕구를 더 잘 충족하고자 서로 합의하기로 한 보이지 않는 '사회적 계약' 아래 산다고 말하는 세상에서 살고 있습니다. 한 국가에는 이 이론이 적용될지 모르지만, 가정에서는 절대 이런 관계가 성립되지 않습니다. 가족이 된다는 것은 서로에 대해 권리를 주장하는 것입니다. 사랑은 짐을 회피하지 않고 기꺼이 짐을 지려고 합니다.

사랑은 다른 사람들과 기쁨으로 짐을 지는 순간이 가장 인간답다고 가르칩니다. 다른 이의 짐을 거부하거나 피한다면 자신의 인간성을 배신하는 것이나 진배없습니다.

다른 사람들의 필요에 기꺼이 부응하고, 누군가가 우리 삶을 방해하더라도 기꺼이 받아들이며, 삶을 에둘러 잠시 쉬어가는 것이 사랑의 본질입니다. 우리는 스스로 선택도 계획도 하지 않은 요구와 방해와 짐에 기꺼이 응함으로써 인간다움을 가장 잘 드러낼 수 있습니다.

인생이 다른 사람들의 짐에서 완전히 자유롭다고 말하는 것은 이렇게 말하는 것이나 마찬가지입니다. "나는 혼자다. 내 인생 말고 내 인생의 더 나은 목적 따위는 없다." 예수님은 마태복음에서 "수고하고 무거운 짐 진 자들아 다 내게로 오라 내가 너희를 쉬게 하리라…이는 내 멍에는 쉽고 내 짐은 가벼움이라"(11:28, 30)고 말씀하셨습니다. 여기서 눈여겨볼 점은 예수님이

"너희 수고하고 무거운 짐진 자들아 내게로 오라. 내가 너희의 짐을 들어주리라"고 말씀하지 않으셨다는 것입니다. 그 대신 예수님은 "내게 오라. 내가 너희 목과 등에 이전에 진 적이 없었던 멍에와 짐을 지게 해주리라"고 말씀하셨습니다. 그분의 멍에는 '쉽고' 그의 짐은 '가벼울지' 몰라도 짐은 짐입니다. 예수님은 짐을 지는 삶이 풍성한 삶이라고 가르쳐주셨습니다.

사회가 우리 등에 지워주는 수많은 짐을 내려놓는 훈련이 바로 신앙생활이라고 생각해보십시오. 세상이 우리에게 지워준 짐, 즉 부자가 되는 짐, 누구에게도 간섭받지 않는 개인의 자유를 향한 끝없는 갈망과 자신을 향한 열렬한 관심이라는 짐을 내려놓고, 예수님을 만나기 전에는 한 번도 지지 않았던 짐을 지도록 훈련하는 것이 바로 신앙생활입니다.

주일 예배가 끝나고 한 여성도가 내게 와서 이렇게 말했던 때가 지금도 기억에 생생합니다. "우리가 자신 말고 다른 사람을 위해 조금도 기도하지 않는다는 사실이 괴롭지 않으신가요? 우리는 우리 교인들 중에서 병원에 입원한 사람, 이런저런 어려움을 겪고 있는 사람들을 위해 기도합니다. 그런데 예수님은 원수를 위해 기도하라고 말씀하지 않으셨나요? 예수님은 심지어 알지도 못하는 사람들을 형제자매처럼 대하기를 원하지 않으실까요?"

그녀의 말이 옳습니다.

그렇다고 생전에 유언장을 작성하지 말라거나, 사전연명 의향서를 작성하지 말라는 의미는 아닙니다. 또한 감당해야 할 삶의 무게가 특별히 더 무거운 상황을 위해 혹은 집중적이고 지속적인 돌봄이 필요한 부모나 자녀를 부양하기 위해 도움과 지원을 구하지 말라는 말도 아닙니다.

이 말은 예수님이 삶의 상호 의존성을 더 깊이 자각하라고 촉구하신다는 것을 의미합니다. 우리 중 누구도 섬처럼 외따로 떨어져 살아가지 않습니다. 우리 자녀들에게는 자신의 삶을 기꺼이 희생해서 돌보고 양육해줄 어른들이 필요합니다. 노인들에게는 자신의 삶을 기꺼이 희생해줄 성인 자녀들이 필요합니다. 그로써 철저히 의존적이었던 그들이 우리에게 받았던 사랑을 일부라도 돌려주는 축복을 누리는 것입니다. 우리는 모두 누군가의 도움을 받아야 합니다. 하나님은 이런 식으로 우리를 하나로 이어주십니다.

그리스도인은 자기를 내어주신 예수님의 사랑이라는 시선으로 자신과 이웃을 바라보고, 그런 짐을 하나님이 주신 축복으로 여깁니다.

우리에게 의지하는 사람들을 돌보는 부담에서 벗어

나고 싶어 하는 이유가 무엇일까요? 그들이 겪고 있는 정신적, 육체적 질병과 무능력이 우리가 무시하고 싶어 하는 한 가지 진실을 깨우쳐주기 때문입니다. 바로 우리가 모두 의존하는 존재이고, 모두 일종의 최종적 무능력 상태로 향해가고 있다는 진실입니다. 우리는 대부분 실제로 죽어가고 있다는 사실을 전혀 의식하지 않고 죽음을 맞기를 원합니다. 지저분하게 흔적을 남기지 않고, 고통 없이 편하게 죽음을 맞이하기를 바랍니다. 하지만 현실을 보면, 대부분 의료 기기가 아니라 다른 사람들에게 짐이 된 채 죽음을 맞습니다.

인생 말년에는 갓 태어나 인생 최초의 나날을 보낼 때보다 다른 사람들에게 훨씬 더 의존하고 부담을 주게 됩니다. 저는 그런 상황에 처할 때 자녀들과 아내, 친구들이 저를 안타까워하고 측은히 여겨주기를 바랍니다. 그런 상태에 있는 저를 돌보며 저보다 더욱 인내하고 지혜롭게 대처하기를 기대합니다. 제가 그들에게 짐이 된다면, 그것은 그들이 저를 사랑함으로 치러야 하는 대가일 것입니다.

기독교 신앙이 있는 제 가족들은, 제게서 듣지 않았더라도 성경에서 그리스도인이라면 마땅히 형제자매를 보호하고 돌봐야 한다는 말을 읽었을 것입니다. 예수님은 큰 부담이 되는 "이 중 지극히 작은 자"를 사랑하는 사람이 그분을 사랑하는 것이라고 말씀하셨습니다(마 25장).

우리 교회의 남성도 빅터는 생애 대부분을 미혼으로 살았습니다. 그는 춤추는 것을 좋아했고, 볼룸댄스 대회에서 춤에 대한 열정이 가득 찬 생기발랄한 여성을 만났습니다. 둘은 주일 예배에 항상 함께 참석했고, 금요일이나 토요일 밤에는 대부분 함께 춤을 추었습니다. 내가 말하는 춤은 볼룸 댄스, 스퀘어 댄스, 라틴 댄스를 말합니다. 말 그대로 그들은 댄스의 열정을 함께 불태웠습니다.

그러던 어느 날 빅터는 여자 친구가 중추 신경계에 생긴 심각한 질병으로 인해 고열에 시달리고 있다는 전화를 받았습니다. 그녀는 불과 이틀 만에 자리에 누웠고 다시는 걷지 못했습니다. 그 이후로 춤을 추지 못한 것은 물론입니다. 빅터는 일주일에 4일 동안 집에서 그녀를 돌보기 위해 직장을 옮겼습니다. 그녀가 전문적인 돌봄을 받도록 간병인을 구하기도 했습니다. 빅터는 꼬박 6년 동안 그녀를 보살폈고, 그녀를 사랑하며, 달라진 일상에 잘 적응하도록 도왔습니다. 그녀가 기뻐한다는 이유로 손님들을 초대해 병상 곁에 모여 웃고 대화하도록 집에서 파티나 식사 모임을 열었습니다.

그녀가 숨을 거두었을 때, 교회 성도들은 다 함께 그

녀가 삶으로 보여준 신앙에 대해 하나님을 찬양했고 빅터에 대해서도 하나님께 감사를 드렸습니다. 장례식 예배를 드리던 도중에 저는 무척 상심했을 그를 일으켜 세우고 이렇게 말했습니다. "빅터, 당신이 얼마나 자랑스러운지 모릅니다. 목회자와 설교자로서 이 어려운 시기를 훌륭하게 견뎌낸 당신을 칭찬해드리고 싶습니다. 우리 교회는 성공했다고 내세울 만한 것이 별로 없습니다. 당신이 그 성공 사례 중 하나가 되게 해주신 하나님께 감사를 드립니다."

장례식을 마치고 땅에 그녀를 묻은 후 빅터는 내게 이렇게 말했습니다. "어려운 시기요? 저는 그렇게 생각하지 않습니다. 분명히 이 상황을 끝까지 견뎌낼 수 있을지 의심이 들 때도 있었습니다. 필요한 모든 일을 그녀에게 다 해줄 수 있을지 자신 없을 때도 있었습니다. 그러나 잊으셨는지 모르지만 저는 40년을 독신으로 살았습니다. 나를 필요로 하는 사람 하나 없이 살아왔습니다. 그녀는 제 인생을 가치 있게 해주었습니다. 살아야 할 이유를 주었습니다. 그녀는 제게 짐이 아니라 언제나 선물이었습니다."

제게도 그런 성품을 주시길 하나님께 기도합니다. 또한 여러분에게도 그런 성품을 주시기를 기도합니다. 언젠가 누군가가 당신에게 큰 짐이 될 수도 있고, 또 언젠가 당신도 누군가에게 짐이 되어 그 사람이 인생의 의미를 발견하고 풍성한 삶의 의미를 발견하는 수단이 될 수 있기를 바랍니다.
예수 그리스도의 이름으로 기도합니다. 아멘.[44]

## 우리의 몸

노화는 우리의 몸과 재회할 기회를 준다. 나는 인생의 대부분을 내 몸이 마치 자동차라도 된 것처럼 대했다. 몸은 나를 이곳저곳으로 데려다주었다. 우리는 몸이 고장 나면 별 어려움 없이 빨리 그 문제를 해결하고 싶어 한다. 그동안 소홀히 했을 몸 혹은 반대로 세밀하게 돌보았을 몸이 갑자기 우리가 피조물이라는 것을 일깨워주기 때문에 노인들은 건강 문제에 온통 관심을 쏟게 된다. 그동안 몸에 지극한 정성을 쏟고 절제하는 습관을 길러왔어도 우리 몸은 늙었다는 표시를 드러내기 시작한다. 그래서 담당 의사들의 실력이나 성공적인 치료 방법 등을 주제로 한 대화에 치중하게 된다. 어떤 설교자가 말한 것처럼 우리는 늙어가는 몸의 약점을 세세히 이야기하며 '누가 더 많이 아픈가?' 성토 대회를 연다. 같이 늙어가는 동년배들과 함께 있으면 우리를 이어주는 한 가지 주제인 몸에 대한 대화에 열을 올린다.

그러나 늙어가는 몸을 혐오하는 것은 창조주이신 하나님의 피조물로서 우리 자신을 싫어하는 것이나 마찬가지다. 우리는 동물과 우리가 친족 관계임을 부정하고, 동물과 같은 신체적 퇴행을 비롯해 동물의 연약함과 취약성을 지닌 것을 인정하지 않는다. 인간의 몸은 부패하고, 부패하면 악취가 난다. 그러므로 늙어가는 몸을 직시하는 것은 우리 자신에 대한 가시적이고도 실제적인 진실을 직시하는 것과 같다.

노화하는 우리 몸의 외관을 바꾸기 위한 의료적 처치에 한계는 존재하는가? 얼굴 주름 성형을 해도 되는가? 성형 수술의 윤리에 대해 아는 것은 별로 없지만, 마사 누스바움은 몇 가지 유용한 지침을 제공한다. 운동과 식단을 대체하는 용도로 미용 시술을 해서는 안 된다. 당신의 몸으로 대변되는 '당신' 자신과 화해할 방도를 찾아야 한다. 보톡스를 잘못 시술해서 자연스러운 미소를 짓지 못한다면 슬픈 일이다. 우리 돈으로 할 수 있는 더 좋은 일들이 있는데, 성형 수술에 돈을 들인다면 자원 낭비일 것이다. 수술은 늘 위험이 따르고, 회복 기간이 길고 힘들 수 있다. 누스바움은 "우리는 더 젊어 보이는 것이 아니라 더 아름다워 보이는 것을 논의하고 있다"는 원리를 지침으로 삼아야 한다고 말한다.[45]

그리스도의 몸인 교회는 늙고 나이 든 몸을 비롯해 여러 다양한 몸으로 구성되어 있다. 하나님의 소명은 전 생애에 걸쳐 적용되지만, 인생 단계에 따라 다양한 방식으로 나타난다. 나는 스무 살 때 목회자로 부르심을 받았다. 70세가 되어서도 여전히 목회자로 부르심을 받고 있다고 느낀다. 하지만 스무 살 때와 같은 목회자로 부르심받는 것은 아니다. 바울은 그리스도의 몸인 교회가 다양한 소명을 받은 사람들로 구성되었지만, 몸의 어떤 지체가 기능 면에서 다른 지체보다 우월하지는 않다고 말했다. 하나님이 주신 소명은 대체로 특정 연령대에 우리 몸이 할 수 있는 일에 의존하거나 제한을 받기도 한다. 노화는 인생의 특정 시기에 우리 몸으로 하나님을 위해 할 수 있는 일에 현실적으로 적응하라고 요구한다. 우리는 하나님의 소명을 두고 기도하면서 "하나님은 지금 내 인생과 내 몸으로 무엇을 하고 계시는가?"라고 자문하고 계속 그 소명에 나를 맞춰나가야 한다.

## 죽음

교회는 죽음을 부정하는 문화에서 종말에 대해 이야기할 수 있는 몇 안 되는 곳 중 하나다. 교회는 중요한 것과 중요하지 않은 것을 확인하고 장기적 전망으로 바라볼 수 있는 위치, 즉 영원의 관점(*sub specie aeternitatis*)으로 인생을 바라볼 수 있는 곳이다. 우리 인생은 한계가 있고 종착지가 있다. 하나님은 우리를 언젠가 죽을 유한한 피조물로 창조하셨다. 시편 90편 3-12절은 인간의 유한성이 하나님이 죄에 대한 진노하신 결과라고 말한다. 우리와 하나님 사이에 생긴 간극의 한 측면이라는 것이다.

주께서 사람을 티끌로 돌아가게 하시고 말씀하시기를 너희 인생들은 돌아가라 하셨사오니 주의 목전에는 천 년이 지나간 어제 같으며 밤의 한순간 같을 뿐임이니이다 주께서 그들을 홍수처럼 쓸어가시나이다 그들은 잠깐 자는 것 같으며 아침에 돋는 풀 같으니이다 풀은 아침에 꽃이 피어 자라다가 저녁에는 시들어 마르나이다 우리는 주의 노에 소멸되며 주의 분내심에 놀라나이다 주께서 우리의 죄악을 주의 앞에 놓으시며 우리의 은밀한 죄를 주의 얼굴 빛 가운데에 두셨사오니 우리의 모든 날이 주의 분노 중에 지나가며 우리의 평생이 순식간에 다하였나이다 우리의 연수가 칠십이요 강건하면 팔십이라도 그 연수의 자랑은 수고와 슬픔뿐이요 신속히 가니 우리가 날아가나이다 누가 주의 노여움의 능력을 알며 누가 주의 진노의 두려움을 알리이까 우리에게 우리 날 계수함을 가르치사 지혜로운 마음을 얻게 하소서.

죽음은 우리 인생 앞에 놓인 엄연한 현실이다. 하지만 하나님이 작정하신 대로 세상이 끝나지 않았다는 증거이기도 하다. 성경은 노화를 악하거나 부당하다고 보지 않지만 죽음에 대해서는 그렇지 않다. 예수님은 겟세마네 동산에서 죽음의 잔을 지나가게 해달라고 기도하시며 분명히 자신의 죽음에 대해 깊은 고뇌를 드러내셨다. 친구 나사로의 무덤 앞에서 비통함을 표현하셨다(요 11:33-37). 리처드와 주디스 헤이스는 고린도전서 15장

20-28절에 기록된 바울의 말을 기억하며 신약이 죽음을 다음과 같이 확언하고 그에 대항한다고 말한다. "하나님은 마지막 날에 몸의 부활로 죽음의 권세를 이기실 것이다. 예수님의 부활은 그분의 최종적 부활의 첫 열매인 동시에 그리스도의 모든 백성이 동참할 종말론적 부활의 증거다."[46] 그러나 우리는 "맨 마지막 원수"(26절)와 대면할 생각만 해도 고통스럽다.

그리스도인은 죽음을 정직하게 대면하고 부활의 소망을 품어야 한다. 그리스도인이 나이 듦을 대해야 하는 방식을 보면 그 핵심에 부활의 소망이 있다. 예수님은 죽음에 대해 승리하셨고, 한 번의 위대하고 당당한 사랑의 행동으로 우리도 부활에 동참하게 하셨다. 이런 사실을 알면 죽음의 공포와 함께 찾아오는 충격에서 벗어날 수 있다. 죽음에 관해 우리 자신을 속일 필요가 없다. 또한 죽음에 대한 생각에 사로잡혀 빠져나오지 못해서도 안 된다. 기독교 신앙은 죽음을 정면으로 직시하는 능력뿐만 아니라 그것을 상대적으로 바라볼 힘도 선사한다. 실제로 기독교와 기독교 장례식, 기독교의 관습, 세례나 성만찬과 같은 의식들, 성경을 읽고 선포하는 것은 예수님의 이름으로 죽음을 맞이하도록 훈련하는 과정이라고 볼 수 있다. "우리가 예수께서 죽으셨다가 다시 살아나심을 믿을진대 이와 같이 예수 안에서 자는 자들도 하나님이 그와 함께 데리고 오시리라…그러므로 이러한 말로 서로 위로하라"(살전 4:14, 18). 이 말씀은 교회가 모일 때마다 확인할 수 있다. 필립 로스(Philip Roth)는 사망하기 직전에

"인생의 진리는 바로 우리가 죽는다는 것이다"라고 말했다. (로스는 노화를 "대학살"이라고 표현했다. ⁴⁷ 노인에 대해 부정적인 낙인을 찍거나 장례식을 회피하는 이유는, 우리가 죽음을 부정하고 인생의 한계나 죽음의 편재성을 기피하는 문화에서 살기 때문이다. 기독교 신앙의 진리를 인정한다면, 죽음은 누구에게나 찾아오는 것이므로 죽음을 두고 자신을 속이거나 부정하지 않고 죽음이 인생의 일부라는 사실을 인정할 수밖에 없다.

죽음은 "맨 나중에 멸망받을 원수[다]"(고전 15:26). 하지만 부활하신 그리스도가 완전히 승리하시고 이기신 적이다. 우리는 삶의 방식을 통해 이 궁극적 승리를 바로 지금 선지자로서 증언할 수 있다.

죽음을 부정하는 세상에서 노년의 그리스도인은 잘 늙고 잘 죽는 모습으로 귀감이 되어 세상을 가르칠 수 있다. 젊은이는 노인의 소명을 존중하며 그들의 이야기를 들려달라고 요청할 수 있다. 그리고 그들이 세상을 떠난 후에도 그들의 이야기를 기억하고 다시 들려주는 일을 지속하겠다고 약속할 수 있다. 키케로가 말한 것처럼 "젊은이들에게 존중받고 사랑받는 사람은 노년의 짐이 더 가볍다."⁴⁸

죽음은 승리를 누릴 자격이 없다. 그러니 죽음에 승리를 안겨주어서는 안 된다. 그리스도인이 이 세상을 떠나면 하나님과 영원한 사귐에 들어간다는 종말의 진실을 아는 사람에게 절망은 결코 허용되지 않는다. 젊은이는 나이 들었다는 것이 무책임과 무관심이나 허무주의의 구실이 될 수 없다는 사실을 노인에게 일깨워줄 수 있다. 노인은 젊은이에게 죽음을 두려워하거나 부정하며 살면 잘 살고 잘 죽을 수 있는 기회를 스스로 걷어차 버리는 것임을 보여줄 수 있다. 기독교 신앙은 살 만한 가치가 있는 삶을 선사하고, 목숨을 걸 정도로 가치 있는 하나님과의 관계를 누리게 해준다.

부활의 소망이 없다면 프란츠 카프카(Franz Kafka)의 말이 옳다는 것을 인정할 수밖에 없다. "인생의 의미는 그것이 끝난다는 데 있다."[49] 그리스도인은 인생이 유한하며 언젠가 끝나리라는 사실을 안다. 그런데 유한한 인생이라도 하나님과 함께하는 삶은 그 끝이 하나님의 손에 달려 있기에 의미가 있다는 진리도 잘 안다.

많은 노인이 죽음을 앞두고 과거에 했던 일과 하지 못했던 일들을 후회하고 자책하느라 시간을 허비한다. 오늘날 많은 사람은 하나님을 외면한 채 자신의 행동이 유일한 행동이고, 자신의 주체성이 유일한 주체성이라고 믿는다. 그러니 죽음 앞에서 후회와 회한이 있을 수밖에 없다. 우리는 오직 자신의 노력만이 삶에 가치를 부여하기 때문에 스스로 부단히 노력하고 애써야 한다고 믿는다. 세상이 옳은 방향으로 가도록 하는 것이 오직 우리의 책임이라고 생각하기 때문에, 우리처럼 놀라운 피조물이 늙고 죽는 것은 부당하다고 생각한다. 온 세상이 우리 손에 달려 있는 것이다. 하나님이 방관하시고 모든 것이 우리에게 달려 있다면 가장 많은 업적을 이룬 인생도 미진하게 느껴지고 후회가 가득할 수밖에 없다.

그러므로 우리 인생의 마지막이 가까울 때 기억해야 할 말씀이 있다. 예수님이 지상의 삶을 마무리하실 날을 염두에 두고 하신 말씀이다. "내 아버지께서 이제까지 일하시니 나도 일한다"(요 5:17). 우리는 왕성하게 일하시는 창조주의 사랑을 받는 피조물이다. 우리는 고독하게 광적으로 일하는 유일한 창조자가 아니다. 우리와 달리 하나님이 영원하심을 믿는다면, 이 땅에서 인간의 일이 끝난다고 해도 하나님은 그분의 일을 계속해나가시리라는 소망을 품을 수 있다. 또한 다가오는 세대에서도 하나님이 창조적으로 그 사역을 이어나가시리라는 소망도 가질 수 있다. 찰스 웨슬리가 했던 말처럼 "하나님은 자기 일꾼들을 땅에 묻으신다. 하지만 그분의 일을 계속하신다."

모세는 120세까지 장수했지만 약속의 땅에 들어가지 못하고 죽었다(신 31:1-7). 마틴 루터 킹 주니어(Martin Luther King Jr.)는 사망하기 전날 밤 '나는 산 정상까지 가보았다'라는 설교에서 평생의 사명을 이루지 못하고 죽은 모세를 회상했다. 인종 사이에 정의(正意)를 바로 세우려는 그의 과업은 완성되지 않았지만, 하나님의 뜻은 영원히 패배하지 않는다는 것을 부활 신앙으로 확신했다. 킹은 자신이 "약속의 땅"에 들어가지 못하더라도 그분의 백성은 하나님의 은혜로 그 땅에 들어가리라고 믿었다.

바울은 죽음이 비통한 일이라고 인정한다. 우리는 죽음 앞에서 슬퍼하지만 그리스도의 영원한 승리 덕분에 "소망 없는 다른 이와 같이 슬퍼하지 않[을 것]"이다(살전 4:13). 우리는 또한 소망 없는 사람들처럼 늙어가지도 않는다. 우리와 관계를 맺으시고 젊은 날에 우리를 부르신 하나님은 평범한 사람들을 부르시고 사용하셔서 나이에 상관없이 그리스도의 역동적인 몸이 되도록 하셔서 우리가 궁극적 소명, 곧 주 안에서 죽는 것을 준비하게 하셨다.

주어진 수명을 다 누린 사람들의 경우, 프로메테우스식의 치료로 인생을 연장하려는 헛된 수고를 하지 말고 일시적으로 고통을 완화하는 데 목표를 두어야 한다. 고통은, 육신으로 살아가는 인생이라는 선물을 받은 우리가 치러야 하는 대가다. 오직 하나님만이 주실 수 있는 영원한 생명을 억지로 만들어내려 노력하며 의료 자원을 헛되이 낭비해서는 안 된다. 죽음은 인생에 치고 들어온 부당한 침입자도 아니고, 연구에 집중적으로 막대한 자본을 투자하여 정복하고 고쳐야 하는 병리적 현상도 아니다. 죽음은 하나님이 인간 삶을 설정하시고 오직 하나님만이 넘으실 수 있는 경계를 세우는 하나님만의 방식이다.

요한 바오로 2세(John Paul II)는 병이 재발하자 다시 입원하기를 거부하고 담담히 죽음을 받아들였다. 안락사를 선택했다는 말이 아니다. 영웅적 치료를 거부하고, 피할 수 없는 운명을 받아들이며, 죽음을 지연하는 비현실적 시도를 거부했다는 것이다. 시편 90편이 말하는 대로 우리는 지혜에 이르는 길을 찾도록 '우리의 남은 날을 계수'(12절)해야 한다. 우리 인생에 끝이 있음을 알아야 한다.

감독으로 섬길 때, 나는 임기를 마치고 후임자에게 소소한 업적과 실패를 물려줄 날과 시간을 아는 것의 특별한 힘을 발견했다. 임기 종료 날짜를 알자 내가 진행하던 일들을 마무리해야 한다는 긴박감이 생겼다. 나를 비난하고 반대하는 사람들이 주는 스트레스도 줄어들었다. 나는 그런 사람들에게 "2012년 8월이면 주님이 여러분에게서 나를 건져주시고, 내게서 여러분이 자유로워질 겁니다. 여러분이 그때 훨씬 더 행복해질지는 두고 보면 알겠지요"라고 말하곤 했다.

임종이라는 현실을 생각하면 우리 삶에도 비슷한 영향을 미칠 수 있다. 우리는 정확히 언제 이 세상을 떠날지 모른다. 하지만 하나님은 언젠가 우리 날이 끝난다는 사실을 깨닫게 해주시고, 우리 일을 후임자들에게 맡겨야 한다는 것과 생명을 허락하신 사랑의 하나님의 손에 인생을 의탁해야 한다는 사실을 깨달을 기회를 주신다.

기독교 전통에서는 생물학적 생명의 연장과 그에 따른 안락함을 어떤 대가를 치러서라도 추구해야 할 절대적 선으로 보지 않는다. 성도들의 공동체인 교회는 노화와 임종을 전혀 다른 시각으로 바라본다.

## 추억

만성절(All Saints' Day)은 죽은 성인들을 기념하러 모이는 날이다. 이날에는 예수님에 대해 이야기해주고, 그리스도와 동행하는 데 모범을 보여준 사람들의 이름을 모두 열거한다. 교회는 성도들의 교제로 이루어진다. 성도들을 기억하고 감사함으로 교회가 단순히 현재의 순간에 매몰되지 않고, 교회의 멤버십이 현재 성도석에 앉은 사람들에게만 국한되지 않을 수 있다. 교회는 시간을 거슬러 죽은 성도들을 호명하고, 장례식으로 그들의 육신을 기념하며, 뒤를 되돌아봄으로써 앞을 내다본다. 그러므로 교회는 추억의 공동체다. 추억은 시간 속에서 하나님이 역사하심을 보게 해주고, 우리 모두를 역사가로 만들어준다.

나는 교회가 활기를 되찾도록 분투하고, 미래 세대에게 복음을 가르침으로 교단의 미래를 준비하려 부단히 노력해왔다. 이 시간을 통해 미국 감리 교회가 왕성하게 성장하던 시기를 기억하는 사람들이 함께하는 것이 얼마나 중요한지 배웠다. 교회가 충실하게 선교와 복음 전도에 열중하던 시절을 기억하는 사람들이 없을 때, 교회는 죽음과 쇠퇴에 운명처럼 굴복하는 위험에 처했다.

역사를 불필요한 이야기라고 생각하면, 노년층이 교회에 선사하는 연속성이라는 선물은 평가절하된다. 새로 교회에 부임하고 첫 주가 되면 나는 항상 먼저 노년부를 방문한다. 이렇게 방문하면 상당히 좋은 반응이 돌아왔다. 나를 만난 후 그들은 친구들에게 전화를 걸어 "멋지고 젊은 목사님이 오늘 나를 만나러 왔다네"라고 자랑했다. 더 중요한 사실은 내가 그들에게 "이 교회가 오늘날 이렇게 바뀌기까지 역사를 말씀해주십시오. 제대로 목회하려면 이 교회에 대해 무엇을 알아야 하겠습니까?"라고 물었다는 것이다.

플라톤의 『국가론』(The Republic)에서 소크라테스는 "나는 노인들과 이야기하는 게 좋다. 그들은 우리가 가야 할 길을 앞서간 사람들이다. 그들에게 그 길이 어떤 길이었는지 배우는 것이 좋다고 생각한다"라고 말한다.[50] 노인들이 들려주는 과거 이야기는 젊은이를 미래로 이끌어준다. 기독교 공동체는 공동체의 기억에 비추어 자신을 돌아봄으로써 미래로 나아갈 수 있다. 주일에 모여 성경을 읽으며 기억을 되새기는 훈련을 받는 것은 현재 교회에 대한 선지자적 심판을 감당하는 것이다. 동시에 기억이란 향수와 감상으로 변질될 수 있는 신뢰하기 어려운 것임을 인정해야 한다. 기독교 공동체는 폐쇄적이고 내향적이 될 위험성이 있고, 사실이든 왜곡된 것이든 과거에 매일 수 있다.

때로 끊임없이 과거 시절을 이야기하는 노인들이 있다. 그들은 과거에 교회가 취한 그릇된 행동과 언쟁을 쉬지 않고 (때로 지루하게) 반복해서, 건강하지 못했던 교회의 과거 이야기에서 헤어나오지 못하게 할 수 있다.

"이 교회는 아직도 스미스 목사 때문에 입은 피해로 고통당하고 있어요." 새로 부임한 목사가 교인의 집을 처음 심방했을 때 들었던 말이다.

"스미스 목사요?" 목사가 물었다. "그분이 이 교회에서 사역한 때가 언제인가요?"

"1958년부터 1962년까지예요. 우리에게는 참 힘들었던 시간이었죠."

"그때 저는 중학생이었는데요." 목사가 다소 무뚝뚝하게 대답했다.

어떻게 지혜를 얻게 되는지 확신할 수는 없지만, 세월이 흐른다고 반드시 다 지혜로워지는 것이 아니라는 점은 분명하다. "늙은 사람처럼 어리석은 사람은 없다"라는 말도 있다. 70세가 넘은 대통령이 당선되었다고 해서 지혜로운 사람이 뽑혔다고 말할 증거가 있는가? 솔로몬 왕은 젊어서 더 지혜로웠고 나이가 들자 리어 왕처럼 어리석게 굴었다. 베일런트는 제퍼슨, 간디, 마틴 루터 킹, 마호메트, 링컨, 톨스토이, 셰익스피어가 모두 30세에서 50세 사이에 지혜의 정점에 올라섰다고 추정한다.[51] 하지만 감리교도로서 나는 존 웨슬리가 마지막까지 주의 포도원에서 수고하며 91세까지 하나님을 찬양하는 삶을 살았음을 추가로 언급하지 않을 수 없다.

어린 시절 어머니가 "인생은 여든부터"(Life Begins at Eighty)라는 TV쇼를 즐겨 보셨던 것이 떠오른다. 이 쇼는 사회자인 잭 베리가 80대로 구성된 패널들과 함께 시청자들이 보낸 질문을 가

5장. 인생 말년을 하나님과 함께   227

지고 토론하는 식으로 진행되었다. 이 프로그램은 1956년에 폐지되었고 후속 프로그램은 더 이상 나오지 않았다. 노년의 지혜에 대한 대중의 갈망과 관련해 이것이 시사하는 바는 무엇인가?

베일런트는 「성숙한 성찰적 판단에 관한 인터뷰」(Mature Reflective Judgment Interview)라는 연구 내용을 인용한다. 이 연구는 35세까지 지혜가 계속 축적된다는 결과를 내놓았다. 연구자들은 35세 이후로 지혜가 더 성장한다는 강력한 증거를 발견하지 못했다.[52] 그러나 판사, 야구 매니저, 요리사, 목사가 수십 년간 원숙해지면서 더욱 지혜로워질 수 있다는 사실을 누가 부정할 수 있겠는가? 많은 대중의 사랑을 받은 영화들은 오비완 케노비("스타워즈" 시리즈의 등장인물-역주), 간달프("반지의 제왕" 시리즈의 등장인물-역주) 같은 인물을 내세우고 칭송한다. 나도 꼭 해보고 싶은 역할인 덤블도어("해리 포터" 시리즈의 등장인물-역주)는 지혜로운 노인을 향한 갈망이 널리 퍼져 있음을 암시한다. 버지니아 울프(Virginia Woolf)는 『댈러웨이 부인』(Mrs. Dalloway)에서 이야기에 등장하는 노인들 중 한 명에 대해 이렇게 말한다. "늙어가면서 얻는 보상은…그냥 이것이었습니다. 그 어느 때처럼 열정은 여전히 강렬하지만, 드디어 그 힘을 손에 넣게 되는 것입니다. 존재에 최고의 맛을 더해주는 그 힘, 경험을 붙잡고 천천히 빛에 비추어 찬찬히 살펴볼 힘이 생긴다는 것입니다."[53]

모든 노인이 다 지혜롭지도 않고, 지혜로운 이야기를 들려줄 수 있는 것도 아니다. 그러나 회중은 선악에 관해 이야기해줄 사람으로 소수의 지혜로운 사람을 의지한다. 새로 부임한 어떤 목사는 교회를 성공적으로 개척하기 위해 가장 필요한 것이 무엇이냐는 질문을 받았을 때 이렇게 대답했다. "저는 전통에 집착하고, 보수적인 교회의 노년층에게 불평하고 그들을 원망하며 많은 시간을 보냈습니다. 그런데 바로 지금 세련된 우리 스무 살의 젊은 교회는 균형을 잡고 앞으로 나아가도록 도와줄 분들, 전통을 중시하며 역사의 산증인이 되어줄 노년층이 채 여섯 명도 안 됩니다." 한 공동체 안에서 적어도 소수의 노인들은 공동체가 정체성을 가꾸고 재단장함으로써 생존하며 발전하도록 능숙한 이야기꾼이 되어주어야 한다.

오랫동안 교회를 관찰해온 러벳 윔즈 주니어(Lovett Weems Jr.)는 "교회의 핵심 정체성과 기본적 이야기에 뿌리내리지 않을 때 변화는 지속될 수 없다"라고 말한다.[54] 딘 그레그 존스(Dean Greg Jones)는 듀크 대학에서 노년층을 대상으로 "전통에 기초한 혁신"이 필요하다고 이야기했다. 이 표현은 한데 잘 쓰이지 않는 단어로 조합되어 있다. 혁신적인 사역자가 변화에 대한 수용성을 높이고 싶다면, 한 회중의 전통과 이야기와 지속적 가치를 존중해야 한다(다시 말해, 노인들이 들려주는 이야기를 경청해야 한다).

감독으로 봉직하던 시절 나는 노령의 사역자들 중 일부가 내게 "감독님은 나이 든 목회자들에 대해 편견이 있습니다"라고 불평하는 소리를 듣고 놀랐다. 일단 내가 65세였다. 그런데 어떻게 노년을 부정적으로 생각할 수 있겠는가? 그들의 불만을 곱씹어보면서 나를 돌아보게 되었다. 교회를 혁신하고 개선하려는 열정에 휩쓸려, 많은 사람이 교회에 애정을 품는 부분들을 내가 함부로 비판했음을 인정해야 했다. "A를 바꾸어야 합니다"라고 말하면, 그들은 자신들이 인생을 바쳐서 만들어낸 제도를 폄하한다고 받아들였다. 아마 "전통에 기초한" 혁신을 목표로 했다면 내가 일으킨 많은 변화가 자리를 잘 잡았을 것이다.

우리는 자신이 '진보적'이라고 평가하기 쉽다. 매일 우리는 모든 면에서 더 나아지고 있다. 그러나 서구에 널리 퍼져 있는 이런 진보 개념, 순진할 정도로 역사를 낙관적으로 바라보는 이 시각에는 노화를 부정적으로 여길 싹이 심겨져 있다. 진보적이라고 자처하는 것은 중요도가 떨어지는 것과 부적절하며 퇴행하는 것을 버리고 더 중요한 것을 향해 진보하는 것을 의미한다.[55]

'진보적 기독교'는 미흡한 아이디어가 더 나은 방향으로 개선되고, 근시안적이고 피상적인 신앙이 진일보하여 만족할 만한 신앙으로 계속 발전하는 것을 뜻한다. 진보와 역사의 발전이라는 서구의 개념은 노년을 소모되는 것으로 보는 고정 관념의 근본 원인일 수 있다. 그리스도는 우리가 넘어설 수 있는 역사적 인물이 아니다. 그분은 만유의 주이시고, 우리는 여전히 그분을 이해하고 본받고자 늘 노력한다. 그리스도인은 시간을 상승하는 나선형 경사로처럼 올라가는 것으로 보지 않는다. 우리는 시간이 하나님과 함께 시작하고 끝난다고 믿는다.

우리 일생의 의미와 가치는 우리 손에만 달려 있지 않다. 시간은 끊임없이 하나님의 역사, 즉 카이로스(*kairos*)로 의미가 증폭되고 인도를 받는다. 그 안에서 하나님의 은혜와 심판으로 우리의 시간은 하나님의 시간으로 변화된다. 말년을 비롯해 인생의 단계마다 우리의 크로노스(*chronos*)는 하나님의 카이로스가 될 수 있다. 하나님은 인생의 단계마다, 특히 마지막 단계에 우리를 온전히 소유하기로 작정하셨다.

교회는 본질적으로 전통적이며 전통과 함께한다. 우리는 과거부터 교회를 지켜온 성도들의 지혜를 무턱대고 폐기해서는 안 된다. 그러나 교회는 살아 계신 하나님을 향해 항상 나아가도록 인도를 받는 곳이기도 하다. 따라서 새롭고 혁신적인 것이 등장할 때 위축될 필요가 없다.

병원에 가면 전자 태블릿에 나의 병력을 모두 기재해야 한다. 병원을 방문한 이력이 온라인에 모두 기록으로 남아 있다. 감독 직분을 받고 나서 듀크 신학교에 복직했을 때, 나는 수업을 위해 이틀 동안 전자 기기 사용법을 익히는 훈련을 받아야 했다. 이렇게 빠르게 변화하는 과학 기술 시대에, 교회가 내 인생에서 본질적으로 변화되지 않는 곳이라는 것에 상당히 위로를 받는다. 하지만 우리 교회 목사님이 전통적인 송영 대신 찬송가가 아닌 곡, 예를 들어 '에델바이스'를 선택하면 화가 나고 짜증스러운 것은 어쩔 수 없다.

신학자 데이비드 마츠코 매카시(David Matzko McCarthy)는 기독교 공동체의 연속성과 변화 사이의 상호 작용과 때때로 감지

되는 긴장에 대해 논한다.⁵⁶ 우리 노인들은 신체적 쇠락과 사랑하는 이들을 떠나보내는 상실을 맞닥뜨릴 때, 이런 극적인 변화 없이 전과 똑같은 상황을 유지하고 싶어 한다. 과거를 회상하는 일에 지나치게 시간을 허비하고, 망각이라는 무자비한 공격을 받으면서 사랑했던 사람들과의 관계를 구해내느라 헛되이 노력한다. 많은 노인이 교회를 추억이 소중히 여겨지는 곳이자 추억을 불러일으키는 곳으로 여기고, 그들이 앉았던 신도석이 언제나 그 자리에 단단히 있을 안정된 곳으로 생각하면서 교회에 깊은 애정을 갖는 것은 당연하다.

그러나 우리는 부활하셔서 살아 계시며 늘 우리 앞에서 미래로 성큼성큼 걸어가시는 분을 예배하고 섬긴다. 매카시는 이렇게 지적한다.

> 교회에 세대 간 연속성은 필수적이다. 이 연속성은 개념상 모든 세대의 통합성을 포함한다. 또한 하나님과 교제하며…하나님이 자기를 내어주심으로 말미암아 이끌림받은 모든 이가 삶을 함께 나누는 모든 시간과 장소의 연속성도 포함한다. 이 공동체는 우리가 공동체에 속하지 않았을 때보다 우리 성장에 크게 기여한다…이렇게 자기를 드러내고 자기를 넘어서는 것이 은혜의 방식이다…그러나 교회는 시간에 제약을 받으므로 변화는 불가피하고 또한 꼭 필요한 일이다. 그리스도인에게 연속성과 변화의 문제는 교회 생활과 하나님의

백성으로서 정체성과 관련되어 있다.[57]

기독교 교회는 세대 간의 연속성, 기억, 과거에 행하신 하나님의 역사를 되새김으로 하나님을 따라 미래로 나아감으로 생존한다. 젊은 세대를 오래된 옛 복음 이야기로 끌어들이는 전통화 작업, 즉 우리 믿음의 핵심을 사랑으로 반복해서 되새기며 거룩한 생활에 필요한 습관을 훈련하는 전통화 작업은 교회의 중요한 활동이다. 모든 성도가 이 활동을 통해 교회가 존재하는 의미를 이해할 수 있다. 교회가 이렇게 계속해서 기억을 되새기고 전통화 작업을 하는 주요한 이유는 우리가 살아 계신 하나님의 뜻에 밀착되도록 준비시키기 위함이다.

감독의 직분을 받을 준비를 하면서 나는 은퇴한 감독들에게 조언을 구했다. 그들은 대부분 감독직이 힘들고 별로 보람이 없는 일이라고 기억했다. 교회법의 제약으로 번번히 좌절하고, 교구민들에게 끊임없이 저지당해서 포부를 펼치기가 거의 불가능했다고 회상했다.

그러나 내가 인터뷰한 은퇴 감독들 중 일부는 리더로서 섬긴 시간이 힘들지만 보람찼다고 기억했다. 나는 그중 한 분에게 이렇게 물었다. "은퇴하신 분들 중 압도적으로 많은 수가 이 직분을 성공적으로 마치는 것이 불가능하다고 말하는 이유는 무엇입니까?"

"몇몇 사람은 자기의 무능을 그런 식으로 핑계를 대는 것입니다." 지혜로운 은퇴 감독이 말했다.

젊은이들이 노인들의 조언을 구하는 것은 바람직하다. 그러나 사람의 기억은 어느 정도 비판적인 시선으로 검증해서 수용해야 한다. 기억이란 선택적이며, 설령 자기기만까지는 아니더라도 자기 위주로 재구성될 수 있다.

학기 초가 되면 나는 신학생들에게 이렇게 말한다. "저는 오랫동안 사역자로 섬겨왔습니다. 사역을 하면서 배운 교훈들과 저질렀던 실수를 몇 가지 여러분과 나눌까 합니다. 이런 나눔이 여러분에게 도움이 되기를 바랍니다. 그러나 저의 이런 깨달음이 다 가치 있지는 않을 것입니다. 여러분이 제가 섬겼던 것과 똑같이 교회를 섬길 수는 없을 것입니다. 제 기억에서 도움이 될 부분은 받아들이고 그 나머지는 폐기해야 할 것입니다. 저의 기억 때문에 과거를 넘어서 앞으로 나아가야 할 때 옛 질서에 얽매이게 되어서는 안 되기 때문입니다."

노인들이 과거의 기억에 집착하는 한 가지 이유는 지금 해체되고 있는 자아감을 보존하기 위해서다. 우리는 직업, 친구, 가족을 잃었던 과거를 선택적으로 기억하고, 심지어 필사적이고 반항하는 차원에서 기억에 집착한다. 기억은 부당함에 맞선 항거의 행위이자, 과거에 잃어버린 사람들의 삶을 회상하여 그들의 증언을 망각하지 않고 보존하려는 노력이다. 잠들기 전 조금씩 사라지는 과거의 편린들을 회상하고 되살리는 일에 필사적으로 매달리다가 악몽에 시달리지는 않는가?

과거의 상처를 기억하기에는 너무나 고통스러워서 때로 선택적으로 회상해야 할 때가 있다. 예수님이 명령하신 용서는 단순히 '용서하고 잊어버리는' 차원보다 더 복합적이다. 그리고 참된 용서에는 망각의 요소가 포함된다. 원수를 사랑하라는 그리스도의 명령을 기억하기 때문에 우리는 누군가 우리에게 저지른 잘못을 기억하지 않는다. 원한을 마음에 품고 과거의 사소한 잘못까지 기억한다면 우리 인생은 천천히 말라 죽어갈 것이다. 그러므로 때로 기억하는 것보다는 의도적으로 잊어버리는 것이 더 좋다.

그러나 잊지 않으려는 필사적 노력은 우리가 잊힐까 봐 두려워한다는 반증일 수 있다. 우리가 자아를 형성하는 방법은 끊임없이 이상적인 자아를 만들어내고, 재구성하며, 제시하는 것이다(요즘 소셜 미디어에서 이루어지는 것처럼). 이는 자신을 하나님의 사랑과 소명의 선물이 아니라 스스로 노력해서 이루어낸 총체로 여기는 이 세상의 지배적인 관념에 영향받은 것일 수 있다. 우리의 희망은 우리 모습을 기억할 수 있는 자신이나 다른 사람들의 능력에 있지 않고, 부활하신 하나님이 우리를 기억하신다는 데 있다. 시편 기자는 "주께서 나를 기억하시되"(시 25:7)라고 기도한다.

엘리자베스 악트마이어(Elizabeth Achtemeier)는 "내 젊은 시절의 죄와 허물을 기억하지 마시고 주의 인자하심을 따라 주께서 나를 기억하시되"라는 시편 25편 7절을 설교하면서 젊었을 때

겪었던 일화를 소개했다. 젊은 교수로서 모든 것이 서툴렀던 초임 시절에 겪은 일이다. 그녀의 한 동료 교수는 어찌나 자만심이 가득했던지 그녀 때문에 시간을 허비하고 있다고 투덜대기까지 했다. 그 남자 교수는 중요한 책을 쓰고 있었고, 악트마이어는 남성만 있는 교수 세계에서 유일한 젊은 여성이었다. "그 교수가 임종을 앞두고 병상에 누워 있을 때 병문안을 갔습니다. 그는 의식불명 상태로 코에 튜브를 끼고 있었습니다. 그의 아내는 그를 위로하느라 병상 옆 탁자에 그가 저술한 책 네 권을 올려놓았습니다." 악트마이어는 사람들의 관심을 집중시킬 요량으로 잠시 침묵하며 회중을 바라보았고, 동그란 할머니 안경 너머로 그들을 내려다보듯 지긋이 바라보더니 결단을 촉구하듯이 단호하게 이렇게 말했다. "형제자매들이여, 여러분이 숨을 거두게 될 때 자랑스러워했던 모든 업적도 함께 사라질 것입니다. 하나님이 영원의 세계로 여러분을 데려가야 하신다는 사실을 잊어버린다면 아무 희망이 없을 것입니다."

하나님이 우리를 기억하신다는 사실은 사랑하는 이들이 치매 진단을 받거나 치매를 앓을 때 우리에게 도움을 줄 중요한 통찰이다. 그리스도인들의 장례식에서 우리는 의식과 생명이 떠나버리고 그 육신은 흙으로 분해되어가는 이들을 기억한다. 공동체가 그들을 기억한다. 그런데 더 중요하게는 하나님이 그들을 기억하신다. 그들의 실존은 근본적인 변화가 일어났지만 하나님이 기억하심으로, 다시 말해 그들이 부활함으로 계속해서 이어진다.

하나님이 약속하신 부활은 특별히 쉽게 망각을 경험하는 인생의 시기에 그리스도인에게 큰 소망과 위로를 준다. 때로 교회는 사고 능력을 상실하고 있는 이들을 대신해 기억해주고, 더 이상 기도할 수 없는 이들을 위해 대신 기도해준다. 사람을 믿지 못하고 의심하며 불신하는 이들을 믿어주고, 더 이상 말을 하지 못하는 이들을 대신해 공개적으로 증언한다.

그리스도의 몸에 한 지체가 된 것은 결코 개인이 성취해낸 것이 아니다. 그리스도의 몸이 된 것은 값없이 받은 선물이고, 하나님께서 우리를 그곳으로 초청하신 것이며, 공동체에 입양해주신 것이다. 자기 힘으로 성취할 기회가 사라지고 있다고 느끼는 노인은 일종의 살아 있는 증거다. 인간의 삶이 자기가 성취한 것과 소유로 이루어져 있지 않고, 요람부터 무덤까지 오직 하나님의 선물임을 몸소 일깨워주는 증거인 것이다.

6장

교회 안에서 보내는 노년기

예수께서 가르치실 때에 이르시되 긴 옷을 입고 다니는 것과 시장에서 문안 받는 것과 회당의 높은 자리와 잔치의 윗자리를 원하는 서기관들을 삼가라 그들은 과부의 가산을 삼키며 외식으로 길게 기도하는 자니 그 받는 판결이 더욱 중하리라 하시니라 예수께서 헌금함을 대하여 앉으사 무리가 어떻게 헌금함에 돈 넣는가를 보실새 여러 부자는 많이 넣는데 한 가난한 과부는 와서 두 렙돈 곧 한 고드란트를 넣는지라 예수께서 제자들을 불러다가 이르시되 내가 진실로 너희에게 이르노니 이 가난한 과부는 헌금함에 넣는 모든 사람보다 많이 넣었도다 그들은 다 그 풍족한 중에서 넣었거니와 이 과부는 그 가난한 중에서 자기의 모든 소유 곧 생활비 전부를 넣었느니라 하시니라(막 12:38-44).

1세기 유대교 서기관들은 경건하고 신앙심이 깊었다. 예배도 빠짐없이 드리고, 토라를 늘 연구했다. 그들은 전문 성경 해설사였기 때문에 하나님 나라에 들어가기를 원하는 사람은 그들의 조언을 구했다.

그러나 예수님은 서기관들을 비판적으로 바라보셨다. 물론 그들도 예수님을 적대했다. 특별히 예수님은 과부의 가산을 삼킨다고 그들을 매섭게 질책하셨다(아마 성전 금고를 채우기 위해서였을 것이다). 훗날 그들은 '그 받는 판결이 더 중할 것이다'(막 12:40).

정의에 관심이 지대하신 하나님은 과부에게 특별한 관심을 기울이신다. 그런데 통탄스럽게도 종교법 전문 해설가인 서기관들이 법에 따라 보호해야 할 이들을 오히려 기만하고 속였다.

예수님은 부자들이 성전 헌금함에 많은 돈을 넣었다고 말씀하시지만, 생활비 전부였던 동전 두 닢을 헌금함에 넣은 가난한 과부에게 특별히 관심을 보이셨다. 과부를 유심히 살펴보신 예수님은 다시 한번 '이들 중에 가장 작은 자'에게 집중적인 관심을 보이신다. 예수님은 언제나처럼 판을 뒤집어 세상의 위대한 자를 작은 자로 여기시고, 세상 사람의 눈에 보잘것없는 사람을 높이신다.

그러나 이 에피소드는 청지기직을 모범적으로 이행하는 늙은 여성에 대한 예수님의 칭찬으로 마무리되지 않는다. 예수님은 더 나아가 예루살렘 성전이 부패했다고 꾸짖으신다. 마가복음 13장 1-2절에서 예수님의 제자들은 성전의 아름다움을 칭송하지만, 예수님은 성전이 돌 하나도 돌 위에 남지 않고 완전히 폐허가 될 것이라고 경고하셨다. 제자들은 종교 시설의 아름다운 외관에 주목하지만, 예수님은 종교의 부패상과 하나님의 뜻에 불순종하는 타락상을 보셨다.

예수님은 서글픈 마음으로 여인의 정성스러운 헌금과 서기관들의 위선과 타락을 동시에 보고 계셨다.[1] 자신이 가진 전부를 바친 여자의 헌금을 탕진하는 종교 지도자들의 부패함을 개탄하셨다. 그 여인은 자기를 희생하는 헌금으로 자신도 모르게 종교와 정부 기관의 부패를 폭로한 것이다. 예수님은 이 상황을 보시고 바로 알아채셨다. 과부는 하나님을 사랑하는 사람으로서 보호받아야 할 대상인데, 그 의무를 하나님께 부여받은 자들에게 오히려 착취당하고 있었다.

세상 사람들의 눈에 이 늙은 여인은 하찮은 존재였다. 하지만 예수님은 그녀를 순결하고 선한 사람의 표상으로 여기셨다. 타락한 종교 지도자들이 가난한(그리고 늙은) 사람들의 선의를 이용하고 착취하지만, 하나님은 이 부패함을 보시고 아시며 심판하시고자 일하고 계신다.

마가는 하나님께 전심으로 순종하는 이들이 포기하지 않도록 격려하기 위해 이 이야기를 썼을 것이다. 부패한 정치, 경제, 종교 제도 아래 가난한 노인들이 희생당할 수 있지만, 하나님은 그들을 대신해 일하고 계신다.

이 구절에는 노인을 비롯한 약자, 종교 기관과 종교 지도자를 신뢰하고 정성을 다해 재물을 바치는 사람들을 위로하는 말씀이 담겨 있다. 또한 하나님의 종교 체제에 속한 권력자들, 특히 가난한 사람과 약자를 제도적으로 지배하는 이들을 향한 경고의 말씀도 포함되어 있다. 하나님은 약자를 옹호하시고 그들의 편이 돼주시는 분이다. 부패하고 무감각한 종교 지도자는 이 사실을 명심해야 한다.

교회는 고령화라는 거센 폭풍에 개입해야 한다. 교회는 인구학적, 사회적 위기에 대처해야 할 뿐 아니라, 권력자들 특별히 교회의 권력자에 맞서 약자와 함께하라는 예수 그리스도의 명령을 받았다.

나는 제자들이 소명을 준비하도록 훈련하고, 사람들이 인생의 전환기, 특별히 노년기라는 시기를 포용하도록 도울 수 있는 이상적 장소가 기독교 교회라고 확신한다. 그러므로 다음과 같은 로언 그리어(Rowan Greer)의 주장에 동의한다. "우리가 고령자에게 제공할 수 있는 최고의 돌봄은 가능한 그들의 은사를 활용하고 그들의 능력 그대로를 사랑하는 것이다. 이 말은 가능한 노인들을 분리하지 않도록 노력하고, 적어도 그들이 고립되지 않도록 애써야 한다는 말이다. 고령자들이 계속 누군가를 섬기고, 누군가에게 필요한 존재가 되도록 배려해야 한다."2 이런 일을 할 수 있는 곳으로 교회보다 더 적합한 곳은 없다.

### 기독교 공동체

수많은 연구에 따르면, 활발하고 적극적으로 사람들과 교류하며 소속감을 느끼는 노년층은 그런 유대 관계를 누리지 못하는 사람보다 신체적으로나 정신적으로 더 건강하다고 한다.[3] 교회는 예수 그리스도를 대신하여 이 세상에서 물리적이고 실제적이며 공동체적인 존재로 부름받았다. 이런 교회는 의미 있는 사회적 상호 교류를 하기 위한 최적의 장소다. 닐 크라우스는 교회의 개입이 긍정적 효과를 낸다고 주장하는 여러 연구를 인용하여, 교회 기반의 사회적 지원을 "같은 교회에서 예배하는 사람들이 주고받는 정서적이고 가시적이며 영적인 지원"이라고 정의한다.[4] 소외, 고독, 분열로 몸살을 앓는 문화에서 교회의 공동체적 활동은 그리스도인이 세상에 선사해야 할 멋진 선물이다.

교회는 모든 노인, 심지어 기동성에 어려움이 있는 사람들과도 교류하도록 최선을 다해야 한다. 대중교통을 이용하기 어려운 지역에서 교회가 승합차 운행 서비스를 제공하면 지역 공동체에 뜻깊은 선물이 될 것이다. 인터넷과 같은 기술은 노인에게 사회적 소통을 위한 잠재적 수단이 되고, 거동이 어려운 사람들도 교회와 이어지도록 도와준다. 이제 모든 교회가 소셜 미디어를 사용하여 외출이 어려운 교인들과 접촉할 수 있고, 고령자도 교회 생활에 소외되지 않게 도울 수 있다.

교회는 노인을 결핍된 사람, 즉 직장도 없고, 건강은 악화되고, 지적 흥미도 사라지는 존재로 보는 문화에서 벗어나야 한다. 우리는 그들을 그리스도의 몸 된 교회에서 특별한 위치를 얻은 사람, (지미 카터에 따르면) 일련의 덕성을 갖춘 사람, 장수와 인생과 이웃을 섬길 시간이라는 선물을 받은 사람으로 보아야 한다.[5] 65세 이상의 사람들은 다른 연령 집단보다 봉사 활동에 많은 시간을 투자하고, 모든 노년 봉사자의 45퍼센트 이상이 종교 기관을 통해 이웃을 돕고 있다.[6]

공동체 생활이 주는 기쁨은 인정하지만, 부정적인 교제와 불쾌한 만남이 노인의 신체적, 정신적 건강을 무너뜨릴 가능성 역시 경계해야 한다.[7] 크라우스는 교회에서 오고가는 유해한 교제는 "의견 차이, 비난, 거부, 사생활 침해, 효과적이지 않은 도움뿐 아니라 과도한 도움"이라는 특징이 있다고 지적한다.[8] 수년간 한 교회를 섬기면서 그 교회가 천천히 쇠퇴해가거나 성도들끼리 언쟁하며 갈라지는 모습을 지켜본다면 고통스럽고 안타깝기 그지없을 것이다. 내가 속한 교단은 매년 수백 개의 교회가 문을 닫고 있다. 한 교회가 문을 닫으면 다른 교회로 가야 한다. 교회가 문을 닫은 것에 가슴 아파하는 이들은 보통 노인뿐이다.

교회에 대한 애정이 남다른 노년 성도는 다른 교인들과 부정적인 결과를 낳는 교제를 할 때 매우 고통스러울 수 있다. 이전에 기쁨을 주었던 사람들과 교류가 단절된 상태에서 교인들 사이의 부정적인 상호 관계, 분열, 언쟁, 다툼은 특별히 더 괴롭다.[9]

## 세대 간 소통

교회가 받은 선물을 한 가지 꼽는다면 세대 간 소통과 교류일 것이다. 우리 사회는 노년층이 중요한 역할을 하지 못하고 연령별로 단절된 사회(자녀 양육처럼 노인들이 기여할 일이 많은 농경 사회와 달리)가 되었다. 미국 노년층의 약 7퍼센트가 요양 시설이나 실버타운에서 거주하고 있다.[10] 이런 공동체는 안정감의 향상, 이웃, 친구, 사회적 소통, 레크리에이션, 간병인의 도움, 사랑하는 이들에게 과도한 짐을 지우지 않는다는 홀가분함과 같이 노인들에게 상당한 이점을 제공한다. 그러나 연령별로 구별되어 외떨어진 공동체들은 다양한 상호 관계의 결핍, 고비용, 실제로 독립적으로 살고 있다는 착각 등과 같은 약점들도 있다.

이런 공동체들이 안고 있는 심각한 문제는 늘 죽음을 본다는 것이다. 우리가 교회에서 기독교식으로 장례를 치러야 하는 이유는 요양 시설의 영안실과 장례식장과 예배당은 오직 한 가지만 연상시키기 때문이다. 바로 죽음이다. 교회에서 죽음과 부활의 예배(장례식 예배)는 세례와 결혼식과 주일 예배와 같이 전 생애 주기에 걸쳐 함께 나누었던 세대 간의 추억 속에서 진행된다.

교회는 의미를 도출하고 그것을 삶에 적용시키는 일을 한다. 의미를 이끌어내는 가장 중요한 수단은 교회 예배다. 모든 기독교 결혼 예배는 단순히 신랑과 신부 개인을 위한 예식이 아니다. 결혼 예배는 미혼자가 결혼 생활을 준비하도록 돕고, 이미 결혼

한 부부를 지지하는 역할을 한다. 마찬가지로 죽음과 부활의 예배도 단순히 유가족이 된 이들만을 위한 것이 아니다. 그 자리에 참석한 모든 사람이 애도와 죽음을 배우며 준비하게 하는 예배인 것이다. 노년을 준비해야 하는 젊은이뿐 아니라 노화의 위기를 몸소 경험하고 있는 노인에게 교회의 세대 통합적 본질은 큰 선물이 될 수 있다.

예수 그리스도 안에서 부모, 즉 노인을 공경하라는 제4계명은 폐기되지 않았다. 오히려 가족을 창조적으로 재구성하여 새로운 의미를 지니게 되었다. 세례를 통해 가족이 재구성되고 교회라 불리는 새롭고 독특한 사람들이 형성되었다. 이로써 부모를 공경하라는 계명이 새롭게 확장되고, 우리는 우리가 속한 세대만이 아닌 다른 세대까지 돌볼 책임을 부여받았다.

교회에서 전 세대가 유대감을 형성할 수 있는 좋은 방법이 있다. 모든 세대가 함께 사역에 동참하고, 그리스도 안에서 동역함으로 끈끈한 유대감을 확인하는 것이다.

존 모리슨(John Morrison)은 필라델피아의 20개 흑인 교회를 대상으로 연구를 실시했다. 그 결과 이 교회들은 엄격하게 연령을 구분하여 교회 모임이나 조직을 구성하지 않는다는 공통점을 발견했다. 이 교인들은 65세 이하인지 이상인지 구분하지 않았다. 젊은 사람들은 이른 나이부터 중요한 의사 결정 그룹에 참여할 기회를 얻었다. 다양한 모임의 회원 자격을 결정할 때 생물학적 나이가 아닌 재능에 따라 기준을 적용했다. 교회 모임은 대부분 다양한 연령의 사람들이 참석했다. 모리슨은 이렇게 지적했다. "교회 안 특정한 연령대의 고령자 모임은 현명한 결정이 아닐 수 있다. 실제로 (내가 인터뷰한) 많은 목회자는 연령별 구분이나 연령별 프로그램은 그 자체로 문제가 있으므로 채택하지 말아야 한다고 생각했다."[11]

나는 예수님의 이름으로 용서하는 것에 대한 교회적 차원의 연구를 진행한 후, 결론부에서 3, 4세대가 함께 토론에 참여함으로 우리 연구가 얼마나 풍성해졌는지에 주목했다. 토론에 참여한 젊은 교인들은 대체로 용서를 "누군가 잘못을 저지를 때 과민하게 반응하지 않고 그것으로 일을 키우지 않는" 문제라고 생각했다. 중년의 교인들은 용서의 윤리가 실제적이고 실행 가능성이 있는 것인지 의문을 제기했다. 어떤 사람은 "예수님이 정말 용서를 중요하게 생각하시나요?"라고 물었다. 노년층의 경우 용서가 매우 어려운 일임을 인정하면서도, 큰 후회나 자책에 시달리지 않고 살기 위해 용서가 얼마나 중요한지 알려주는 몇 가지 감동적인 이야기를 들려주었다.

한 청년 참석자는 이렇게 말했다. "제가 여러분 나이가 되었을 때, 예수님을 따르는 것이 얼마나 어려운지에 대해 여러분의 반 만큼이라도 솔직할 수 있었으면 좋겠어요."

한 노신사는 "분명히 그렇게 될 겁니다. 하나님은 이미 여러분 인생에 너무나 많은 좋은 일을 해주셨으니까요"라고 대답했다.

우리 시대에 교회가 선지자로서 감당해야 할 증언은 연령별로 분리하고 나누는 사회의 흐름에 맞서 싸우는 것이다. 나아가 예수 그리스도가 제자들에게 서로 감사하고, 자신에게 없는 은사를 나누며, 세대를 넘어 서로 책임을 져줄 수 있는 능력을 주셨음을 드러내 보이는 것이다.

에릭 에릭슨(Erik Erikson)은 성공적인 노화를 위해 적정 수준의 생산성을 유지하고 활발하게 인생의 여러 과업을 헤쳐나가는 이들과 교류하는 능력인 '생성 능력'(generativity)을 길러야 한다고 주장했다.[12] 조지 베일런트는 65세 이상 노년층의 복지에서 젊은 세대와 빈번하게 교류하는 것이 핵심적인 요인이라고 말한다. 노인들은 혈육 외의 젊은이들의 삶에 관심을 갖고 그들의 일을 지원하며 칭찬해줄 때 특별히 삶의 보람을 느낀다.[13]

노인 감사 주일(Senior Appreciation Sunday)은 오히려 노인들이 교회에서 소외되어 있다는 증거다. 노화란 교회의 모든 사람에게 일생에 걸쳐 일어나는 일이다. 노년기는 인생의 모든 날 중에서도 특히 복음을 증언하고 섬길 수 있는 기회다. 이것이 진리라면, 노년기를 특별히 인생의 비극적 시기나 특별히 공경받아야 할 도덕적 성취의 시기로 보는 것은 노화를 바라보는 기독교적 의식을 함양하는 데 방해가 된다. 교회에서 노년층에게 가장 필요한 것은 지속적으로 사역 현장에 동참하는 것이다.

미가 선지자는 이스라엘의 부패상을 책망하며 부모와 자녀 간의 갈등을 이스라엘이 배교한 것의 상징으로 보았다. "아들이 아버지를 멸시하며 딸이 어머니를 대적하며"(미 7:6). 반면 말라기는 하나님의 신실한 백성이 세대를 넘어 하나 될 시간을 고대했다.

> 보라 여호와의 크고 두려운 날이 이르기 전에 내가 선지자 엘리야를 너희에게 보내리니 그가 아버지의 마음을 자녀에게로 돌이키게 하고 자녀들의 마음을 그들의 아버지에게로 돌이키게 하리라(말 4:5-6).

교회는 노년층과 청년층이 교류할 수 있는 다양한 기회를 제공해야 한다. 젊은이는 노인을 마음으로 받아들이고, 신체적으로 노쇠한 노인과 교류하는 것이 어떤 면에서 힘든지 솔직하게 이야기해야 한다. 사람들이 장례식에 가기를 싫어하고, 노인들을 시설에 분리하며, 요양원 방문을 피하는 것은 노화라는 현실을 외면함으로써 자기 역시 예외 없이 종말을 향해 나아가고 있다는 사실을 직면하지 않아도 된다는 무의식적인 희망에서 비롯한 것이다. 뉴잉글랜드의 한 묘비에는 "그대도 나처럼 여기 잠들 것이다"라고 경고 문구가 새겨져 있다. 이 말은 젊은이가 노인을 멀리하는 충분한 이유가 될 수 있다. 아우구스티누스가 말한 대로 "죽음의 두려움"(*timor mortis*)은 인간이 저지르는 최악의 행동 이면에 작동하는 동기다.[14]

사회 전체적으로 연령 사이의 구분이 뚜렷하고, 베이비부머 세대, X 세대, 밀레니얼 세대, Z 세대 간의 갈등이 점점 불거지는 문화 속에서 세대 통합적 교회는 청년층이나 노년층에게 모두 좋은 선물일 것이다. 목회자의 주요 역할은 통합을 위한 기회를 부단히 모색하는 공동체의 일원이 되는 것이다. 지혜로운 목회자는 공동체가 서로 융합하도록 노력하고, 누구도 소외되지 않고 하나가 되도록 힘쓴다. 교회의 전 세대가 서로 활발히 교류할 수 있는 몇 가지 방법을 소개하겠다.

— 많은 노년이 혼자 식사한다. 식사 시간이 하루 중 가장 외로운 시간일 경우가 많다. 그러므로 교인들이 나이와 상관없이 함께 모여 정기적으로 식사하는 시간을 마련해야 한다.
— 세례와 입교 예식은 세대 통합적 관계를 누릴 중요한 기회가 된다. 멘토를 중심으로 이루어지는 입교 예식 절차는 경험이 많은 노년의 그리스도인과 새신자가 소통할 수 있는 좋은 기회다.[15]
— 누군가 요양 시설이나 요양원에 입소할 때 교회 대표들이 방문해서 축복해줄 수 있다.
— 목회자가 심방을 가거나, 평신도가 간호를 목적으로 요양 시설의 노인을 방문할 때 젊은 사람들이 동행할 수 있다.

대다수 노인이 많은 시간을 혼자 지낸다. 인생의 그 어느 시기보다 혼자 지내는 시간이 많다. 인생의 어느 시기에나 찾아올 수 있는 자기 연민이 노년기에 더 증폭될 수 있다. 버니스 뉴가튼(Bernice Neugarten)은 노년의 성격 변화를 연구하며 이렇게 요약한다. "나이가 들면서 남성과 여성 간에 중요한 차이는 있지만, 고령의 남녀 모두 더 까다롭고 자기에게 집착하는 성향이 강해지는 방향으로 변하는 것 같다."[16] 일부 노인은 자기 자신이 아니면 다른 누구도 자신을 돌보지 못할 것이라고 생각한다. 과도하게 자신에게 몰입하는 것은 우울하고, 불안하며, 문제를 해결하는 데 어려움을 겪는 원인일 수 있다. 하지만 전 세대가 교제한다면 노인들이 불필요한 자기 연민을 극복하는 데 도움이 될 것이다.

기독교 신앙은 관심의 초점을 자신에게서 다른 곳으로 옮기도록 도와준다. 이것은 교회가 감당해야 할 가장 중요한 사역이다. 교회는 성도들을 사역에 참여하게 해서 자신에 대한 집착을 버리고 눈을 돌려 이웃에게 관심을 가질 수단을 제공해야 한다.

메리 파이퍼는 모든 연령대의 사람들이 노년층을 돕는 일에 적극적으로 개입해야 한다고 경고한다. "미국은 곧 노인 인구의 눈사태가 덮칠 것이고, 바로 우리가 그 당사자가 될 것이다. 몇십 년 내로 노인 부양의 딜레마를 해결하는 방식이 바로 우리에게 적용될 것이다. 친절함, 냉담함, 무지와 지혜가 오롯이 우리 몫이 될 것이다. 우리가 지금 노인들을 더 사랑하고 존중할수록 자녀들에게 우리를 더 사랑하고 존중하는 방법을 가르치게 될 것이다. 오늘 문제를 해결하려는 고민이 치열할수록 우리 세대의 필요를 처리할 체계적이고 문화적인 구조가 더 확고하게 자리 잡을 것이다."[17]

베푼다는 것은 오히려 무언가를 받는다는 뜻이다. 세대 간에 건강한 교류가 이루어지는 모범을 보여줌으로, 즉 젊은이에게는 노인을 존중하고 아끼는 법을 가르치고 노인에게는 젊은이를 지지하고 가르치며 격려하는 법을 가르침으로써 교회는 교회의 황금률을 실천하고 그리스도가 참으로 사랑받는 공동체를 만드실 수 있음을 세상에 보여줄 수 있다.

## 하나님이 백성에게 주신 선물

기독교 신자가 누릴 수 있는 인생의 선물은 다음과 같다.

— 교회는 여러 가지 이유로 이 문화권에서는 생각하기 어려운 문제들을 생각해볼 수 있도록 돕는다.
— 교회는 죽음을 준비하는 일생을 선사한다.
— 교회는 여러 상실의 문제를 해결하고 상실의 고통을 치유할 수 있는 가장 중요한 곳이다.
— 교회의 예전적 의식들은 두려움과 슬픔을 공개적으로 처리하게 해주고, 기독교 신앙의 전체적인 맥락에서 우리 불안을 해결해준다.

― 교회는 특정 사람들을 장로로 공경하고, 남녀노소가 서로 섬김으로 수 세대에 걸쳐 내려온 지혜를 배우고 품성을 빚어가는 곳이 될 수 있다.
― 교회의 의식과 예전을 통해 성인(聖人)들의 가르침과 증언을 공동체가 다 함께 받아들임으로써 전통을 적극적으로 실천하고 장려하며 그 전통을 애정으로 보호하고 반복한다.
― 교회는 곧 산 자와 죽은 자에게서 가치 있는 삶으로 가는 길에 대해 증언을 듣고, 또한 다른 이들에게도 그 이야기를 전하는 곳이다.
― 교회는 고백과 용서와 화해에 참여하는 곳이다.
― 교회는 우리의 인생과 미래를 성찰하고 고민하며 상상의 나래를 펼치는 곳이다.
― 교회는 평범한 사람들이 소명을 받고, 예수 그리스도의 선교에 각자의 몫을 확인하며, 그분이 구원 사역을 펼치시는 세상에서 그분의 역사에 참여하도록 위임받는 곳이다.
― 교회는 자기기만적이고 자기중심적인 삶에 대한 욕망을 통제할 수 있는 곳이다. 인간이 처한 상태에 대해 감상적인 허구에 미혹당하지 않고, 자신과 세계에 대한 진리를 말하는 법을 배울 수 있다.
― 교회는 은총과 안식일의 안식을 누리며, 생산하고 통제하며 소비하고 독립하고자 하는 욕구를 넘어설 수 있는 곳

이다.

― 교회는 하나님이 지금도 일하시는 섭리의 손길을 느낄 수 있는 은총과 시간을 누리는 곳이고, 노인을 비롯해 서로를 돌보는 데 시간을 사용할 수 있는 곳이다.

― 교회는 거짓으로 얼룩진 세상에서 진리를 이야기하고 들으며 하나님과 자신과 다른 사람과 화해하는 법을 배우는 곳이다.

― 교회에서 노년층이 젊은이에게 소명을 발견하고 확인하도록 격려하는 것처럼, 모든 성도는 서로 하나님이 주신 은사를 확인해주고 활용하도록 도울 수 있다.

## 노년층을 위해 교회가 해야 할 일

한 젊은 여성이 이렇게 말했다. "우리 교회는 거대한 은퇴자들의 도시에 자리하고 있습니다. 우리는 지금처럼 왕성하게 활동하는 교회를 경험해본 적이 없었습니다. 음식 나누기, 의료 수송, 긴급 지원, 어린이 학습 지원, 24시간 스터디 그룹, 매주 여섯 번의 예배와 같이 다양한 사역 활동을 펼쳤습니다. 이런 멋진 곳에 교회가 있다니! 얼마나 큰 복인지 모릅니다. 필요는 너무나 분명하고, 은사 역시 너무나 명확하며, 선교할 기회는 무궁무진합니다. 우리를 이끌어줄 시간과 재능을 갖춘 은퇴 성도들이 이렇게 많으니 말입니다!"

오직 교회만이 고령화의 폭풍, 즉 노년 인구의 기하급수적 증가를 기회로 볼 수 있다. 바로 교회다움을 보여줄 놀라운 기회다. 그리스도인은 죄를 용서받고 구원받기 위해 부르심을 받았을 뿐 아니라 사명을 감당하기 위해서도 부르심을 받았다. 교회가 노년층을 섬길 몇 가지 방법을 소개해보겠다.

### 간병인 지원하기

미국에서 간병과 관련하여 일하는 사람은 수백만 명에 이른다. 이 간병인 중 대다수가 간병이 스트레스의 주요 원인이라고 말한다. 실제로 간병은 "개인의 인격을 검증하는 21세기의 가장 어려운 시험장"이라고 불린다.[18] 가족 구성원은 고령의 가족이 노년의 여러 어려움을 받아들이도록 돕고 싶을지 모르지만, 노화는 가족 모두에게 어려운 일일 수 있다. 네 가족당 한 가족이 고령의 가족이나 친족을 돌보고 있다고 한다. 중년층 대다수가 역사상 처음으로 자녀 수보다 부모의 수가 더 많은 세대가 될 것이다.[19] 직장이나 원하는 생활을 찾아 다른 지역으로 이동할 수 있다는 것은 가족들이 지리적으로 흩어져 살 수 있다는 뜻이다. "주말마다 부모님과 함께 오붓한 시간을 보내고 싶어도 두 분의 건강을 돌보느라 그럴 틈이 나지 않습니다." 우리 교회의 한 여성도가 탄식하며 말했다.

간병인의 평균 연령은 49세다.[20] '샌드위치 세대'에 속한 많은 사람, 즉 인생의 한 스펙트럼에서는 연로한 부모를 돌보고 또 다른 스펙트럼에서는 자녀를 부양하는 이중적 책임으로 버거운 사람들은, 인생의 많은 부분을 한때 든든한 보호자였던 연로한 부모를 돌보는 데 쓰느라 시간적인 여유를 누릴 수 없다. 연로한 부모를 돌보느라 자녀들을 제대로 양육하지 못한다는 죄책감에 시달리기도 한다. 더욱이 미래의 은퇴에 대비해 저축해놓은 돈을 연로한 부모의 간병비로 사용해도 될지 혼란에 빠지기도 한다.

간병으로 생긴 스트레스는 간병 자체가 버겁기 때문이기도 하지만, 우리 문화가 간병에 부여하는 가치와 보상이 턱없이 부족하기 때문이기도 하다. 간병인의 역할에서 의미를 찾는 사람에게는 침대에서 빠져나와 일과를 시작하면서 해야 할 일을 점검하고 책임감을 새롭게 다지게 하는 동기 부여가 될 수 있다. 때로는 어쩔 수 없이 간병을 떠맡았지만 어느 정도 자발적인 일이 되게 할 수 있는 방법, 즉 누군가의 도움이 필요한 사람을 섬기는 데서 기쁨을 발견하는 법을 찾는 것이 우리의 과제다.

간병이 필요한 고령자를 우리가 선택할 수 있는 경우는 거의 없다. 우리 역시 간병해줄 사람을 선택할 수 없을 것이다. 이런 현실은 인생이 우리 선택이 아니라 하나님의 은혜로 영글어간다는 것을 새삼 확인해준다. 그러므로 우리가 돌보는 노인들을 선물로 보고, 반대로 우리가 도움이 필요할 때 우리를 돌봐주는 이들을 하나님이 우리에게 주신 선물로 보는 것이 많은 그리스도인이 수행해야 할 신학적 과제다.[21]

많은 교회가 노년의 교인들과 계속 관계를 이어가려 노력한다. 하지만 노인을 돌보는 이들을 적극적으로 지원하는 프로그램을 운영하는 경우는 거의 없다. 모든 교회는 가족을 돌보며 간병하는 이들의 현황을 파악한 뒤, 그들을 지원하는 차원에서 하루에 몇 시간이라도 휴식할 수 있는 시간을 확보할 수 있도록 도움을 줄 수 있다. 이런 식으로 종일 간병에 매달리는 교인을 배려할 수 있다. 교인들은 또한 그들을 방문해서 애로 사항을 경청하고 공감해주면서 그들을 위로할 수 있다. 더불어 요리, 청소, 장보기, 은행 업무 봐주기와 같은 일들을 도와줄 수 있다.

몇 년 전 호주에서 강의하던 시절, 알츠하이머를 앓는 한 고령 여성이 사망한 일로 온 나라가 떠들썩했다. 그 여성은 간병하던 남편이 심장마비로 사망한 후 굶어서 죽었다고 한다. 두 사람을 발견했을 때는 사망한 지 여러 날이 지난 뒤였고, 두 사람은 아침 식사 테이블에 함께 앉아 있었다고 한다. 아내를 돌볼 사람은 남편밖에 없었다. 그 부부는 풍족하게 살았고 사랑하는 아내를 돌보는 일이 남편의 책무라고 여겼기에 이웃들이 도움을 주겠다는 제안도 거절했다.

간병인들은 선뜻 도움을 요청하려고 하지 않고, 이웃들은 도움을 주겠다고 일방적으로 고집할 수도 없다. 그러나 그리스도의 몸 된 교회는 세상과 달라야 한다.

### 은퇴 설계 도와주기

20세기 후반에 은퇴 후 사망하기 전까지 기간이 평균 3년에서 15년으로 증가했다.[22] 우리 중 대다수가 이전 모든 세대를 통틀어 은퇴하고 사망하기 전까지 가장 긴 시간을 보낼 것이다.[23] 자발적이든 비자발적이든 은퇴는 자신이 정말 늙어가고 있음을 깨닫는 유익한 충격파가 될 수 있다. 우리는 은퇴함으로써 성장할 수 있고, 새로운 가능성을 받아들이며, 재능을 발휘하고 인생 경험을 활용할 수 있는 멋진 선물을 받게 된다. 간단히 말해 (한 랍비의 말처럼) "노인에서 현인"으로 변화되는 것이다.[24]

불행하게도 그동안 은퇴 설계는 재무 상담사가 독차지하다시피 했다. 교회가 1년에 한 번 65세 생일을 맞은 사람들을 축하해 주고 은퇴에 대비하도록 지원하면 어떻겠는가? 목회자 역시 노후 대비에 관한 질문에 답해주며 신학적으로 은퇴를 설계하도록 도울 수 있다. 예를 들어, "어떻게 해야 하나님과 함께하는 시간을 보낼 수 있는가?"라거나 "어떤 새로운 영적 훈련을 받아야 하는가?"라는 질문에 답해줄 수 있다.

다시 한번 말하지만, 우리는 직장에서 은퇴할 수는 있어도 제자도에서 은퇴할 수는 없다. 65세에 이른 사람들은 은퇴 후 소명에 관한 목회적 지침이 필요하다. 오롯이 자신을 위해 쓸 수 있는 소중한 시간을 허비하는 것은, 그리스도인답게 노후 생활을 지내려는 열망이 강한 이들이 결코 선택할 수 없는 길이다. 은퇴하는 사람은 "이제는 직업이 없으니 더 이상 과거처럼 살 필요가 없다. 하나님은 지금 나를 어떤 사람으로 부르고 계시는가?"라는 질문을 두고 고민해야 한다.

### 유산에 대해 논의하기

잘 살고 잘 죽는 인생에 대한 도덕적 검증은 어떤 유언을 남기느냐에서 드러난다. 평생 일군 재산을 누구에게 남길 것인가? 조지 베일런트는 젊은 사람이 할 일이 생물학적 후계자를 만드는 것이라면, 노년에 할 일은 사회적 후계자를 만드는 것이라고 말한다.[25] 이 세상에는 "영구한 도성"이 없으므로(히 13:14) '우리는 무엇을 남길 것인가?'라는 질문에 진지하게 답해야 한다. 공동체적으로, 사회적으로 그리고 하나님을 찬양하는 차원에서 무엇을 유산으로 남길 것인가? 모든 교회는 성도가 이 세상을 떠난 뒤에도 계속 교회와 이웃을 위해 베풀도록 유산을 설계하게 독려하는 청지기 프로그램을 마련해야 한다. 교회에 애정을 품은 사람이라면 세상을 떠난 후에도 교회 사역이 역동적으로 유지되도록 기여해야 한다.

그리스도인으로서 우리는 소유한 물질을 선하게 관리하는 청지기가 될 의무가 있다. 내가 어린 시절 다니던 교회는 주일에 헌금을 봉헌할 때 "나 가진 모든 것 다 주의 것이니 그 받은 귀한 선물을 다 주께 바치네"라는 찬송을 함께 불렀다. 주일마다 드리는 헌금은 내 소유라고 생각한 모든 것을 하나님께 내어드리는 최종 봉헌을 위한 일종의 예행 연습이다. 리어 왕이 자신의 권력과 재물이 자신의 특권을 유지할 목적으로 마음대로 나누어주어도 되는 자기 소유가 아니라, 잠시 위탁받은 하나님의 선물로 원 주인에게 돌려주어야 한다는 것을 알았다면 얼마나 좋았겠는가.

우리 교회에 출석 중인 한 역사 학자는 우리의 쇠락을 이렇게 설명했다. "첫 백 년 동안 감리교회는 다른 사람들의 자녀를 도울 제도를 만들었습니다. 200년째로 접어들자 감리교도는 주로 자신의 가족에게 도움이 될 기관을 만들었습니다." 미국인 중 경제적인 특권을 누리는 상위 10퍼센트에 포함되는 사람 대다수가 오직 자녀에게만 재산을 상속한다. 하지만 우리는 평생 모은 재산을 더 많은 사람에게 상속하여 혜택을 줄 수 있다.

존 웨슬리는 "가능한 많이 벌고 할 수 있는 한 많이 저축하라. 그리고 할 수 있는 한 많이 베풀라"고 말한 것으로 유명하다. 웨슬리는 "할 수 있는 한 많이 베풀라"는 말을 매우 힘주어 강조했다.[26] 웨슬리는 출판으로 많은 돈을 벌었지만 가난하게 죽으리라고 결심했고, 오직 극빈자만이 그의 관을 무덤으로 옮기게 하라고 지시했다. 그렇게 그는 유산에 관한 소중한 교훈을 후계자들에게 가르쳤다.

플라톤은 가장 영속적인 유산은 자기 자신과 비슷한 또 다른 사람이라고 주장한다.[27] 나는 이 글을 읽는 모든 그리스도인이 삶에 대한 감사, 하나님의 사역에서 감당한 역할, 죽음을 대하는 용기, 예수 그리스도의 승리에 대한 흔들림 없는 소망을 유산으로 남기기를 열망하기를 소망한다.

유진 비앙키(Eugene Bianchi)는 자녀에게 물려줄 수 있는 최고의 유산이 "용감하고 우아하게 노년과 죽음을 맞이하는 것을 직접 삶으로 보여준 교훈"이라고 말한다.[28]

### 소명을 고취시키기

그리스도인은 스스로 정체성을 만들어낼 필요가 없다. 우리가 그리스도인인 이유는 세상에서 하나님의 사역에 참여하도록 하나님께 부르심을 받고 사명을 위임받은 후 실제로 그 사역에 투입되었기 때문이다.

후기 성인기와 사춘기는 흥미롭게도 유사한 점이 있다. 사춘기 청소년이 집중적으로 고민하는 '나는 누구인가?'라는 정체성의 문제를 후기 성인기에도 진지하고 통렬하게 고민할 수 있다는 것이다. 이미 특정한 무엇인가를 성취하고, 아직 완성 단계는 아니지만 개인의 인격이 충분히 발달할 정도로 살 만큼 산 사람들에게 이 문제는 특별히 고통스러울 수 있다. '나는 누구인가?'라는 질문에 즉각 대답했던 사람이 이제는 '지금까지 내가 어떤 사람이었는지 알고 있지만, 이제 나는 누구인가?'라는 질문에 대답해야 하는 것이다.

한 사람의 인생은 그 사람의 것이기에 마음대로 해도 된다는 작금의 거짓된 가르침으로 교육받은 현대인에게는 시편의 정체성 선언이 낯설게 들릴 수 있다. "그는 우리를 지으신 이요 우리는 그의 것이니"(시 100:3). 그러나 그리스도인은 인간을 하나님이 진흙에 생기를 불어넣으셔서 창조하신(창 2:7) 파생적이고 의존적 존재로 인식한다. 하나님은 원하시는 한도 내에서 인간에게 호흡을 빌려주신다.

인생 어느 때나 심심찮게 하는 질문, 그러나 특히 인생의 마지막 10년 동안 미국인이 전형적으로 하는 질문인 '인생을 어떻게 살아야 하는가?'는 잘못되었다. 이 시대는 의미 있는 존재가 되게 해줄 다양한 이야기 중 하나를 선택해 자신의 정체성을 규정하는 이야기를 쓰도록 몰아간다. 하지만 그리스도인은 '나는 무엇을 하길 원하는가?'가 아니라 '하나님은 내가 어떻게 섬기도록 부르시는가?'라는 질문이 적절하다고 믿는다.

신학자 칼 바르트는 소명을 하나님의 부르심으로 우리가 만나는 '장소'라고 규정한다. "언제 어느 순간이든 우리는 하나님의 부르심을 새롭게 만난다. 따라서 우리는 언제나 '지금 막 출발한 셈'이다."29 헤르만 헤세(Hermann Hesse)는 이렇게 말한다. 소명이 힘을 발휘할 때는 "영혼이 각성할 때다…그로써 내면에서 나오는 꿈과 예감 대신 외부에서 부르심을 받고, 그 부르심이 스스로 드러나고 주장한다."30 그리스도인이 된다는 것은 외부에서 부르심을 받고, 외부의 권위를 부여받으며, 하나님의 구원 사역에서 역할을 부여받는 것이다. 우리가 스스로 생겨난 존재가 아니라는 것은 하나님의 소유로서 그분이 기뻐하시는 대로 섬기도록 부르심을 받았다는 뜻이다.

신약에서 '부르심' 혹은 '소명'은 직업을 가리키기보다 제자도를 의미한다. 우리는 영원한 생명으로(딤전 6:12), 그리스도와의 교제로(고전 1:9), 어둠에서 나와 빛으로(벧전 2:9), 하나님과 올바른 관계로(롬 8:30) 부르심을 받았다. 하지만 직장에서 경력을 쌓으라는 부르심을 받지는 않는다. 바울은 천막을 만드는 사람이었지만(행 18:3), 그 직업으로 '부름'을 받았다는 내용은 성경 어디서도 찾아볼 수 없다. 장막을 만드는 일로 끼니를 이어갈 수 있었기에 바울이 그 일에 최선을 다하는 것은 당연했다. 경력을 쌓거나 심지어 자녀를 기르는 데 힘이 부치도록 힘썼던 사람에게 인생의 말년은 제자도에 더 온전히 헌신할 수 있는 기쁨을 회복할 절호의 기회다.

소명이란 하나님이 우리에게 원하시는 것이다. 이 소명으로 우리 인생은 하나님이 세상을 구원하신 결과에 맞게 변화된다. 예수 그리스도는 혼자 일하지 않으신다. 하나님은 우리에게 소명을 주셔서 우리보다 더 위대한 사역과 목적을 위해 일하게 하신다. 타고난 재능이나 내면의 열망은 소명과 아무 상관이 없고, 우리에게 소명을 위탁하심으로 인간을 구속하시려는 하나님의 열망이 소명에 가장 결정적인 역할을 한다. 이것을 확인하기 위해서는 특별한 재능도 없고 평범한 어부에 불과했던 예수님의 제자들을 보면 된다. 예수님은 우리가 인생의 모든 단계에서 매번 되새겨야 할 말씀을 남기셨다. "너희가 나를 택한 것이 아니요 내가 너희를 택하여 세웠나니 이는 너희로 가서 열매를 맺게

하고"(요 15:16).³¹

노년기에 직장이나 자녀를 키우는 일에서 은퇴하는 것은 일면 타당한 이유들이 있다. 하지만 예수님에 대한 책무가 다 마무리되었으므로 이제 오직 자신에게만 집중할 수 있다는 생각은 신학적으로 전혀 정당화될 수 없다.

이미 살펴보았듯이 노화하는 과정에서 우리는 많은 상실을 만난다. 때로 하나님은 상실에서 우리를 불러내시고, 삶의 의미를 회복하도록 도우시며, 이렇게 새롭게 확인한 정체성과 목적으로 새로운 미래를 향해 나아가도록 해주신다. 상실 때문에 찾아온 슬픔은 기도하며 우리 상황을 이해하도록 고민하라는 부르심일 수 있고, 우리의 정체성과 역할과 관계를 재구성하는 힘든 소명을 감당하라는 부르심일 수 있다.

"우리 아이들이 저더러 이사하라고 자꾸 재촉하고 있어요. 귀가 어두워지니 혼자 사는 게 위험하다고 걱정해요." 오래전 심방차 은퇴한 영어 교수의 집을 방문했을 때 그녀가 거실 맞은편에서 큰 소리로 말했다.

그날 해가 질 무렵, 나는 한 아버지와 위기에 봉착한 10대 아들과 또 다른 거실에 앉아 있었다. 혼자 자녀를 키우는 것도 힘들지만 직장의 일도 만만찮았다. 하루를 끝내고 집으로 돌아오면 그의 아들은 귀청이 떨어져 나갈 정도로 록 음악을 틀어놓아서 아버지를 화나게 했다. 부자는 사사건건 부딪히며 싸웠고 하루하루가 지옥이나 다름없었다.

"이 집에서 나가고 싶어요!" 아들이 울면서 소리를 질렀다.

"너하고 나 두 사람 다 나가자." 격분한 아버지가 이죽거리며 답했다.

나는 성령의 인도하심을 받아 이렇게 말했다. "잠시 흥분을 가라앉혀보세요. 여러분의 문제에 해결책이 있을 것 같습니다."

부자와 의논한 끝에 아들은 다음 날 은퇴한 교수의 집으로 이사를 갔다. "네가 아무리 음악을 크게 틀어도 나는 괜찮아. 나는 보청기를 꺼도 되고 넌 록 음악을 즐길 수 있어! 너와 살게 되었으니 이제 나는 이사를 안 가도 되겠구나"라고 그녀는 깔깔거리며 웃었다.

아버지와 아들과 은퇴한 교수, 세 사람은 주일 예배를 드릴 때 함께 앉았다. 이런 방식으로 세대가 관계를 맺으며 교회는 건강한 관계에 대한 하나님의 비전을 구체적으로 실현할 수 있다. 교회는 오늘날의 시대정신과 노화에 대한 기독교적 시각의 충돌을 정직하게 직시하고, 인생의 어느 단계에서나 여전히 그리스도인은 제자와 공동체로 부르심을 받는다는 개념을 일깨워주어야 한다. 계속해서 제자의 길을 걸어가는 사람에게 변화는 필수적이다. 그래야 신실하게 섬김을 감당할 수 있다. 하나님은 섬기고자 하는 필요와 베풀고자 하는 갈망을 지닌 존재로 우리를 창조하셨다. 그리스도인으로서 우리는 이 세상에서 그리스도의 대표로 위임을 받았다. 하지만 슬프게도 오늘날 교회는 사람들이 마땅히 져야 할 책임을 면제하는 일에 일조하고 있다.

농구 감독인 크루지제프스키(Mike Krzyzewski)는 신실한 천주교인으로 듀크 대학 퇴직자 오찬 모임에서 이렇게 연설했다. "이 방을 둘러보니 물리학, 시설 관리, 신생아 치료, 배관, 지붕 공사의 장인으로 명성을 날렸던 분들이 보입니다. 참으로 장하고 멋집니다."

크루지제프스키 감독은 잠시 말을 멈추고 마이크를 바짝 몸으로 당기더니 이렇게 말했다.

> 여러분이 이제 하실 일이 있습니다! 농구 감독 친구가 한 명 있는데 그의 팀 15명의 선수 중 아버지가 누구인지 아는 선수는 불과 두 명밖에 되지 않는다고 합니다. 모두 알다시피 미국의 가정은 완전히 붕괴한 수준입니다. 우리는 여러분이 필요합니다. 편하게 앉아서 "이제 내 자식들은 다 키웠어. 이제 돌볼 자식은 없어"라고 말하면 안 됩니다. 여러분의 지혜와 경험은 공동체의 소중한 자산입니다.
> 
> 지금 앉아 계신 테이블마다 메모지와 펜을 준비해두었습니다. 더럼(Durham)을 더 좋은 곳으로 만들기 위해 여러분이 무엇을 할 수 있는지 적어보십시오. 여러분이 잘할 수 있고, 세상에 필요한 일을 적어보십시오. 이미 공동체에 헌신하고 있는 분들이라면 지금 하고 있는 일을 적으시면 됩니다. 여러분이 적는 동안 우리는 잠시 조용히 기다리겠습니다. 그리고 조금 후에 걷어가겠습니다. 자 이제 적어보십시오!

내게 그 시간은 기독교적 소명을 다시금 정의하는 중요한 순간이었다.

매우 심각한 신경 질환을 앓고 있는 교회의 한 여성이 내게 이렇게 물었다. "하나님이 지금 내게 무엇을 원하실까요?"

"무슨 뜻으로 하신 말씀이신가요?" 나는 주저하며 물었다.

"저는 더 이상 밖으로 나다닐 수가 없어요. 하지만 목사님, 전화를 사용하는 일은 자유롭게 할 수 있어요"라고 그녀는 대답했다. 그 말을 듣고 나는 매일 아침 전화할 명단을 그녀에게 주었다. 그 주에 교회를 처음 방문한 사람들, 병원에 입원한 교인들, 대학 진학 때문에 고향을 떠난 학생들, 모임 일자를 확인받아야 할 위원회 위원들의 명단이었다. 나는 그녀를 전화 심방 위원장으로 임명했다.

메리는 엉덩이뼈가 부러져 여생을 휠체어 위에서 보내야 하는 신세가 되었지만, 요양 시설에서 지내며 퇴물로 늙어가기를 완강하게 거부했다. 그녀는 이전에 왕성하게 활동하던 기업 임원이었다.

그녀는 내게 이렇게 털어놓았다. "그래서 저는 이렇게 생각했어요. '나는 평생 정신없이 살아왔어. 느긋하게 앉아 다른 사람과 이야기하고 그의 말을 들어줄 시간이 조금도 없었어. 이제 기회가 왔어.'"

그녀는 간호사들에게 방문객이 거의 없어 외로워하는 사람들의 명단을 달라고 부탁했다. 매일 메리는 '사무실에 출근해'

혼자 휠체어를 타고 긴 복도를 지나 방문을 두들기며 방문을 원하는지 사람들에게 물었다. 이제 그녀에게 기회가 온 것이다.

마틴 루터는 인생의 모든 단계가 하나님의 부르심이라고 말했다. 이러한 확신은 우리의 경력이 아니라 현재 우리가 당면한 인생 단계에 적용되어야 한다. 청지기직, 손님 접대, 약자와의 동행, 약자 옹호, 사회 정의에 대한 기독교적 소명은 인생의 어느 단계보다 인생 말년에 더 잘 수행할 수 있다. 그 근거는 얼마든지 제시할 수 있다. 직업 대신 소명을 받은 후 만족스러워하며 "이것이 내 본 모습이다. 나는 이 일을 위해 태어났다"라고 말할 수 있다면 얼마나 멋진 일이겠는가.[32]

우리 교회 대표들을 이끌고 주 의사당에서 열리는 '도덕적 월요일'(Moral Monday, 종교인들을 중심으로 공공 영역의 도덕성 회복을 외치는 시위-역주) 시위에 참가한 적이 있었다. 시위에 참석할 수 있는 사람이 은퇴자뿐이라는 사실에 약간 실망감이 몰려왔다. 그러다가 은퇴한 학교 교사와 공무원보다 악한 정부의 유린 행위를 더 잘 파악하고, 인색한 주 정부 예산에 항의하는 시위에 체포를 불사할 정도로 자유로울 수 있는 적임자가 어디 있겠느냐는 생각이 들었다.

인생 말년이나 죽음이 임박할 때 하나님이 우리를 어디로 부르시는지 세세한 부분까지는 알지 못한다. 하지만 우리에게는 끊임없이 다양한 방법으로 우리를 불러주셨던 하나님이 죽음 앞에서도 계속 불러주시리라는 소망이 있다. 죽음을 준비할 때 우리는 "지금 하나님은 내 인생에서 무슨 일을 하고 계시는가?"라고 물을 마지막 기회를 갖게 된다.

감리교 운동을 시작한 존 웨슬리는 "우리 그리스도인들은 죽는 법을 알고 있다"라고 확언했다.[33] 잘 죽는다는 것은 마지막까지 하나님의 은혜를 증언하고 자신의 삶의 방식과 선을 감사함으로 기억하는 것이며, 교회가 우리를 그와 동일하게 기억하는 것을 뜻한다.

### 은혜 안에서 성장하기

웨슬리로부터 시작된 감리교 전통은 매 순간 하나님의 은혜의 능력이 우리 안에서 역사하며, 이를 통해 하나님 없는 삶을 살 때보다 훨씬 훌륭한 삶을 살 수 있다고 강조한다. 은혜는 우리 스스로 삶을 감당했을 때와 비교할 수 없는 신실한 삶을 살 수 있게 도와주는 하나님의 능력이다. 웨슬리는 칭의와 성화를 연결하고, 은혜로 얻는 구원과 은혜 안의 성장을 결부함으로 중생뿐 아니라 지속적인 회복을 약속하는 신학적 성취를 이루었다. 살아 계신 하나님은 우리가 끝났다고 생각하고 포기할 때도 우리를 계속해서 새롭게 창조하고 계신다. 그 누구도 늙었다는 이유로 성령이 주도하시는 은혜 안의 성장이라는 모험에서 제외되지 않는다.

화가 렘브란트는 연로한 어머니의 초상화를 그렸다. 노부인은 가만히 앉아 사람들이 오고가는 창밖을 바라보며 시간을 허비하지 않는다. 그녀는 커다란 성경책을 펴고 열심히 읽고 있다.[34] 내가 아는 교회들의 성경 공부반은 대부분 노년층이 차지하고 있다. 그들의 이런 열정은 단순히 시간이 많아서만은 아니다. 노화는 우리가 젊었을 때 지침으로 삼았던 원리와 개념을 재구성하고 다시 살펴보고 고민할 수밖에 없는 지적인 위기를 촉발한다. 교회는 새롭게 고민하고 탐색하는 지식 탐험의 좋은 장소가 될 수 있다. 노년층은 성공적인 노화를 위해 필요한 지식 때문만이 아니라, "범사에 그에게까지 자[라기]"(엡 4:15)를 원하기 때문에 배워야 한다.

주류 개신교 교회가 쇠퇴한 이유를 꼽자면, 부분적으로는 교회 공동체 전체가 지적으로 성찰하는 데 실패한 것, 믿음의 핵심적 선언을 망각한 것 그리고 본질을 밀어낼 정도로 비본질적인 일에 과도하게 집중한 것을 들 수 있다. 그리스도인은 읽고 사유하며, 이런 문제에서 벗어날 수 있는 방도를 연구해야 한다.

최근에 방문한 한 교회에서 (내 나이 또래의) 한 여성이 주일 성경 공부 모임에 참석해달라고 요청하며 이렇게 말했다.

"오늘 우리는 마가복음 1장 1절을 배울 겁니다."

"마가복음의 첫 장만 말입니까?" 나는 물었다.

"1장 첫 절이요. 드디어 절별로 심층 공부를 할 시간이 생겼어요"라고 그녀는 대답했다.

**배울 기회 선사하기**

교회는 '노화에 대한 기독교적 탐구'라는 주제로 강좌를 열어야 한다. 가르칠 내용은 이 책의 각 장을 참고할 수 있다. 이 책을 장별로 이용해 학습 계획을 세우고, 이를 통해 얻을 수 있는 학습 결과를 소개하겠다.

---

1장. 성경을 통해 본 노화
노화에 따른 어려움과 장수라는 선물에 대해 성경이 가감 없이 말하는 내용을 살펴보고, 성경에서 노인이 담당한 역할을 배울 수 있다.

2장. 고령화라는 폭풍
노화가 인생 말년의 삶에 큰 어려움이 되는 몇 가지 이유를 배울 수 있다. 또한 장수와 고령화에서 비롯한 사회적인 과제들을 인식할 수 있다.

3장. 하나님과 함께 은퇴하다
은퇴라는 축복을 더 깊이 감사하고, 은퇴 후 겪을 어려움이 무엇인지 배울 것이다. 은퇴 후의 삶이 인격의 시험장임을 깨닫고, 삶을 하나님의 창조물로 바라볼 기회를 준다.

4장. 성공적인 노년 생활

노화에 대한 비현실적 환상이 무엇인지 분별할 수 있을 것이다. 또한 성공적인 노화에 도움을 줄 수 있는 생물학적, 사회적, 신학적 요인을 배울 수 있다.

5장. 인생의 말년을 하나님과 함께

특별히 기독교적 시각에서 노화에 대해 더 충실하고 솔직하게 생각해볼 수 있는 기독교의 핵심 신념과 적용점을 배울 수 있다.

6장. 교회 안에서 보내는 노년기

젊은이들이 노화에 대비할 수 있도록 교회가 도울 방법뿐 아니라, 교회가 노년을 준비하는 사람과 노년기의 사람들에게 소중한 자원이자 도움이 될 수 있는 방법을 새롭게 인식할 수 있다.

7장. 하나님 안에서 마무리하기

인생 말년을 살아갈 때 하나님이 함께하신다는 새로운 확신을 얻을 수 있다. 죽음과 사후의 삶에 대한 기독교적 증언이, 소망을 품고 마지막을 맞이하게 해줄 신학적 원천임을 깨달을 것이다.

## 노년층이 교회를 위해 할 일

"무릇 많이 받은 자에게는 많이 요구할 것이요 많이 맡은 자에게는 많이 달라 할 것이니라"(눅 12:48). 우리는 베푸는 자로 지으심을 받았다. 장수라는 선물을 받은 사람은 무엇보다 자신을 수동적인 환자가 아니라 능동적 행위자로, 받는 자가 아니라 주는 자로, 부담을 주는 존재가 아니라 책임을 지는 자로 인식해야 한다.

교회는 사역의 틀을 노인을 위한 사역이 아니라, 노인이 직접 행하는 사역으로 잡아야 한다. 일부 노년(모두는 아니지만 우리 생각보다 많을 수 있다)은 교회와 지역 공동체에 소속된 많은 이에게 절실히 필요한 시간, 재정, 인내심, 지혜, 경험, 기술의 은사를 지니고 있다.

"저는 저 자신을 '시니어 네트워커'라고 생각합니다"라고 교회에서 시니어 사역 코디네이터를 맡은 여성이 말했다.

"'시니어 네트워커'가 무엇입니까?" 나는 물었다.

"저는 노년층이 섬김을 받는 것이 아니라 섬겨야 한다는 표어를 가장 먼저 강조합니다. 가을에 관광을 가서 단풍 구경을 하는 것보다 더 중요한 일이 있습니다. 저는 그들에게 '어르신들을 모시고 여행을 가고 싶다면 여행사를 알아보세요. 교회는 더 절박한 사명을 위탁받았습니다'라고 말합니다.

저는 모든 노년이 하나님께 받은 사명을 발견하고 확인하도록 서로 연결하는 작업을 합니다."

"예를 들면요?" 나는 다시 물었다.

"1년 동안 일이 없어서 놀고 있는 젊은이에게 이전에 기업가였던 두 사람을 이어줬어요. 그 젊은이가 직장을 잡을 때까지 책임지고 살펴봐달라고 부탁했습니다. 젊은 세 여성에게 재봉질을 가르쳐준 수석 재단사 여사님도 계세요. 목사님이 알코올 중독인 교인을 돌봐달라고 요청하실 때를 대비해 도와주실 어르신 세 분이 늘 대기 중이십니다. 이분들은 모두 알코올 중독을 극복하신 분들이에요."

나는 그녀를 노년 목회에 대한 모델로 삼았다.

신약에서는 과부에게 기도할 책임을 부여한다. 1999년도 연구는 기도하는 노년층의 98퍼센트가 다른 사람의 안녕, 특히 가족의 안녕을 위해 기도한다는 것을 보여주었다. 이 중 95퍼센트는 자기 기도가 응답받았다고 믿었다.[35] 교회는 기도의 공동체며, 노년층은 거의 모두 기도를 드리고 있다.

수십 년 동안 도시 교회의 전형적인 침체에 빠져 있던 교회가 있었다. 그러나 오늘날 이 교회는 거의 기적에 가깝게 변화되었다. 이 교회의 담임 목사는 교회 부흥의 모든 공을 한 노년 여성들의 모임인 수요 아침 기도회에 돌렸다. 그들은 "주님, 이 교회가 미래의 희망을 품기 위해 우리가 할 수 있는 일은 무엇일까요?"라고 용감하게 기도하기 시작했다.

주님은 그들에게 금요일 밤 교회에서 무료 어린이 돌봄 사역을 시작하도록 인도하셨다. 그들은 교회 뜰에 "무료. 전문 어린이 돌봄, 금요일 오후 5-11시"라는 내용의 큰 팻말을 세웠다. 아이들은 그들이 준비한 식사를 하고 게임도 하며, 잠자리에 들기 전 재미있는 이야기를 듣거나 영화를 본다. 아이들의 부모들은 교회의 따뜻한 환대를 받을 뿐만 아니라 외출하여 자유로이 개인 시간을 보낼 수 있다.

그 젊은 목사는 "하나님은 그 금요일 밤을 사용하셔서 우리 교회를 변화시켜주셨습니다"라고 말했다.

앨라배마 주의회가 비열한 반이민법을 통과시키자 교회들은 그리스도의 이름으로 주의회에 위헌 소송을 내도록 내게 촉구했다. 그중 한 교회는 중부 앨라배마 지역에 위치한 교회였다(우리는 그 소송에서 이겼다). 그 교회의 일부 노년층은 아이들이 오후에 교회로 와서 부모가 퇴근할 때까지 숙제하며 재미있게 놀도록 맞벌이 부모를 위한 자녀 보육 프로그램을 운영했다. 이 학생들은 대부분 스페인어를 사용했다. 그래서 은퇴한 고등학교 스페인어 교사가 이 프로그램을 운영했다. 그녀는 교인은 아니었지만, 교인들이 그 프로그램을 관장할 책임자로 그녀를 추천했다.

이민법에 따르면 이 프로그램은 불법이었다. 소위 불법 이민자를 '수용하거나' '이동하게 하는 것'은 불법이었기 때문이다. 나는 제프 세션스(Jeff Sessions, 포용적 이민법을 반대한 앨라배마 출신 정치인-역주)의 입김이 절대적인 주에서도 이 용감한 여성들이 당당하게 말한 데 대해 큰 자부심을 느낀다. "우리는 이 사역을 절대 중단하지 않을 것입니다. 그 사람들이 뭘 하려고 하겠어요? 여든이 넘는 사람들을 감옥에 가두기라도 할 건가요?"

노년의 성도들이 교회를 도울 다른 방법도 소개한다.

**증언하기**

노년이 염려와 후회, 외로움에 취약한 시기일 수 있지만, 하나님의 은혜가 있으면 인생 말년을 복음 증거에 집중하며 보낼 수 있다. 모든 그리스도인은 하나님과 세상에서 하나님이 하시는 일을 증언하고, 사람들이 그 일에 동참하도록 격려하라는 부르심을 받았다. 그런데 '노인들'은 특별한 증언을 감당할 수 있다.

> 그는 늙어도 여전히 결실하며 진액이 풍족하고 빛이 청청하니 여호와의 정직하심과 나의 바위 되심과 그에게는 불의가 없음이 선포되리로다(시 92:14-15).

노년의 성도들은 '여전히 진액이 풍족하고 빛이 청정할' 수 있다. 왜 그런가? '선포하기 위해서다.' 하나님은 단순히 개인적인 만족이 아닌 증거를 위한, 축복이 되고 열매 맺는 노년을 우리에게 주신다.

젊었을 때 부임한 한 교회에서 한 번도 주일에 빠진 적이 없는 한 노인의 간증으로 도전받았던 적이 있다. 매주 그는 목발을 짚고 다리를 절며, 교회로 들어와서 교회 맨 앞자리에 앉았다.

한번은 내가 그분께 이렇게 물어보았다. "통증 때문에 힘들지 않으세요?"

"목사님, 사고를 당하고 지난 30년간 통증 없이 보낸 날은 단 하루도 없었습니다. 매일 아침 침대에서 빠져나오려면, 최소한 한 시간은 기도하고 마음을 단단히 붙잡아야 합니다."

그러나 나는 그때까지 그가 자기 고통에 대해 불평하거나 원망하는 말을 한 번도 들어본 적이 없었다.

자제력은 우리가 겪는 어려운 문제를 이야기할 때 드러나는 덕목이다. 효과적인 기독교적 증언을 위해서는 말해야 할 때와 말을 자제해야 할 때를 분별하는 능력이 필요하다. 통증과 고통에 집착할 때 우리의 좁은 시야가 드러나고, 우리의 주된 관심사가 우리 자신임이 드러난다. 우리 노년들은 이분처럼 고통과 불행의 청지기가 돼야 하며, 고통 속에서도 하나님이 여전히 찬양받으실 수 있음을 보여주어야 한다.

어느 주일날 나는 그분께 이렇게 말했다. "오늘 아침에는 두통이 너무 심해서 끙끙 앓으며 일어났어요. 그래서 옷을 차려입고 교회에 올 마음이 도무지 생기지 않았어요. 그런데 성도님이 오른쪽 첫 번째 의자에 앉아 있을 거라는 생각이 들어 힘을 내어 왔어요. 역시 여기 계셨네요!"

한 노부인이 누군가에게 "청력이 너무 안 좋아져서 설교를 한 마디도 못 알아듣겠어요"라고 말하는 것을 우연히 듣게 되었다.

"설교가 안 들리는데 왜 교회에 오시나요?" 상대방이 물었다.

"여기 교인들에게 본을 보이고 싶어서요." 그녀는 웃으며 대답했다. "적어도 청력은 생리적인 문제니까요. 당신은 어때요? 목사님 설교를 듣는 데 어려움은 없나요?"

또 교회 노인 중 한 명이 폐암 진단을 받자, 한 젊은 교인이 "그동안 참 평온하게 살아오셨는데 이런 불행으로 하나님이 원망스럽지 않으시나요?"라고 물으며 그녀를 위로하려고 했다.

"하나님이 원망스럽지 않느냐고요? 저는 40년 동안 매일 담배 한 갑을 피웠어요. 하나님이 제게 화를 많이 내지 않으셨으면 좋겠습니다"라고 그 여성은 되받았다.

'진액이 풍족하며 빛이 청정하여 하나님을 전하는' 노년층의 아름다운 증언이다.

창세기 27장에는 이삭의 죽음이 가까울 무렵 야곱과 에서의 이야기가 나오고, 창세기 49장에는 야곱이 임종을 앞두었을 때 요셉과 그 형제들의 이야기가 그려진다. 이 성경 이야기는 오랜 세월 축적된 갈등과 긴장이 부정할 수 없을 정도로 가시화될 때, 그간 쌓여온 가족의 불화가 때로 분열로 이어질 수 있다고 말해준다. 어떤 노년은 인생의 말년에도 화해와 용서라는 어려운 일을 해낼 수 있음을 보여준다. 노인들은 종종 엄청나게 후회하고 크나큰 상실을 겪기도 하지만, 인생을 마무리하기 전에 망가진 관계를 회복하고 바로잡을 수 있는 시간이 있다.

제대로 질문하자면 "죽기 전에 해야 할 일은 무엇인가?"라고 물어야 한다.

사람들에게 "장례식을 미리 준비해야 할까요?"라는 질문을 받으면, 나는 때로 "당연히 본인 장례식을 미리 계획해야죠. 하지만 더 중요한 것은 다른 사람들과 아직 마무리 짓지 못한 일들을 해결하는 겁니다. 그래야 평화로운 죽음을 맞이할 수 있습니다"라고 말한다. 대부분 후회와 회한은 고치지 않은 울타리와 깨진 채 방치된 관계에 그 원인이 있다.

젊었을 때 소홀히 했던 일을 말년에 할 수 있다. "저를 용서해주시겠습니까?" "당신을 용서합니다." "그동안 보여준 친절에 감사드립니다." "사랑합니다." "잘 있어요." 이런 말을 하기에 늦었을 때란 없다. 말년에는 관계가 치유되고, 그리스도께 순종할 기회가 생기며, 우리 삶에 역사하시는 화해의 성령을 경험할 수 있다.

또 인생의 일을 마무리하는 게 쉽지 않은 이유가 있는데, 간병인이 말기 환자의 고통을 덜어주려는 선의로 거의 의식이 몽롱할 정도로 약을 주기 때문이다. 그런 상황에 있는 노년이라면 의식을 몽롱하게 하는 약을 제공하는 사람들에게 이렇게 말하는 것이 중요하다. "고통에 시달리고 싶지는 않지만, 세상을 떠나기 전에 가능한 한 의식이 있는 상태에서 해야 할 일을 마무리하고 싶습니다."

노인은 노화와 죽음이 우리에게 일어날 수 있는 최악의 일은 아니라는 것을 알려줌으로써 증인 역할을 할 수 있다. 제대로 살지 않고 죽는 것이 더 최악이다. 예수님은 (특히 요한복음에서) 살아 있으나 죽은 자와 진배없는 자들에 관해 이야기하신다. 그리스도인은 임종을 앞두고 죽음이 최후의 적이지만, 우리에게 가장 힘든 시험은 아님을 다른 이들에게 몸소 보여줄 수 있다. 하나님과 함께하는 삶이 가장 중요하다.

올리버 오도노반(Oliver O'Donovan)은 이렇게 말한다. "노인들에게 맡겨진 중요한 일이 증언하는 일임을 이야기하도록 하자. 노인들은 젊은이들에게 동화되거나 방관하며 멀찌감치 서서 그들을 원망할 필요가 없다. 젊은이들 앞에서 자신을 있는 그대로 드러내며, 지금까지 살아온 것처럼 살고 죽을 수 있어야 한다. 또 중요한 문제에 관해서는 언제나처럼 입장을 견지하되 중요하지 않은 문제에 관해서는 흔쾌히 자기 입장을 내려놓을 줄도 알아야 하고, 자신들이 살아온 경험을 젊은이들에게 진정성 있게 전달해야 한다. 이것이 바로 젊은이들에게 필요한 것이다."[36] 시편 기자의 기도를 우리의 기도로 삼자.

> 하나님이여 내가 늙어 백발이 될 때에도 나를 버리지 마시며 내가 주의 힘을 후대에 전하고 주의 능력을 장래의 모든 사람에게 전하기까지 나를 버리지 마소서 하나님이여 주의 의가 또한 지극히 높으시니이다 하나님이여 주께서 큰일을 행하셨사오니(시 71:18-19).

하나님의 능력을 후대에 전할 수 있도록 우리 각자에게 충분한 시간을 주옵소서.

### 뒤로 물러나기

앞에서 늙은 엘리사벳, 사가랴, 시므온, 안나의 증언을 이야기한 적이 있다. 그들이 하나님의 미래에 대한 선지자적 비전으로 예수님의 이야기를 시작했다는 사실을 기억하라. 그런 다음 이 노인들이 무엇을 했는가? 그들은 길에서 물러났고 더는 그들에 대한 이야기가 기록으로 남아 있지 않다. 우리 노인들은 이 흥미진진한 여성과 남성을 우리 모범으로 삼아야 한다.

듀크 대학교 신학대학원 부교수인 로렌 위너(Lauren Winner)와 나는 목사 모임에서 한 고령의 목사에게서 이런 질문을 받았다. "왜 교회는 우리 같은 원로 목사들을 활용해 작은 교회들을 섬기게 하지 않습니까?"

나이가 많은 목사 중 한 사람으로서 나는 이분의 호소에 크게 공감했다. 그러나 로렌이 이렇게 대답한 것으로 기억한다. "죄송합니다. 신학교를 마치고 교회로 파송을 받으려고 수년을 대기하고 있는 젊은 목회자가 너무 많다고 알고 있습니다. 여러분은 여러 사역에서 열매를 맺으며 오랜 세월을 보낸 인재지만, 이제 뒤로 물러날 때를 진심으로 고민하셨으면 좋겠습니다."

젊은이에게는 주어진 삶을 감당하며 세상을 장악하고, 하나님이 맡기신 사명을 신실하게 감당할 책임이 있다. 노년은 이제 교회를 이끌어가야 하는 무거운 짐을 진 이들을 지원할 의무가 있다. 우리는 그들의 성공을 기원하며 뒤로 물러서야 한다.

우리는 살아오며 발견한 진리를 증언할 수 있다. 우리가 졌던 짐을 지는 그들의 고충을 공감해주며 요청이 올 때 의견을 제시하고 격려해줄 수 있다. 그러나 그들이 사는 세상은 우리가 살았던 세상과 다르다는 사실을 명심해야 한다. 그들이 많은 부분에서 우리가 씨름했던 일과 같은 것으로 씨름한다고 해도, 우리와는 접근 방식이 달라야 한다. 우리가 갖은 애정으로 구축했지만 이제 해체할 수밖에 없는 일들이 있다. 하나님은 그들을 통해 우리가 아무리 노력했어도 끝내 해결하지 못한 문제들을 해결하실지도 모른다. 우리가 시작한 일을 단지 계승하는 차원이 되어서는 안 된다. 세상은 변했다. 젊든 늙었든, 그리스도인은 모두 과거가 아닌 미래를 바라보시는 살아 계신 하나님을 섬긴다. 하나님은 우리가 현 상태에 안주하거나 과거에 얽매이기를 바라지 않으신다. 노인들이 젊은이들을 축복하며 "이제 당신들 세상이다!"라고 말하면서 한 걸음 뒤로 물러서는 것이 그들에게 해줄 수 있는 가장 중요한 봉사인 이유가 여기에 있다.

젊은이들은 해결해야 할 과제가 산적해 있다. 노년층의 중요한 소명은 젊은이들 뒤로 물러서서 그들이 인생 전반기의 과제와 책무를 감당하도록 격려하고 위로하는 것이다. 때로 세월은 지혜와 장기적 안목과 균형 감각과 지식을 안겨다 주기 때문에, 노인은 젊은이보다 더 자신감을 느끼며 불확실한 시절을 견뎌야 하는 젊은이와 동행해줄 수 있다.

재정적으로 어려운 시기를 견뎌야 했던 교회를 알고 있다. 재직회에서 서로 고충을 토로하던 중 고령의 회원 한 사람이 교회의 지난 50년 역사 동안 현재보다 더 심각한 재정 위기가 다섯 번이나 있었다며 교회의 역사를 간략히 설명했다. 목사는 그 역사를 들은 후 "우리 교회의 과거 역사를 알려주셔서 감사합니다. 형제자매 여러분, 우리가 지금 겪는 일은 하나님께서 이미 다 겪게 하셨던 일입니다!"라고 말했다.

우리 노년들은 인생의 통제력을 상실했다는 좌절감을 보상하고자 젊은이들을 통제하려고 시도하거나, 그들의 인생을 통제함으로써 그들을 통해 대리 인생을 살려는 헛된 시도를 해서는 안 된다. 한 걸음 물러나서 하나님이 교회의 새 세대를 이끌어가실 것을 믿어야 한다.

### 소명으로서 조부모 역할을 감당하기

65세 이상의 고령자 중 80퍼센트가 손주가 있다. 이 고령의 그리스도인 중 3분의 1은 조부모로서 역할이 인생에서 가장 보람된 일이라고 말한다.[37] 그러나 조부모 역할에는 특유의 어려움이 있다. 일반적으로 부모가 자녀의 삶에서 조부모의 긍정적인 역할을 인정해야 조부모가 손주를 성공적으로 양육할 수 있다. 내가 마지막으로 사역했던 교회에서는 여러 이유로 조부모에게 양육을 맡긴 손주를 돌보는 것이 노년 성도가 직면한 주요 과제였다.

조부모는 손주에게 지속적이고 신뢰할 수 있는 안전망을 제공하며, 부모나 교사나 또래와 갈등하고 타협하는 데 정서적으로 필요한 것을 지원할 수 있다. 조부모는 부모의 이혼이나 약물 남용, 부모의 병이나 사망의 문제를 다룰 때 아이들에게 안정감을 줄 수 있다.

조부모는 아주 자연스럽게 이야기꾼 역할을 한다. 교사이자 멘토인 조부모는 아이들을 가족의 과거와 이어주는 역할을 하며, 부모를 통해서 세상을 볼 때보다 더 넓게 보고, 더 깊은 의미를 확인하며, 인생의 선택이 훨씬 더 다양함을 알도록 도와줄 수 있다. 신명기는 조부모가 자손에게 가르칠 수 있는 진리를 찬양한다.

> 옛날을 기억하라 역대의 연대를 생각하라 네 아버지에게 물으라 그가 네게 설명할 것이요 네 어른들에게 물으라 그들이 네게 말하리로다(신 32:7).

사역 초기에 한 젊은 여성이 울면서 남편이 기업인들 모임에서 만난 여성과 불륜을 저질렀다고 털어놓았다. "남편이 미안하다고, 다시는 그런 일이 없을 거라고 했지만, 전 그와 이혼할 거예요. 더는 남편을 신뢰할 수 없어요. 일단 신앙 있으신 할머니와 이 일을 상의하려고요. 이 소식을 들으면 할머니 마음이 찢어지시겠지만요." 그녀는 이틀 뒤 다시 찾아왔다. "남편을 용서하기로 했어요. 다시 관계를 회복하고 함께 살아갈 수 있을지 노력해보려고 해요"라는 뜻밖의 말을 했다.

"어떻게 그런 심경의 변화가 생겼나요?" 나는 물었다. 그리고 그녀는 다음과 같은 이야기를 들려주었다.

할머니에게 "충격을 받으실지 모르겠지만 말씀드릴 일이 있어요. 남편이 불륜을 저질렀어요"라고 말했어요. 그런데 할머니는 이렇게 말씀하시더군요. "조금도 놀랍지 않구나. 네 남편 정도의 나이가 되면, 제정신이 아닌 남자가 많아. 그 아이가 잘못을 뉘우치기는 하니? 이런 일이 이전에도 있었니?"

그래서 저는 이렇게 말했죠. "할머니, 할머니가 불륜을 정당화하실 줄은 꿈에도 몰랐어요."

"나는 불륜을 합리화한다는 식으로 말한 게 아니야. 나는 단지 그 아이가 잘못을 뉘우치면, 그리고 네가 그 아이를 용서할 수 있다고 생각하면, 그편이 훨씬 좋겠다고 말한 것뿐이란다. 남자들은 이런 일을 겪은 후에 훨씬 더 좋은 남편이 될 수도 있어."

저는 할머니가 남편을 다시 받아주라는 식으로 제안하셔서 너무 놀랐다고 말씀드렸어요. 그러자 할머니는 "네 할아버지도 바보 같은 짓을 저질렀고, 나는 두 번이나 네 할아버지를 받아주었단다. 때로 이런 일을 겪고 나면, 두 사람 관계가 훨씬 더 돈독질 수도 있어. 우리 때는 그랬단다"라고 말씀하셨어요.

"아, 할아버지!"

조부모가 가르치는 지혜 가운데는 젊은이가 듣기에 불쾌한 내용도 있을 것이다. 의도하지 않더라도, 노인은 젊음에 대한 집착, 죽음의 부정, 자기 계발에 대한 풍조, 물질의 우상화, 개인주의의 강조, 자기 충족성의 신화와 같이 우리 사회가 매달리는 피상적 가치에 대해 선지자적 판단을 할 때가 있다. 노인은 청년에게 "네 인생의 핵심 가치는 무엇이냐?" "이렇게 재물을 모으면 진짜 행복해질 거라고 생각하니?" "시간과 유한함이 우리를 쉴 새 없이 공격하는데, 네 인생을 어디에 바쳐야 영원할 수 있겠니?"와 같은 불편한 질문을 던지는 악취미가 있다.

무엇보다도 조부모는 세례를 통해 손주에게 기독교 신앙을 계승할 책임이 있다. 많은 노인은 인생 말년에 영적 의식이 고양되지만, 많은 중년이 경력과 다른 인생 프로젝트를 뒤쫓는 데 몰두하느라 종교 활동을 멀리한다고 한다. 이것이 사실이라면, 노인이 신앙으로 손주를 교육하는 것이 특히 더 중요해진다. 나는 대학의 교목으로 섬기면서 그리스도인이라고 자처하는 대다수 대학생이 자신을 신앙으로 책임지고 끌어준 이들이 조부모라고 고백하는 것을 많이 들었다.

우리는 죄인이므로, 손주를 돌보는 것처럼 훌륭한 일도 얼마든지 변질될 수 있다. 우리와 하나님 사이에 방해가 되거나 다른 기독교적 소명을 소홀히 하는 데 일조하는 것이다. 노년 중에는 손주 외에 다른 누군가를 돌볼 필요를 느끼지 않고 아주 단조롭게 사는 이들이 있다. "손주를 위해서는 무엇이든 할 수 있어요"라고 호언장담하는 사람에게 교회는 "그렇게 치우쳐서는 안 됩니다"라고 말할 수 있어야 한다.

세례 의식은 후손이 생물학적 후계자로만 한정되지 않는다는 것을 선언할 수 있는 가장 중요한 수단이다. 대부분 세례 의식에서는 회중이 세례 후보자를 소개하고, 교회라는 이상하고 반문화적인 가족으로서 새롭게 세례받은 이들을 책임지겠다고 전 교인이 서약한다. 조부모 역할은 생물학을 넘어서는 소명일 수 있다.

예전에 대다수 교인이 60세 이상인 교회에서 사역한 적이 있다. 주변 이웃이 하루가 다르게 바뀌는 동네로 젊은이들이 이사를 왔고, 우리는 그들을 교회로 인도하고자 노력했다.

교회 근처 아파트에 사는 젊은이들을 방문하면 "조부모님이 그립지 않습니까?"라는 질문을 던지곤 했다. "우리 교회에는 여러분을 반겨줄 조부모가 많이 계십니다."

많은 청년이 우리 교회에 호감을 보이는 것을 보고 우리는 신기하고 놀라웠지만, 또한 즐거웠다. 그들은 사실상 "연로하신 어른들의 도움을 받지 않고 어른이 된다는 건 참 어렵고 힘듭니다"라고 말하는 것이나 마찬가지였다. 우리는 교회를 방문한 젊은이를 주일 저녁 식사에 초대하기 시작했다. 그 저녁 식사는 우리 교회로 사람들을 이끄는 가장 중요한 수단이자 복음 전도의 주된 수단이 되었다.

나는 교회 복음 전도 위원회에 "이 마을에서 우리가 필요한 사람들이 누가 있을까요?"라고 물었다. 나이가 지긋하신 한 위원은 "아기를 키우는 젊은 부부예요"라고 대답했다. 그녀는 "젊은 부부가 아기를 키우는데, 방법을 잘 몰라서 힘들어하거든요. 그런데 가까운 곳에 조부모가 없어서 아기를 예뻐해주고 돌봐줄 사람이 없어요"라고 설명했다.

많은 토론 끝에 우리는 한 70대 부부를 선정해 아기를 둔 가정을 심방하는 책임을 맡겼고, 그들은 우리 교회에서 1.6킬로미터 안에 있는, 아기가 태어난 모든 가정을 방문했다. 병원에서 아기가 집으로 돌아오면, 1-2주일 내 이 부부가 집 앞으로 찾아가 "하나님이 주신 선물로 두 사람의 인생이 완전히 뒤바뀌었을 겁니다"라고 말한다. 그런 다음 신생아를 축복하며 이런 말을 건넨다. "우리 교회는 어린이를 최고 우선순위로 삼아요. 이건 성경 이야기책입니다. 아기에게 성경 이야기를 읽어주는 것은 빠를수록 좋아요. 우리 교회에서 진행하는 프로그램을 소개한 소책자도 여기 있어요. 여러분이 이 사랑스러운 아기에게 마땅히 좋은 부모가 되도록 우리 교회가 도와줄 수 있어요. 이 점을 기억하시면 좋겠어요."

신생아 가정 방문 사역은 우리 교회의 가장 성공적인 복음 전도 프로그램이 되었다. 이 사역으로 최소한 20쌍의 젊은 커플

이 우리 교회에 참석했다. 이 커플 중 절반은 결혼하지 않은 상태였다. 즉, 아기의 4분의 1이 한 부모가 기르고 있었다. 이 프로그램으로 우리와 이웃은 기독교 세례가 서로 책임을 진다는 증표이자, 교회의 반문화적인 가족을 이루는 첫 단계임을 확인하게 되었다.

사우스캐롤라이나의 한 교회에서 목사가 세례를 받아야 할 사람들을 앞으로 나오라고 초청했다. 한 어머니와 어린 두 딸이 앞으로 나왔다. 목사는 "이분은 알리시아고, 두 따님은 후아니타와 로리스입니다. 이민자 초청 사역에서 이 가족을 만났습니다"라고 소개했다. 그 어머니는 간증을 시작했고 목사가 영어로 통역을 해주었다. "미국에 처음 왔을 때 사람들이 우리를 좋아하지 않는다는 것을 알았습니다. 대통령이 TV에서 하는 말을 들었습니다. 그런데 감리교 교회에서 우리를 환영해주었습니다. 고향에서는 교회가 이런 일을 해준다는 말은 들은 적이 없어요. 존과 메리는 제게 좋은 일자리를 구해주었어요. 엘리자베스는 직장에 타고 갈 차를 구하는 데 도움을 주었어요. 앨리스의 손자들은 우리 아이들이 새 학교에 적응하도록 도와주었어요. 여러분이 아니었다면, 저희가 이렇게 자리를 잡을 수 없었을 겁니다."

목사는 "이 소중한 가족을 우리에게 인도한 사람들은 모두 나와서 세례 의식에 함께해주시면 좋겠습니다"라고 말했다. 노년 8명이 그 가족을 둘러쌌다. 조부모 역할은 소명이 되었다.

## 노인 친화적 교회

교회가 스스로 점검해야 할 몇 가지 질문을 소개한다 (제임스 휴스턴과 마이클 파커의 글을 차용함).

— 우리 교회의 인구 분포는 어떻게 이루어져 있는가?
— 노년 성도를 위한 구체적인 프로그램은 무엇인가?
— 노년 성도 돌봄을 위해 다른 공동체 기관과 제휴하고 있는가?
— 노인 간병인을 지원하기 위한 장치가 마련되어 있는가?
— 온라인 기술 등을 활용하여 고령의 교인들과 밀접하게 접촉하고 있는가?
— 이동에 어려움이 있는 사람들과 실제적인 교류를 하고 있는가?
— 세대 간 교류를 격려하기 위한 다양한 방법이 준비되어 있는가?
— 노인들을 위한 영양 관리 프로그램이 있는가?
— 귀가 잘 안들리는 사람들을 위한 음향 시스템이 준비되어 있는가?[38]

교회에 노인을 위한 훈련된 베테랑 관리자가 있다면 어떻겠는가? 건강과 관련하여 의료 제도를 알아봐야 하는 사람들은 자문관, 통역가 등 종종 비인간적인 제도에서 도움을 줄 사람들이 필요하다.[39] 돌봄 제도를 잘 알고 있고, 지역 사회의 호스피스 등 돌봄 시설과 관계를 맺은 교회의 노인 돌봄 지원자는 노인들의 안정을 꾀하고 그들의 간병인을 도울 수 있다.

1980년대에 실시한 한 연구는 심각한 문제를 지닌 미국인의 39퍼센트가 목회자의 도움을 구하는 경향이 있음을 보여주었다. 목회자는 정신 건강 상담사로서 중요한 역할을 감당한다.[40] 여성 노년층이 남성 노년층이나 청년층보다 개인적 문제로 목회자의 도움에 의지할 가능성이 더 크다.[41] 그러므로 모든 사역자는 노년이 겪을 수 있는 위기를 미리 파악하고 있어야 한다. 언제 어떻게 도울지를 아는 것보다 상담사나 심리학자, 정신과 의사, 외과 의사, 사회 복지사와 같은 전문가들에게 언제, 어떻게 문의하는지를 아는 것이 훨씬 더 중요하다.[42]

노년층은 종종 심리적으로 취약하고 두려움이 많기에 그들의 안전과 교회 공간의 안전성 문제에 많은 관심을 보이기도 한다. 우리는 아이들에게 교회가 안전한 곳이 되기를 원한다. 그렇다면 고령자들에 대해서는 어떤가? AARP 웹사이트는 노년층의 안전을 개선하기 위한 실제적인 방법을 소개한다(www.aarp.org).

또 많은 노년층이 치매를 앓는다. 교회가 노인 친화적인 곳이 되기 위해서는 치매를 앓는 사람을 대상으로 어떻게 사역할지 교육해야 한다. 다행히, 국립 노화 연구소(National Institute on Aging)가 주관하여 알츠하이머병에 대한 간략한 정보를 제공하는 유익한 웹사이트가 있다. 여기서 치매 진단을 받은 사람들에게 안전하고 친화적일 수 있는 방법에 대한 유익한 정보를 얻을 수 있다(www.nia.nih.gov).

많은 교회가 노인 사역에 대한 확고한 소명 의식이 부족하다. 고령의 교인들과 교회 주변 지역 노인들의 존재는 교회가 다시 부흥하고, 선교 사역을 활발히 할 좋은 기회가 된다. 교회가 노인 친화적인 공간이 될 수 있는 몇 가지 방법을 소개한다.

- 훈련된 노년 사역 코디네이터를 세우고, 모든 연령대의 사람을 노년 사역에 조직하고 배치한다.
- 교회 예배 중에 노인들을 간병하는 사람들을 인정해주고 격려한다.
- 간병인 지원 모임을 시작한다. 간병하는 사람의 명단을 작성해서 그들이 떠안은 간병의 무거운 짐을 덜어줄 수 있도록 필요한 것들을 지원하고, 휴식할 시간을 비정기적으로 제공한다.
- 교회나 인근 지역에서 도시락 배달 프로그램이 필요하거나 교회의 다른 지원이 필요한 사람들에 대한 조사를 실시한다.
- 고령자와 그들을 간병하는 이들을 위해 정기적으로 점심 식사를 제공한다.
- 가급적 교회 모임에 참석할 수 있도록 노년층에게 이동 수

단을 제공하고, 이동 수단, 감독, 의료적 방문을 통한 도움, 다정한 대화로 섬길 수 있는 전문적인 자원봉사 팀을 조직한다.

— 도움을 제안한다. 노인들이 요청할 때까지 기다리지 말라.

## 예배와 노년

인생 후반기와 마찬가지로 교회 예배는 상당 부분 자기 성찰과 점검의 시간이다. 노인들의 교회 출석률이 높은 한 가지 이유라 할 수 있다. 많은 노년이 예배로 교제하고 자신을 돌아보며 반성할 기회를 누린다. 예수님의 비유 중 상당수는 주인이 "네가 받은 것으로 무엇을 했느냐?"라고 묻는 심판의 이야기다(마 25:14-30 참고). 노년기는 성찰과 고독의 시간이다. 자기 인생을 되돌아보고 성찰하는 시기이기는 하지만, 이런 일을 항상 기쁜 마음으로 할 수는 없다. 그러나 세월의 경험이 축적되면서, 이전에는 괴롭고 고통스러웠던 일들을 상대적으로 사소한 문제로 볼 수 있는 안목이 생긴다. 또 별로 관심을 두지 않았던 행운이 이제 더 큰 의미로 다가온다.

노년이 되면 했던 일과 하지 못했던 일로 인해 죄책감에 짓눌릴 수 있다. 어떤 사람은 성인이 된 자녀의 행실을 보고 지난날의 자녀 양육 방법을 되돌아본다. 또 어떤 이는 그동안 저지른 실수를 후회하기도 한다.

함께 죄를 고백하고 용서의 확신을 받는 정기적인 기도는 노인들에게 교회가 노년의 짐을 덜 수 있도록 도와준다는 한 가지 표식일 수 있다. 그 짐은 지난 세월의 후회와 회한이다.

기독교 예배는 우리 내면의 깊은 신념과 간절한 열망을 표현하는 시간일 뿐만 아니라, 하나님을 찬양하는 동안 우리 또한 예배를 통해 하나님에 의해 빚어지고 새로워진다. 우리의 지극히 정상적이고 자연스러운 반응은 예배를 통해 성령과 하나님 말씀의 변화시키시는 능력으로 훈련받는 것이다. 우리는 자기중심적인 경향이 있기는 하지만, 성령님이 우리 삶에 역사하시도록 내어드리고 성경 말씀에 복종함으로써 충분히 변화할 수 있다.

노인을 가리켜 종종 사용되는 속담, "늙은 개에게는 새로운 재주를 가르칠 수 없다"를 기독교 신앙, 회심, 성화에 관한 관점으로 수정할 필요가 있다. 우리 안에서 우리를 변화시키시는 하나님의 사역은 65세에도 끝나지 않는다. 노년이 되었다고 새로운 방식을 배우거나 새로운 습관을 훈련할 수 없는 것은 아니다. 그런 새로운 습관 중 하나를 꼽는다면 이타심이다. 탐욕스럽고 자기중심적이었던 사람이 나이가 들어서 재물의 진정한 가치를 깨닫고 베푸는 사람으로 변화될 수 있다. 재정적으로 늘 불안감에 시달리며 돈을 버는 데 열중했던 사람이 긴급하게 할 일들이 줄어들었음을 알고 더 관대해져, 사람들에게 도움이 될 일에 마음껏 투자하며 헌신의 범위를 확장하고 개인적 필요에 대한 집착에서 벗어나 남들의 고통도 자신의 고통처럼 생생하게 공감할 수 있게 된다.

설교자는 설교할 때 노인을 비하하거나 고정 관념을 심어주는 단어를 사용하지 않도록 주의해야 한다. 개신교 예배에서는 말을 잘하는 것이 중요하기에, 말을 잘하지 못하는 사람은 예배에서 불리한 위치에 놓이기가 쉽다. 그래서 요양원에서 말로 하기에는 너무나 심오한 행위로 가득한 성찬 예식이 중요한 의식인 것은 너무나 당연하다. 언어 장애가 있는 사람들이 "나 같은 죄인 살리신"(새찬송가 305장) 같은 찬양이나 시편 23편을 암송하는 다른 이들의 소리를 들으면, 갑자기 찬양을 따라 부르거나 이 말씀을 암송한다. 그들은 내면의 깊은 우물에서 기억을 길어 올려 평생 축적된 믿음의 습관을 표현하는 것이다.

음악은 말보다 더 깊은 곳으로 우리를 데려간다. 음악은 사람들과 함께 같은 가사와 음조로 찬양함으로 외로움에서 우리를 건져 올려준다. 특정 세대가 선호하는 음악만 배정하여 다른 세대들은 소외시키는 예배는 기독교 예배가 지닌 아름다운 세대 통합적 특성을 반영하지 못한다.

나는 듀크 대학 채플에서 학생들에게 "할머니 할아버지를 사랑하고 그리워합니까?"라고 묻곤 했다. "지금 여기 채플에서 여러분의 증조부의 증조부를 소개하겠습니다. 오늘 아침 우리는 아이작 와츠의 위대한 인기곡 중 하나를 음미하며, 더 깊은 기도 생활에 이르도록 도와줄 옛 선인들의 지혜를 들어보도록 하겠습니다."

이전에 사역했던 교회에서 찬송가 가사와 예배 활동 관련 내용을 자막으로 볼 수 있도록 롤스크린을 설치했을 때 일부 고령의 교인이 반발하리라고 예상했다. 하지만 예상과 다르게 좋은 반응이 돌아왔다.

"난생처음으로 찬송가 가사를 눈으로 보면서 찬양을 부를 수 있게 되었어요!" 시력이 약화된 한 80대 여성이 새로운 세대를 향해 교회가 손을 내밀고 전도하도록 격려하며 이렇게 말했다.

**7장**

## 하나님 안에서 마무리하기

책을 끝내기 전에 마지막, 종말론, 하나님과 함께할 우리의 미래에 대해 이야기해보려고 한다. 우리는 '끝'이라는 단어를 적어도 두 가지 의미로 사용한다. 끝은 마지막을 의미한다. 이야기의 마지막 장, 게임의 끝, 마지막 숨, 피니스(*finis*, 끝)를 가리킨다. 또한 끝은 텔로스(*telos*), 즉 목적이라는 의미가 있다. 일의 결과, 이야기의 의미, 우리가 하는 노력의 목표, 모든 일의 핵심, 우리의 궁극적 목적지를 말한다. 웨스트민스터 신앙 고백은 처음 신앙을 고백하는 그리스도인에게 "사람의 제일 되는 목적이 무엇인가?"라고 질문한다. 우리 인생의 의미나 목적은 무엇인가? 그리스도인은 "하나님을 영화롭게 하고 영원토록 그분을 즐거워하는 것이다"라고 대답하도록 배운다. 우리가 여기 이 땅에 존재하는 이유는 바로 인생의 어떤 환경에서도 하나님을 영화롭게 하고 즐거워하며, 그래서 언젠가 하나님의 은혜로 영원히 그분을 즐거워하는 데 있다.

## 우리의 마지막이자 최고의 소망

우리 노년층은 마지막에 관한 문제에서는 젊은이보다 유리한 위치에 있다. 이 시대는 죽음을 부정하는 문화가 팽배하고 죽음에 관한 의식도 제각각이다. 전통적인 기독교의 죽음과 부활의 예배(장례 예배)는 고인의 어리석음에 대해 웃어넘기도록 촉구하는 활기차고 경쾌한 삶의 축하 행사로 대체되어, 죽음이 전혀 발생하지 않았던 것처럼 집단적인 기만에 빠져들게 한다.

젊음에 대한 집착과 노화의 물리적 결과를 상쇄하기 위한 성형 수술 열풍은 노화의 가장 위협적인 문제, 즉 죽음에 대해 생각하기 싫어한다는 증거다. 우리는 "우리처럼 놀라운 피조물이 어떻게 유한할 수 있다는 말인가?"라고 반문한다. 이 음식을 먹고 이런 철칙을 지켜라. 매일 두 번 이 처방대로 실천해라. 이 약을 먹고 운동해라. 어떤 기관에 등록해라. 그러면 영원히 살 수 있다. 이렇듯 우리 문화는 죽음을 부정하지만, 65세가 넘은 사람들은 시시각각 다가오는 불길한 실체를 피할 방도가 별로 없다. 아무리 잘 산 인생이라도, 아무리 충직한 우정이라도, 아무리 예술, 문화에 위대한 업적을 남겼더라도, 아무리 식습관을 절제했더라도, 그리고 우리가 구축하고 지지한 제도들에도 "이 또한 지나가리라"라는 엄중한 경고문이 펄럭거린다는 사실을 더 진실한 순간에 깨닫는다.

에덴동산에서 사탄이 아담과 하와에게 장담했던 말('하나님과 같이 된다', 창 3:5)도 영원히 죽지 않는다는 불사를 약속한 거짓말이었다. 애석하게도 하나님처럼 불멸할 수 있는 방도는 존재하지 않는다. 오직 하나님만이 영원하시다. 확실히 이것은 수없이 많은 소소한 상실을 겪지만, 결국 최종적 상실인 타나토스(*thanatos*, 죽음)에서 그 상실의 절정을 경험하는 노인들이 더 쉽게 이해할 수 있는 진리다.

너무나 비관적이라고 생각하는가? 그리스도인은 죽음이라는 유한성을 있는 그대로 받아들일 자원을 받았다. 바울이 말한 대로다. "우리가 항상 예수의 죽음을 몸에 짊어짐은 예수의 생명이 또한 우리 몸에 나타나게 하려 함이라"(고후 4:10). 우리 생명은 우리 것이 아니다. 우리는 매일 우리 힘으로 살지 않고, 각자의 마지막 날에 죽지만 그날은 우리에게 달려 있지 않다. 그리스도인은 죽음에 대해 얼마든지 정직할 수 있고, 인간의 치명적 상황에서도 현실적일 수 있는 이유는 그리스도 안에 있는 하나님의 능력을 낙관할 수 있기 때문이다. 우리는 죽음과 악의 세력을 이기는 하나님의 변함없는 사랑의 약속을 확신한다. 하나님은 생명이자 빛이시며, 십자가에 못 박히신 예수 그리스도의 부활로 우리 최후의 적인 타나토스가 크리스토스(*Christos*)께 패배했다.

기독교 신앙은 한 무덤과 하나님의 전격적이고 놀라운 역사, 즉 십자가에 못 박히신 예수님의 육신이 부활한 사건에서 그 기원을 찾을 수 있다. 교회는 예수 그리스도가 자신을 버리고 어둠 속으로 도망친 제자들을 찾아오신 놀라운 사건으로 시작되었다. 제자들은 이제 끝이라고 생각하고 예수님의 시신을 두고 떠났다. 하지만 그분은 육신을 입고 돌아오셔서 그들을 다시 시작하게 하시고, 그분의 몸, 즉 그분의 교회가 되게 하셨다. 하나님이 끝났다고 하지 않으시면, 우리와 하나님의 일은 끝난 게 아니다. 일시적인 세속의 삶이라는 한계를 뛰어넘는 삶을 살려면, 예수님을 무덤에서 일으키신 하나님이 예수님과 함께 우리를 영원으로 인도하시리라는 소망이 필요하다. 우리의 소망은 예수 그리스도가 영생으로 부활하셨을 뿐 아니라 놀라운 사랑으로 말미암아 죽을 우리를 찾아오셔서 천국으로 데려가신다는 데 있다. 예수 그리스도는 오직 홀로 부활의 영광을 누리려 하지 않으셨다. 칼뱅이 지적한 대로 "그리스도는 내세에서 우리를 동반자로 삼으시고자 부활하셨다."[1]

영생이란 하나님의 실존적 삶으로 하나님의 초청을 받는 것이며, 하나님의 이야기 속에 편입되어 하나님의 통치에 참여하는 것이고, 성도들의 교제에 입양되는 것을 의미한다. 이렇게 하나님의 이야기에 편입되는 일은 우리가 세상에서 하나님의 사역에 참여할 때마다 시작된다. 이생에서 하나님과 함께하는 나날은 우리의 마지막에 대한 예고편이다.

요한계시록은 성경의 마지막 책이며, 교회는 요한계시록으로 시작한다. 요한계시록은 세계가 무너져 내리고 희망의 지평이 소멸하는 모습을 환상으로 본 한 사람이 기록한 것이다. 그러나 구속하시는 하나님의 손에 들린 인간 역사에서 빈번히 그렇듯이, 현재의 고통은 하나님의 개입으로 근본적으로 변화된다. 죽임당하시고 십자가에 못 박혀 피 흘리신 어린양은 하늘 중앙에서 통치하시며 보좌에 좌정하신 채 다스리고 계신다.

> 또 내가 새 하늘과 새 땅을 보니 처음 하늘과 처음 땅이 없어졌고 바다도 다시 있지 않더라 또 내가 보매 거룩한 성 새 예루살렘이 하나님께로부터 하늘에서 내려오니 그 준비한 것이 신부가 남편을 위하여 단장한 것 같더라 내가 들으니 보좌에서 큰 음성이 나서 이르되 보라 하나님의 장막이 사람들과 함께 있으매 하나님이 그들과 함께 계시리니 그들은 하나님의 백성이 되고 하나님은 친히 그들과 함께 계셔서 모든 눈물을 그 눈에서 닦아 주시니 다시는 사망이 없고 애통하는 것이나 곡하는 것이나 아픈 것이 다시 있지 아니하리니 처음 것들이 다 지나갔음이러라 보좌에 앉으신 이가 이르시되 보라 내가 만물을 새롭게 하노라 하시고(계 21:1-5).

요한은 요한계시록에서 하나님이 승리하셨다는 강력한 신학적 주장을 제시하며 환상을 통한 시적 찬양을 선보인다. 마침내 하나님은 "모든 무릎을 예수의 이름에 꿇게 하시고 모든 입으로 예수 그리스도를 주라 시인"(빌 2:10-11)하게 함으로 원하신 대로 이루어지게 하셨다. 세상이 십자가에 못 박고 세상에서 추방당하신 분이 부활하시고 세상을 변화시키러 다시 돌아오셨다. 하나님이 창세기에서 시작하신 창조가 드디어 완성에 이른다. 우리의 창조 목적으로서 하나님을 영화롭게 하고 즐거워하는 일은 여기서는 순간적으로 맛볼 뿐이지만, 그곳에서는 우리의 전업이 될 것이다. 하나님을 찬양하는 일 외에 더 급박한 일 없이 영원히 그분을 즐거워하며 영화롭게 할 것이다(계 19장).

나의 목회 경험에 비춰볼 때 사람들은 발등에 불이 떨어지지 않는 이상 종말이나 영생 혹은 천국에 대해 별로 생각하지 않는다. 어쩌면 이것이 당연한 일일지도 모른다. 예수님은 내일 일은 지나치게 염려하지 말고, 오늘 하나님이 주시는 축복과 사역에 집중하라고 권면하셨다(마 6:25-34). 권력자들, 건강이 좋은 사람들, 젊고 미래가 창창한 사람들은 인생의 유한성에 대해 깊이 생각하거나 내일 일을 염려하며 많은 시간을 보내지 않는다. 그러나 65세가 넘은 사람들에게 인생 마지막에 대한 고민은 더는 선택 사항이 아니다. 노쇠한 육신과 친구나 가족의 죽음, 우리가 몸담고 사는 세상이 날마다 타락하고 있다는 괴로움은 우리의 마지막을 예감하게 해준다.

앞에서 노년층이 증언하는 소명에 관해 이야기했다. 마지막과 죽음, 영생에 관한 소망은 노년층만이 증언할 수 있는 특별한 내용이다. 우리 노년층은 사후 세계가 단순히 미래에 대한 예상이 아니라 실재하는 현실임을 증언함으로써 죽음을 부정하는 문화에서 빛과 소금의 역할을 할 수 있다.

하나님의 위대한 최후의 승리에 대한 종말론적 소망은 지금 우리에게 힘을 준다. 육신의 부활과 영생은 하나님의 선물이지만, 이생은 내세에 대한 준비이자 훈련이다. 우리는 이 세상을 살면서 십자가에 못 박히신 예수님을 죽은 자 가운데서 일으키신 하나님의 구속과 부활의 사역을 경험할 수 있다. 우리 인생에서 하나님의 구원 사역에서 제외되는 것처럼 두렵고 비극적인 상황은 없다. 구세주이신 하나님의 손길에서 외면당하는 것처럼 무서운 비극도 없다. 완전한 해방은 이 세상을 떠난 후에야 가능하지만, 지금 여기 이생은 하나님 안에서 우리 마지막을 알 때 변화될 수 있다.

최빈곤층 노인의 육체적, 영적 필요를 돌보는 도심 사역 책임자에게 온갖 난관을 헤치며 이 벅찬 사역을 수십 년간 감당하는 비결이 무엇이냐고 물어본 적이 있다. 그녀는 이렇게 대답했다. "멀리 내다보려고 노력합니다. 여기서 우리는 실제 전투를 치르지만, 누가 전쟁의 최종 승자인 줄은 알고 있습니다. 하나님은 이대로 영원히 모욕을 당하실 분이 아닙니다. 저는 사람들에게 하나님이 무엇을 예비해두셨는지 미리 맛보도록 돕고 있습니다. 그래서 포기하지 않는 겁니다."

예수님은 "내가 온 것은 양으로 생명을 얻게 하고 더 풍성히 얻게 하려는 것이라"(요 10:10)고 말씀하셨다. 우리는 "세상 나라가 우리 주와 그의 그리스도의 나라가 되어 그가 세세토록 왕 노릇"(계 11:15) 하실 시기와 그 장소를 예상하기 때문에 소망을 잃지 않는다. 하나님의 궁극적 승리에 대한 선언은 기독교 교리 중에 가장 정치적으로 첨예하고 경제와 관련성이 높은 사안에 해당한다. 특별히 65세 이상의 사람들은 더욱 그렇다. 성공시키지 못한 사업이나 이루어지지 않은 기대의 문제로 번민하고 현 정세에 대해 개탄하는 사람들은, 십자가에 못 박히신 예수님을 죽은 자 가운데서 살리신 분이 마지막 장을 쓰실 것이라는 복음의 말씀을 귀담아들어야 한다.

예수님은 죽음과 싸워 승리하셨고, 놀라운 은혜로 우리를 이 눈물의 장막을 지나 하나님이 우리를 위해 영원히 예비해두신 곳으로 데려가신다. 우리 믿음은 미래에 대한 순진한 환상이 아니라 우리가 여기서 경험한 하나님의 사랑이라는 굳건한 증거를 기초로 하고 있다. 하나님은 그리스도 안에서 이생을 사는 우리를 구원하시려고 아들을 기꺼이 내어주신 분이기 때문에 우리가 죽는 순간에도 우리와 함께해주시리라고 확신할 수 있다.

> 생각하건대 현재의 고난은 장차 우리에게 나타날 영광과 비교할 수 없도다 피조물이 고대하는 바는 하나님의 아들들이 나타나는 것이니 피조물이 허무한 데 굴복하는 것은 자기 뜻이 아니요 오직 굴복하게 하시는 이로 말미암음이라 그 바라는 것은 피조물도 썩어짐의 종노릇한 데서 해방되어 하나님의 자녀들의 영광의 자유에 이르는 것이니라 피조물이 다 이제까지 함께 탄식하며 함께 고통을 겪고 있는 것을 우리가

> 아느니라 그뿐 아니라 또한 우리 곧 성령의 처음 익은 열매를 받은 우리까지도 속으로 탄식하여 양자 될 것 곧 우리 몸의 속량을 기다리느니라 우리가 소망으로 구원을 얻었으매 보이는 소망이 소망이 아니니 보는 것을 누가 바라리요 만일 우리가 보지 못하는 것을 바라면 참음으로 기다릴지니라(롬 8:18-25).

우리의 궁극적 운명은 의로운 자와 불의한 자의 하나님이시며 선인과 악인을 가리지 않고 자격이 없는 이들에게 해를 비추시는 자비로운 하나님의 손에 달려 있다(마 5:45). 그분의 아들은 죄인을, 오직 죄인을 구원하러 이 땅에 오셨다. 우리는 이 땅에서 숨을 거두는 순간 주님의 영원한 팔에 안기게 된다. 그리고 우리 인생을 통제할 능력이 얼마나 보잘것없는지 인정하지 않을 수 없다. 세상을 떠날 날이 가깝거나 일상에서 비상 상황과 죽음의 예고편을 자주 경험하면, 우리가 어린아이처럼 되어가고 있으며, 하나님 나라에 들어갈 날이 머지않았다고 말할 수 있다(마 18:3).

요한계시록은 하나님 나라가 지상에서 완성되면 낙원에서는 교회가 보이지 않으리라고 말한다(계 21:22). 그 이유는 무엇인가? 교회에서 훈련받지 않아도 우리는 하나님과 이웃과 화평을 누리게 되기 때문이다. 주일 예배로 영원을 잠시 맛보는 것으로 만족하지 않아도 될 것이다. 이미 영원에 도달했을 것이다.

하나님의 백성은 해처럼 빛날 것이다. 우리는 거울로 보듯이 희미한 것이 아니라 얼굴과 얼굴을 대하듯이 하나님을 볼 것이다(고전 13:12). 죽음의 장막이 걷히고 쉼 없이 늙어가고 쇠약해지는 우리 육신이 온전해질 것이다. 전능하신 하나님이자 어린양이신 영광스럽고 눈부신 그 빛이 우리를 아낌없이 비춰줄 것이다(계 21:22). 그러면 하나님을 전면적으로 보게 되고, 원래 창조되었을 때 모습대로 우리 자신을 보게 될 것이다. 우리는 본향에 있을 것이다.

그때까지 노화의 과정을 밟는 우리(누구도 예외가 없다)는 지금 이 순간 어떤 환경에 있든지, 이 땅에서 하나님과 함께하는 삶을 영원히 그분과 함께하기 위한 준비 과정으로 볼 수 있다.

### 기독교의 장례식

최근에 오랜 친구의 장례식에 참석했다. 친구는 왕성하게 교회 활동을 했고 때로 신앙에 대한 회의로 방황하기도 했지만, 활기찬 신자로서 본을 보여주었다. 장례식을 집전하는 설교자는 고인이 된 친구가 그리스도와 어떤 관계를 누렸는지 별다른 관심이 없었고, 하나님의 사역에 대한 그의 헌신도 별로 의식하지 않는 듯했다. 그 대신 친구의 인간적 매력과 요리 실력에 대해 장황한 칭찬을 늘어놓았다.

"그리고 특히 그는 손주들을 정말 사랑하는 할아버지였습니다." 우아, 참 놀라운 업적 아닌가. 손주에게 별다른 애정이 없는 할아버지들이여, 꼭 명심하시라!

참으로 안타깝기 그지없는 설교였다. 단순히 내용이 부실하고 전달력이 약해서가 아니라 신학적으로 엉성하고 부실했기 때문이다. 더욱이 결과적으로 내 친구의 잘못이나 잘한 일은 중요한 본질이 아니다. 그 설교는 이생과 죽음과 내생에 대한 소망이 우리의 매력이나 요리 실력, 자상한 조부모 역할에 있는 것 같은 인상을 주었다. 그 설교에서 예수 그리스도는 카메오 정도의 관심도 얻지 못했고, 참석한 모든 사람은 기독교 신앙이 죽음이라는 문제 앞에서 세상이 이미 알고 있는 것 외에 어떤 할 말도 없다는 인상을 받고 그곳을 떠났다.

우리는 장례식을 유족을 위한 사적인 예배가 아닌 모든 교회가 함께하는 세대 통합적 행사가 되도록 회복해야 한다. 장례식에 참석한 사람들은 사별의 깊은 고통을 경험하고 있거나 사별을 준비하고 있는 사람들이므로, 장례식은 온 교회가 함께하며 교회 안과 세상에 하나님에 대한 믿음을 드러낼 기회가 된다. 장례식은 공동체적 기독교 예배로서 교육과 증언의 시간이다. 또한 죽음을 부정하는 듯한 감상적인 사진과 피상적이고 진부한 일에 안주하려는 세상에 선지자적 증언을 하는 시간이기도 하다.

장례식에서 우리는 하나님이 우리에게 주신 사람을 하나님께 돌려드린다. 장례식은 한 인생을 추억하고 감사하는 시간이지만, 진정으로 감사하며 기억해야 할 대상은 고인의 업적과 성취가 아니다. 장례식은 하나님이 우리를 어떻게 품어주시고 지켜주시는지 강조하는 시간이어야 한다. "우리가 살아도 주를 위하여 살고 죽어도 주를 위하여 죽나니 그러므로 사나 죽으나 우리가 주의 것이로다"(롬 14:8). 살아 있을 때나 죽었을 때나 죽음 이후에도 우리는 하나님의 소유이며, 그분께 지명받고, 소중히 여겨지며, 소명을 위임받는다.

캐럴 베일리 스톤킹(Carole Bailey Stoneking)은 성공적인 노화를 판단하는 데 가장 필요한 것은 "낙관론이 아니라 소망"이라고 말한다.[2] 우리 소망은 고인을 기억하고 추억할 수 있는 데 있지 않고 하나님이 우리 모두를 기억하시는 데 있다. 성경은 시종일관 하나님이 개인과 이스라엘을 기억하신다고 말한다(창 9:16, 19:29, 계 26:42-43, 시 105:42). "하나님은 기억하시는 분이다"라고 말하는 것은 하나님의 신실하심을 찬양하는 것이다. 인간은 잊어도 하나님은 기억하신다. 이생에서든 숨을 거둘 때든 우리는 잊히지 않는다.

토마스 롱(Thomas Long)과 토마스 린치(Thomas Lynch)는 기독교식 장례에 대한 당대 최고의 해설가로서, 장례 의식의 목적은 "망자를 원래 있어야 할 곳에 두고 산 자를 원래 있어야 할 곳에 있게 하는 것"[3]이라고 말한다. 사랑의 마음으로 시신을 마지막 안식처에 안치하고 애도하던 사람들은 고인의 몸을 뒤에 두고 일상으로 돌아간다. 장례식은 사랑하는 이를 잃은 슬픔을 극복하도록 다독여줄 사람들이 우리에게 필요하다는 확인일 뿐 아니라 고인이 그리스도의 몸의 한 지체이며, 고인과 우리는 서로 필요하고 의존하던 사회적 존재였다는 확증이기도 하다. 오직 하나님의 은혜로, 장례식은 죽음의 의식일 뿐만 아니라 부활의 의식이며, 살든지 죽든지 우리가 하나님의 것임을 확인하는 시간이 될 수 있다.

전도서 12장 1절은 "너는 청년의 때에 너의 창조주를 기억하라"고 권면한다. 너무나 많은 것을 망각하는 우리는 말년에도 하나님을 기억해야 한다. 노화의 신학적 의미를 기억하며 인생의 말년이 하나님을 기억하는 시간이 되게 하자. 견디기 어려운 노화의 짐을 거들어주실 분은 하나님밖에 안 계신다. 이 책을 시작할 때 인정했듯이, 뭐니 뭐니 해도 결국 (이 70대 노인에게는 아직 이른 감이 있지만) 하나님 외에는 질병이나 죽음이나 유한성을 해결해줄 분은 존재하지 않는다. 시작할 때처럼 마무리할 때도, 오고 갈 때도, 숨 쉬고 숨을 거둘 때도, 교회와 함께 "하나님께 감사를 드릴지어다"라고 선언할 수 있기를 바란다.

# 주

## 들어가는 글

1 Will Willimon, *Accidental Preacher: A Memoir* (Grand Rapids: Eerdmans, 2019), 201-202.
2 T. S. Eliot, *Love Song of J. Alfred Prufrock*, in *The Complete Poems and Plays: 1909-1950* (New York: Harcourt, Brace, 1952), 7.
3 Dylan Thomas, "Do Not Go Gentle into That Good Night," Poets.org, 2015년 2월 1일, https://www.poets.org/poetsorg/poem/do-not-go-gentle-good-night.
4 Marc Freedman,"The Boomers, Good Work, and the Next Stage of Life," in *MetLife Foundation/Civic Ventures New Face of Work Survey* (San Francisco: Civic Ventures, 2005), 4쪽, http://www.encore.org/files/new_face_of_work[1].pdf.
5 Lloyd R. Bailey, *Biblical Perspectives on Death*, 9에서 인용(Philadelphia: Fortress, 1979). 또한 *St. Augustine: Essential Sermons*, Edmund Hill 번역, Boniface Ramsey 편집(Hyde Park, NY: New City Press, 2007), 63-75에 나오는 Augustine, "Sermon 51"도 참고하라.
6 David S. Potter, *The Roman Empire at Bay: AD 180-395* (New York: Routledge,2004), 18.
7 1984년 미국 인구 조사국 자료, Sheldon S. Tobin, James W. Ellor, and Susan M. Anderson-Ray, *Enabling the Elderly: Religious Institutions within the Community Service System*(Albany: State University of New York Press, 1986), 5-6에서 해석한 내용.

## 1장

1 Robert Browning, "Rabbi Ben Ezra," Poetry Foundation, https://www.poetryfoundation.org/poems/43775/rabbi-ben-ezra.
2 Billy Graham, *Nearing Home: Life, Faith, and Finishing Well* (Nashville: Nelson, 2011).『새로운 도전』(두란노 역간)
3 Graham, *Nearing Home*, 8.
4 Stanley Hauerwas, Carole Bailey Stoneking, Keith G. Meador, and David Clouter 편집, *Growing Old in Christ*(Grand Rapids: Eerdmans, 2003), 11에 나오는 Richard B. Hays and Judith C. Hays, "The Christian Practice of Growing Old: The Witness of Scripture."『그리스도 안에서 나이 듦에 관하여』(두란노 역간)
5 Hays and Hays, "Christian Practice of Growing Old," 11.
6 Martha C. Nussbaum and Saul Levmore, *Aging Thoughtfully: Conversations about Retirement, Romance, Wrinkles, and Regret* (New York: Oxford University Press, 2017), 10.『지혜롭게 나이 든다는 것』(어크로스 역간)
7 Mike Featherstone and Mike Hepworth, "Images of Ageing in Social Gerontology," in *The Cambridge Handbook of Age and Ageing* (Cambridge: Cambridge University Press, 2005), http://www.credoreference.com/entry/cupage/images_of_ageing_in_social_gerontology.
8 John Calvin, *Institutes of the Christian Religion*, John T. McNeill 편집, Ford Lewis Battles, LCC 번역(Philadelphia: Westminster, 1960), 1권 6장, §1.

## 2장

1 William Shakespeare, *As You Like It*, 2막 7장, 140-165행.
2 David Wright, "Lines on Retirement after Reading Lear," in *In a Fine Frenzy: Poets Respond to Shakespeare*, David Starkey and Paul Willis 편집(Des Moines: University of Iowa Press, 2005), 211.
3 William Shakespeare, *King Lear*, 1막 1장, 90행.
4 Shakespeare, *King Lear*, 1막 1장, 40행.
5 Shakespeare, *King Lear*, 1막 1장, 297행.

6 Shakespeare, *King Lear*, 4막 7장, 58-59행.
7 Shakespeare, *King Lear*, 1막 1장, 313-316, 317-318행.
8 Shakespeare, *King Lear*, 3막 3장, 22행.
9 Shakespeare, *King Lear*, 5막 3장, 394-395행.
10 Martha C. Nussbaum and Saul Levmore, *Aging Thoughtfully: Conversations about Retirement, Romance, Wrinkles, and Regret* (New York: Oxford University Press, 2017), 17. 『지혜롭게 나이 든다는 것』(어크로스 역간)
11 Nussbaum and Levmore, *Aging Thoughtfully*, 11.
12 Shakespeare, *King Lear*, 1막 4장, 158행.
13 "나이가 들수록 한 개인의 특징이 더욱 극대화되는 경향이 있다." Paul Tournier, *Learn to Grow Old*, Edwin Hudson 번역(Louisville: Westminster John Knox, 1991), 118. 『노년의 의미』(포이에마 역간)
14 Stanley M. Hauerwas, *A Community of Character: Toward a Constructive Christian Social Ethic* (Notre Dame: Notre Dame University Press, 1981). 『교회됨』(북코리아 역간)

## 3장

1 Richard Rohr, *Falling Upward: A Spirituality for the Two Halves of Life* (San-Francisco: Jossey-Bass, 2011), 12. 『위쪽으로 떨어지다』(국민북스 역간)
2 Richard Rohr, *Falling Upward*, 26.
3 Rohr, *Falling Upward*, 13-14.
4 Rohr, *Falling Upward*, 45.
5 Rohr, *Falling Upward*, 48.
6 Oliver O'Donovan, "The Practice of Being Old," in *Church, Society, and the Christian Common Good: Essays in Conversation with Philip Turner*, Ephraim Radnor 편집 (Eugene, OR: Cascade, 2017), 208.
7 Rohr, *Falling Upward*, 138. Terry Nyhuis는 James Fowler와 Richard Rohr의 글을 사용하여 (다소 무비판적으로) 교회가 폐쇄적이고 대립적이고 제한적인 "전반기 교회"에서 벗어나 개방적이고 수용적인 "후반기 교회"로 나아가야 한다고 촉구한다. Terry L. Nyhuis, "Aging Baby Boomers, Churches, and the Second Half of Life (Challenges for Boomers and Their Church-

es)" (DMin diss., George Fox University, Newberg, Oregon, 2016), 65–77, 81–87, http://digitalcommons.georgefox.edu/dmin/136.

8   "Suicide," 국립 정신 건강 연구소(National Institute of Mental Health), 2019년 4월에 마지막으로 업데이트한 자료, https://www.nimh.nih.gov/health/statistics/suicide.shtml.

9   PK, "Average Retirement Age in the United States," *DQYDJ* (블로그), 2019년 9월 27일, https://dqydj.com/average-retirement-age-in-the-united-states.

10  PK, "Average Retirement Age."

11  James Hollis, *Finding Meaning in the Second Half of Life: How to Finally, Really Grow Up* (New York: Gotham Books, 2005), 260. 『인생 2막을 위한 심리학』(부글북스 역간)

12  Hollis, *Finding Meaning*, 14–15.

13  Hollis, *Finding Meaning*, 149–150.

14  "Wealth Inequality in the United States," Inequality.org, 정책 연구소, https://inequality.org/facts/wealth-inequality.

15  사회보장국 자료, https://www.ssa.gov/news/press/factsheets/basic-fact-alt.pdf.

16  Martha C. Nussbaum and Saul Levmore, *Aging Thoughtfully: Conversations about Retirement, Romance, Wrinkles, and Regret* (New York: Oxford University Press, 2017), 182–183. 『지혜롭게 나이 든다는 것』(어크로스 역간)

17  Nussbaum and Levmore, *Aging Thoughtfully*, 182–183.

18  "Topic No. 751 Social Security and Medicare Withholding Rates," IRS. gov, 2019년 8월 23일에 업데이트된 자료, https://www.irs.gov/taxtopics/tc751#targetText=Social%20Security%20and%20Medicare%20Withholding,employee%2C%20or%202.9%25%20total.

19  Robert S. Pfeiffer, "Entitlement Spending," 2019년 2월 17일, federalsafetynet.com/entitlement-spending.html.

20  Kenneth Calhoun, "Nightblooming," *Paris Review* 189 (Summer 2009), https://www.theparisreview.org/fiction/5930/nightblooming-kenneth-calhoun.

21  Barbara Boxer, "A Segment of Former U.S. Senator Barbara Boxer's Retirement Speech," *LA Times*, 2017년 2월 3일자. video, https://www.latimes.

22  John H. Westerhoff III and William H. Willimon이 편집한 *Liturgy and Learning through the Life Cycle*(Akron, OH: OSL, 1994), 12장, 149–152에서 내가 제안한 "Liturgy for Retirement"를 참고하라.
23  1997년 7월 13일 듀크 대학교 채플에서 설교한 내용.
24  Shakespeare, *Macbeth*, 5막 5장, 30–31행.
25  Reynolds Price, *A Whole New Life: An Illness and a Healing* (New York: Atheneum, 1994).
26  Price, *Whole New Life*, 183.
27  Price, *Whole New Life*, 183.
28  Erdman Palmore, *The Honorable Elders: A Cross-Cultural Analysis of Aging in Japan* (Durham, NC: Duke University Press, 1975).
29  Thomas Naylor and William H. Willimon, *The Search for Meaning* (Nashville: Abingdon, 1994).

## 4장

1  James O'Neill, *The Third Pill*, BBC, 2018년 8월 31일, https://www.bbc.co.uk/programmes/b0bgmxh3.
2  Christiane Northrup, "Goddesses Never Age: Your Best Years Are Ahead," Christiane Northrup, MD, 2016년 10월 6일, https://www.drnorthrup.com/goddesses-never-age-best-years-ahead/.
3  Cicero, "Cato Maior de Senectute," 35–36, Martha C. Nussbaum and Saul Levmore, *Aging Thoughtfully: Conversations about Retirement, Romance, Wrinkles, and Regret* (New York: Oxford University Press, 2017), 77에서 인용. 『지혜롭게 나이 든다는 것』(어크로스 역간)
4  James Woodward, *Valuing Age: Pastoral Ministry with Older People* (London: SPCK, 2008), 137–138.
5  J. W. Rowe and R. L. Kahn, *Successful Aging* (New York: Pantheon Books, 1998), 122–124.
6  Rowe and Kahn, *Successful Aging*, 144.
7  James M. Houston and Michael Parker, *A Vision for the Aging Church: Re-*

*newing Ministry for and by Seniors* (Downers Grove, IL: IVP Academic, 2011), 143-144.

8   Stanley Hauerwas, Carole Bailey Stoneking, Keith G. Meador, and David Cloutier 편집, *Growing Old in Christ*(Grand Rapids: Eerdmans, 2003), 63-89에 나오는 Carole Bailey Stoneking, "Modernity: The Social Construction of Aging." 『그리스도 안에서 나이 듦에 관하여』(두란노 역간)

9   Arthur Frank, *The Wounded Storyteller: Body, Illness, and Ethics* (Chicago: University of Chicago Press, 1995), 25. 『몸의 증언』(갈무리 역간)

10  A. R. Ammons, *Bosh and Flapdoodle*(New York: Norton, 2005), 49에 나오는 글 "In View of the Fact."

11  Donald Hall, "Affirmation," Poets.org, 2016년 5월 4일, https://www.poets.org/poetsorg/poem/affirmation.

12  Carl G. Jung, *The Portable Jung*, Joseph Campbell 편집(New York: Penguin, 1976), 17.

13  내가 65세 이상의 고령자들에게 권하는 모험을, 저자는 50세에 시도하도록 촉구한다는 점이 흥미롭게 다가온다. *50 Things to Do When You Turn 50: 50 Experts on the Subject of Turning 50*, Ronnie Sellers 편집(Portland, ME: Sellers, 2005), 34-38에 Marianne Williamson이 쓴 글 "Keep a Sense of Adventure." 『50살을 위한 50가지』(아이넷북스)

14  Woodward, *Valuing Age*, 12.

15  Woodward, *Valuing Age*, 53.

16  W. Daniel Hale, Richard G. Bennett, and Panagis Galiatsatos, *Building Healthy Communities through Medical-Religious Partnerships*, 3판(Baltimore: Johns Hopkins University Press, 2018), 128.

17  Woodward, *Valuing Age*, 112.

18  Woodward, *Valuing Age*, 98.

19  George E. Vaillant, *Triumphs of Experience: The Men of the Harvard Grant Study* (Cambridge: Harvard University Press, 2012), 225. 『행복의 비밀』(21세기북스 역간)

20  Vaillant, *Triumphs of Experience*, 147-148.

21  Woodward, *Valuing Age*, 205-206.

22  Roland D. Martinson은 대부분 그리스도인인 고령자 50명을 인터뷰했고, 자신의 책 *Elders Rising: The Promise and Peril of Aging*(Minneapolis: For-

tress, 2018)에서 그 내용을 정리해서 소개하고 있다.

23 Richard Rohr, *Falling Upward: A Spirituality for the Two Halves of Life* (San Francisco: Jossey-Bass, 2011), 24. 『위쪽으로 떨어지다』(국민북스 역간)

24 Richard Bimler의 핸드북 *Joyfully Aging: A Christian's Guide*(St. Louis: Concordia, 2012)는 노화에 대해 지나칠 정도로 낙관적인 입장을 시종일관 드러낸다.

25 May Sarton, *As We Are Now* (New York: Norton, 1992), 1.

26 Vaillant, *Triumphs of Experience*. Vaillant는 *Aging Well: Surprising Guideposts to a Happier Life from the Landmark Harvard Study of Adult Development* (New York: Little, Brown, 2003), 『행복의 조건』(프런티어 역간)에서 그랜트 연구를 토대로 한 그의 생각을 정리하고 요약해서 소개한다.

27 Vaillant, *Triumphs of Experience*, 188.

28 R. Paul Stevens, *Aging Matters: Finding Your Calling for the Rest of Your Life* (Grand Rapids: Eerdmans, 2016), 143에서 인용. 『나이듦의 신학』(CUP 역간)

29 Vaillant, *Triumphs of Experience*, 332.

30 Vaillant, *Triumphs of Experience*, 338.

31 Vaillant, *Triumphs of Experience*, 252-255.

32 Vaillant, *Triumphs of Experience*, 256-257.

33 Vaillant, *Triumphs of Experience*, 213.

34 참조. 교황 John Paul II, "Encyclical Letter Evangelium Vitae," 1999년 3월 25일, 비교. 65, w2.vatican.va/content/john-paul-ii/en/encyclicals/documents/hf_jp-ii_enc_25031995_evangelium-vitae.html.

35 교황 John Paul II, "Encyclical Letter of His Holiness Pope to the Elderly," 1999, http://w2.vatican.va/content/john-paul-ii/en/letters/1999/documents/hf_jp-ii_let_01101999_elderly.html.

36 Thomas Moore, *Ageless Soul: The Lifelong Journey toward Meaning and Joy* (New York: St. Martin's, 2017), 3. 『나이 공부』(소소의 책 역간)

37 George Vaillant, *The Wisdom of the Ego* (Cambridge: Harvard University Press, 1993). 『행복의 지도』(학지사 역간)

38 *The Complete Poems and Plays: 1909-1950*(New York: Harcourt, Brace, 1962), 142에 나오는 T. S. Eliot, "Little Gidding."

39 Martinson, *Elders Rising*, 219에서 인용.

40 John Stuart Mill, *Autobiography* (New York: Penguin, 1989), 115-116. 『존

스튜어트 밀 자서전』(문예출판사 역간)

41 *Complete Poems and Plays*, 129에 나오는 T. S. Eliot의 "Eastcoker."
42 William F. May, *The Patient's Ordeal* (Indianapolis: University of Indiana Press, 1991), 143.
43 Plato, *The Republic*, book 1, 329c.『플라톤 국가』(현대지성 역간, 그리스어 완역본)
44 Careen Yarnal and Xinyi Qian, "Older-Adult Playfulness: An Innovative Construct and Measurement for Healthy Aging Research," *American Journal of Play* 4, no. 1 (Summer 2011): 52-79.
45 Tom Robbins, *Still Life with Woodpecker* (New York: Bantam Books, 1980), 89.
46 Lu Yu, "Written in a Carefree Mood," Burton Watson 번역, 2009년 3월 2일, https://poetrymala.blogspot.com/2009/03/written-in-carefree-mood.html.
47 Somerset Maugham, *The Summing Up* (New York: Doubleday & Doran, 1938), 290.
48 Mary Pipher, *Another Country: Navigating the Emotional Terrain of Our Elders* (New York: Riverhead Books, 1999), 15.『또 다른 나라』(모색 역간)
49 Woodward, *Valuing Age*, 197-198에 인용된 Malcolm Muggeridge, *The Chronicles of Wasted Time* (Vancouver: Regent College Publishing, 1999).
50 William Shakespeare, *Hamlet*, 3막 1장, 80행.
51 일부 노년층의 과장된 공포감에 대해서는 Will Willimon의 *Fear of the Other: No Fear in Love* (Nashville: Abingdon, 2016), 21-26을 참고하라.
52 Will Willimon, *Fear of the Other*, 26.
53 Allen Lane, *Adam Smith: An Enlightened Life* (New York: Penguin, 2010), 187에서 인용.

## 5장

1 Eugene C. Bianchi, *Aging as a Spiritual Journey* (Eugene, OR: Wipf & Stock, 2011), 190.
2 George E. Vaillant, *Triumphs of Experience: The Men of the Harvard Grant*

*Study* (Cambridge: Harvard University Press, 2012), 53, 119. 『행복의 비밀』(21세기북스 역간)
3  Dan Buettner, "The Fountain of Youth," *TED Radio Hour*, 2018년 5월 11일.
4  Vaillant, *Triumphs of Experience*, 218.
5  John Wesley, Sermon 24, "Upon Our Lord's Sermon On The Mount: Discourse Four," §I.1.
6  Simone Weil, *Waiting for God* (New York: Putnam's Sons, 1951), 31.
7  Martha C. Nussbaum and Saul Levmore, *Aging Thoughtfully: Conversations about Retirement, Romance, Wrinkles, and Regret* (New York: Oxford University Press, 2017), 17. 『지혜롭게 나이 든다는 것』(어크로스 역간)
8  Erik H. Erikson, *Identity and the Life Cycle* (New York: Norton, 1959), 180.
9  Nussbaum and Levmore, *Aging Thoughtfully*, 25.
10 *Luther's Works*, 영번역(St. Louis: Concordia, 1972), 291에 나오는 Martin Luther, *Lectures on Romans*, Hilton C. Oswald 편집, vol. 25.
11 Christian B. Miller, *The Character Gap: How Good Are We?* (Oxford: Oxford University Press, 2017), 98.
12 Thomas Moore, *Ageless Soul: The Lifelong Journey toward Meaning and Joy* (New York: St. Martin's, 2017), 8장. Thomas Moore 편에서 고령자들과 함께 그들의 분노에 대해 서로 대화한 유익한 내용을 소개한다. 『나이 공부』(소소의책 역간)
13 Dick Van Dyke, *Keep Moving: And Other Tips and Truths about Living Well Longer* (New York: Point Productions, 2015).
14 Neal M. Krause, *Aging in the Church: How Social Relationships Affect Health* (Philadelphia: Templeton Foundation Press, 2008), 145.
15 G. W. F. Hegel, *The Philosophy of Right*, S. W. Dyde 번역(Kitchener, Ontario: Batoche Books, 2001), 21.
16 "2019 Alzheimer's Disease Facts and Figures," 알츠하이머 협회, https://www.alz.org/media/Documents/alzheimers-facts-and-figures-2019-r.pdf, 17.
17 James Woodward, *Valuing Age: Pastoral Ministry with Older People* (London: SPCK, 2008), 97.
18 "I Am Thine, O Lord," 419장 후렴, 미국 감리교 찬송가집(Nashville, TN:

United Methodist Publishing House, 1989). "주의 음성을 내가 들으니"(새찬송가 540장)

19 Stanley Hauerwas, Carole Bailey Stoneking, Keith G. Meador, and David Cloutier 편집, *Growing Old in Christ*(Grand Rapids: Eerdmans, 2003), 90-111에 나오는 Keith Meador and Shaun C. Henson, "Growing Old in a Therapeutic Culture." 『그리스도 안에서 나이 듦에 관하여』(두란노 역간)

20 Mary Pipher, *Another Country: Navigating the Emotional Terrain of Our Elders* (New York: Riverhead Books, 1999), 8. 『또 다른 나라』(모색 역간)

21 Woodward, *Valuing Age*, 16.

22 Richard Rohr, *Falling Upward: A Spirituality for the Two Halves of Life* (San Francisco: Jossey-Bass, 2011), 94, 110. 『위쪽으로 떨어지다』(국민북스 역간)

23 Thomas Moore는 노인들의 성욕에 관해 심도 있게 고찰한다. 그가 쓴 6장, *Ageless Soul*을 참고하라.

24 "Widowhood," 1998년 의학 백과사전, https://medicine.jrank.org/pages/1840/Widowhood-demography-widowhood.html.

25 Woodward, *Valuing Age*, 121.

26 Steven Sapp, *Light on a Grey Area: American Public Policy on Aging* (Nashville: Abingdon, 1992), 49.

27 Krause, *Aging in the Church*, 207.

28 '종교와 공공 생활에 대한 퓨 포럼'(Pew Forum on Religion and Public Life), "'Nones' on the Rise: One-in-Five Adults Have No Religious Affiliation," 2012년 10월 9일, Pew Research Center, https://www.pewforum.org/Unaffiliated/nones-on-the-rise.aspx.

29 Krause, *Aging in the Church*, 139-160에서 인용.

30 Helen Rose Ebaugh 편집, *Handbook of Religion and Social Institutions* (New York: Springer, 2006), 140.

31 Vaillant, *Triumphs of Experience*, 431.

32 Vaillant, *Triumphs of Experience*, 433.

33 Vaillant, *Triumphs of Experience*, 343.

34 Vaillant, *Triumphs of Experience*, 346.

35 Harold G. Koenig and Douglas M. Lawson, *Faith in the Future: Health Care, Aging, and the Role of Religion* (Philadelphia: Templeton Foundation

| | |
|---|---|
| | Press, 2004), 10. |
| 36 | Koenig and Lawson, *Faith in the Future*, 11. |
| 37 | Krause, *Aging in the Church*, 134. |
| 38 | George Barna, *The State of the Church 2002* (Ventura, CA: ISS AC AJR Resources, 2002), 79. |
| 39 | Krause, *Aging in the Church*, 16. |
| 40 | Krause, *Aging in the Church*, 153. |
| 41 | James M. Houston and Michael Parker, *A Vision for the Aging Church: Renewing Ministry for and by Seniors* (Downers Grove, IL: IVP Academic, 2011), 10. 스트레스를 받을 때 늙고 가난해질지 모른다는 공포감이 든다는 설명에 대해서는 Sheri Fink, *Five Days at Memorial: Life and Death at a Storm Ravaged Hospital*(New York: Random House, 2013)을 참고하라. |
| 42 | Vaillant, *Triumphs of Experience*, 357. |
| 43 | 2000년 12월 3일 듀크 대학 채플에서 설교한 내용이다(대림절 첫 주일). |
| 44 | 이 설교는 기독교 신학자 Gilbert Meilaender의 논문 "I Want to Burden My Loved Ones," *First Things*(October 1991): 12–14를 차용한 것이다(다른 이의 의견에 귀를 기울이는 것은 바람직하다). |
| 45 | Nussbaum and Levmore, *Aging Thoughtfully*, 120. Vaillant는 성공적인 노화의 비결을 종교 공동체보다는 다양한 세속적인 관계에서 찾을 수 있다고 말한다. 하지만 이 주장의 근거는 제시하지 않는다. Vaillant, *Triumphs of Experience*, 278. |
| 46 | *Growing Old in Christ*, 15에 나오는 Richard B. Hays and Judith C. Hays, "The Christian Practice of Growing Old." |
| 47 | Philip Roth, David Remnick, "Philip Roth"에서 인용. *New Yorker*, 2018년 6월 4일자와 11일자, 44. |
| 48 | Cicero, *De Senectute*, sec. 8, line 26. |
| 49 | Kafka, Remnick, "Philip Roth," 44에서 인용. |
| 50 | Plato, *The Republic*, book 1, 328e. |
| 51 | Vaillant, *Triumphs of Experience*, 252. 『행복의 비밀』(21세기북스 역간) |
| 52 | Vaillant, *Triumphs of Experience*, 254. |
| 53 | Vaillant, *Triumphs of Experience*, 249에서 인용. |
| 54 | Lovett H. Weems Jr., *Church Leadership*: Vision, Team, Culture, Integrity, 개정판(Nashville: Abingdon, 2010), 26. |

55　John Gray, *Seven Types of Atheism*(New York: Farrar, Straus & Giroux, 2018), 54-70에서 진보의 개념과 관련하여 학습된 대결 개념을 참고하라.
56　*Growing Old in Christ*, 226-246에 나오는 David Matzko McCarthy, "Generational Conflict: Continuity and Change."
57　McCarthy, "Generational Conflict," 227.

## 6장

1　André Resner Jr.는 이 구절을 설명하면서 "예수님의 이 말씀은 탄식으로 해석해야 한다고 믿는다"라고 말한다. André Resner Jr., *The Lectionary Commentary: Theological Exegesis for Sunday's Texts*, Roger E. Van Harn 편집 (Grand Rapids: Eerdmans, 2001), 274.
2　Stanley Hauerwas, Carole Bailey Stoneking, Keith G. Meador, and David Clouter 편집, *Growing Old in Christ*(Grand Rapids: Eerdmans, 2003), 37에 나오는 Rowan A. Greer, "Special Gift and Special Burden: Views of Old Age in the Early Church." 『그리스도 안에서 나이 듦에 관하여』(두란노 역간)
3　Neal M. Krause, *Aging in the Church: How Social Relationships Affect Health* (Philadelphia: Templeton Foundation Press, 2008), 148.
4　Krause, *Aging in the Church*, 146.
5　Jimmy Carter, *The Virtues of Aging*(New York: Random House, 1998)을 참고하라.
6　Krause, *Aging in the Church*, 147.
7　Krause, *Aging in the Church*, 152.
8　Krause, *Aging in the Church*, 156.
9　Krause, *Aging in the Church*, 172.
10　"Size and Demographics of Aging Populations," 메디컬 푸드 연구소 포럼 (Medicine Food Forum)에서 발표한 내용으로 *Providing Healthy and Safe Foods as We Age: Workshop Summary*(Washington, DC: National Academies Press, 2010)에 수록됨, https://www.ncbi.nlm.nih.gov/books/NBK51841.
11　*Growing Old in Christ*, 230-231에 나오는 David Matzko McCarthy, "Generational Conflict: Continuity and Change"에서 인용.
12　Erik H. Erikson, *Identity and the Life Cycle* (New York: Norton, 1959),

211.

13  George E. Vaillant, *Triumphs of Experience: The Men of the Harvard Grant Study* (Cambridge: Harvard University Press), 135. 『행복의 비밀』(21세기북스 역간)

14  *St. Augustine: Essential Sermons*, Edmund Hill 번역, Boniface Ramsey 편집 (Hyde Park, NY: New City Press, 2007), 221-222에서 Augustine, "Sermon 161."

15  Will Willimon, *Making Disciples: Confirmation Through Mentoring* (Nashville: Abingdon, 2018).

16  Krause, *Aging in the Church*, 102에서 인용.

17  Mary Pipher, *Another Country: Navigating the Emotional Terrain of Our Elders* (New York: Riverhead Books, 1999), 16. 『또 다른 나라』(모색 역간)

18  Henri Nouwen and Walter J. Gaffney, *Aging: The Fulfillment of Life* (New York: Image Books/Doubleday, 1990), 87. 『나이 든다는 것』(포이에마 역간)

19  Pipher, *Another Country*, 15.

20  Nouwen and Gaffney, *Aging, The Fulfillment of Life*, 89.

21  사랑하는 사람을 간병하는 어려움에 대한 고전적인 기독교적 증언으로는 Madeleine L'Engle의 *Summer of the Great Grandmother*(San Francisco: HarperOne, 1986)가 있다.

22  Joan Chittister, *The Gift of Years: Growing Older Gracefully* (Katonah, NY: Bluebridge, 2008), 9. 『세월이 주는 선물』(문학수첩 역간)

23  은퇴 전 연구에 대한 유익한 자료로는 R. Paul Stevens의 *Aging Matters: Finding Your Calling for the Rest of Your Life*(Grand Rapids: Eerdmans, 2016)가 있다. 『나이듦의 신학』(CUP 역간)

24  Zalman Schachter-Shalomi, *From Age-ing to Sage-ng: A Profound New Visionof Growing Older* (New York: Grand Central, 1995).

25  George E. Vaillant, *Aging Well: Surprising Guideposts to a Happier Life from the Landmark Harvard Study of Adult Development* (New York: Little, Brown, 2003), 144. 『행복의 조건』(프런티어 역간)

26  John Wesley, "The Use of Money," *On Moral Business: Classical and Contemporary Resources for Ethics in Economic Life*에서 인용, Max L. Stackhouse 편집(Grand Rapids: Eerdmans, 1995), 194-197.

27  Plato, *Symposium*, sec. 208a. 『향연』(다수 출판사 역간)

28  Eugene Bianchi, *Aging as a Spiritual Journey* (Eugene, OR: Wipf & Stock, 1987), 169.

29  Karl Barth, *Church Dogmatics*, vol. III, 4 (Edinburgh: T&T Clark, 1961), 607-608.

30  Hermann Hesse, *The Glass Bead Game*, Richard Winston and Clara Winston 번역(New York: Holt, Rinehart & Winston, 1969), 58.『유리알 유희』(다수 출판사 역간)

31  기독교 소명을 본격적으로 다룬 내용은 나의 책 *Accidental Preacher: A Memoir*(Grand Rapids: Eerdmans, 2019), 97-116을 참고하라.

32  Kathleen A. Cahalan and Bonnie J. Miller-McLemore 편집, *Calling All Years Good: Christian Vocation throughout Life's Seasons* (Grand Rapids: Eerdmans, 2017), 121-122.

33  John Wesley, *Arminian Magazine* 3 (1782): 128.

34  https://www.theguardian.com/artanddesign/2018/jul/13/rembrandt-an-old-woman-reading에서 이 그림을 확인하라.

35  Krause, *Aging in the Church*, 147.

36  *Church, Society, and the Christian Common Good: Essays in Conversation with Philip Turner*, Ephraim Radnor 편집(Eugene, OR: Cascade, 2017), 214에 나오는 Oliver O'Donovan, "The Practice of Being Old."

37  Vaillant, *Triumphs of Experience*, 60.

38  James M. Houston and Michael Parker, *A Vision for the Aging Church: Renewing Ministry for and by Seniors* (Downers Grove, IL: IVP Academic, 2011), 부록 B.

39  Dr. Louise Aronson의 책, *Elderhood*는 병원 입원이 필요한 전체 고령자 중 절반 이상이 병원에 입원하는 이유가 약의 심각한 부작용 때문이라는 내용을 지적하며 시작한다. 그녀의 책은 노인들에게 약을 처방하고 치료를 지시할 때 의사들이 더 사려 깊고 신중해야 한다는 뜨거운 호소를 담고 있다. Louise Aronson, *Elderhood: Redefining Aging, Transforming Medicine, Reimagining Life* (New York: Bloomsbury, 2019), 24, 131.『나이듦에 관하여』(비잉 역간)

40  Krause, *Aging in the Church*, 115.

41  Krause, *Aging in the Church*, 183.

42  고령자의 건강상 필요에 더 적극적으로 부응하고자 하는 교회는 이 주제

에 관한 기본적 지침서인 W. Daniel Hale, Richard G. Bennett, and Panagis Galiatsatos의 *Building Healthy Communities through Medical-Religious Partnerships*, 개정 3판(Baltimore: Johns Hopkins University Press, 2018)에서 실제적인 정보와 도움을 얻을 수 있다.

## 7장

1 John Calvin, *Institutes of the Christian Religion*, John T. McNeill 편집, Ford Lewis Battles, LCC 번역(Philadelphia: Westminster, 1960), 3권, 25장, §3. 『기독교 강요』(다수 출판사 역간)
2 Stanley Hauerwas, Carole Bailey Stoneking, Keith G. Meador, and David Cloutier 편집, *Growing Old in Christ*(Grand Rapids: Eerdmans, 2003), 84에 나오는 Carole Bailey Stoneking, "Modernity: The Social Construction of Aging." 『그리스도 안에서 나이 듦에 관하여』(두란노 역간)
3 Thomas G. Long and Thomas Lynch, *The Good Funeral* (Louisville: Westminster John Knox, 2013), 18. 『좋은 장례』(CLC 역간)